최재천의 서재

최재천의 서재

나를 깨어 있게 하는 고마운 책 이야기

1판 1쇄 | 2024년 11월 11일

지은이 | 최재천

펴낸이 | 박상훈
펴낸곳 | 폴리테이아
등록 | 2004년 3월 27일 제2009-000213호
주소 | 서울특별시 마포구 신촌로14안길 17, 2층 (04057)
전화 | 편집_02.739.9929/9930 영업_02.722.9960 팩스_0505.333.9960

인쇄 | 천일문화사_031.955.8083 제본 | 일진제책사_031.908.1407

값 17,000원

ⓒ 최재천, 2024
ISBN 978-89-92792-53-0 03300

나를 깨어 있게 하는 고마운 책 이야기

최재천의
서재

최재천 지음

폴리테이아

차례

일러두기

1. 외래어 고유명사의 우리말 표기는 국립국어원의 외래어표기법을 따랐다. 그러나 관행적으로 굳어진 표기는 그대로 사용했다.
2. 단행본과 정기간행물은 겹낫표(『 』), 시, 단편, 논문, 보고서는 홑낫표(「 」), 법령, 연재물, 인터넷 신문, 영화, 전시, 방송 프로그램, 음악·그림 등 예술 작품은 홑화살괄호(〈 〉)로 표기했다.

"책은 시간의 족쇄마저 끊어 버린다"

이 책은 책, 그것도 종이책에 대한 감사의 기도다. 고마움이다. '문자공화국 시민'으로 육십을 살아왔다. '활자나 종이책이 없었더라면…', 생각하는 것만으로도 두렵다. 부모님이나 여러 스승들, 친구들, 이웃들에게서도 배웠지만 사실 8할은 책이었다. 그래서 여전히 읽는다. 나는 여전히 학생이고 독서인이고 자유인이기 때문이다. 불행하게도 창조적인 이론이나 새로운 지식을 만들어 낼 능력은 없는 것 같다. 그저 읽고 요약하고 생각을 땜질하는 정도다.

〈프레시안〉박세열 기자가 기회를 주었다. 〈최재천의 책갈피〉라는 이름으로 수년간 연재 중이다. 어느새 한 권의 책으로 묶을 수 있게 되었다. 온전히 박 기자 덕분이다.

종이책의 시대, 출판의 시대가 끝나 가는데도 여전히 부담을 나누어지며 매의 눈으로 편집과 출판을 도맡아 준 편집진의 배려와 우정이 고맙다. 진정으로 감사드린다.

서문을 빌려 책에 대한 헌사를 한번 적어 보고 싶었다. 썼다가는 지우고 말았다. 늘 인용하고만 살아왔지만 이번에도 존경하는 칼 세이건의 문장을 인용하는 것으로 대신해야겠다.

"책이란 얼마나 대단한 물건인가. 나무로 만든 이 물건의 납작하고 유연한 면에는 웃기게 생긴 길고 꼬불꼬불한 선들이 새겨져 있다. 그러나 일단 그것을 읽게 되면 몇천 년 전 죽은 이의 마음속까지 들어갈 수 있다. 그가 수천 년을 건너와 내 머릿속에 직접 대고 또렷하고 나직하게 말한다. 문자는 서로 알지 못하는 먼 시대의 시민을 하나로 묶어 주는, 아마도 인류의 가장 위대한 발명품일 것이다. 책은 시간의 족쇄마저 끊어 버린다."◆

◆ 토머스 서든도프, 조너선 레드쇼, 애덤 벌리 지음, 조은영 옮김, 『시간의 지배자 : 사피엔스를 지구의 정복자로 만든 예지의 과학』(디플롯, 2024)에서 재인용.

제1부

사람을
읽다

그에겐 감옥이 곧 서재였다

『김대중 육성 회고록』
연세대학교 김대중도서관 지음, 한길사, 2024

최근 설훈 전 의원이 들려준 김대중 전 대통령의 이야기다.

"1987년 6월 항쟁 직후 어느 날, 동교동에서 대통령님을 모시고 있었는데 갑자기 '지하 서재로 따라오게' 그러십디다. 따라 내려갔더니 책상에 노란 스카치테이프를 잘게 잘라 수백 장의 스티커로 만들어 놓으셨더군요. 대통령께서 '내가 지정하는 책에다가 하나하나 스티커를 붙이게,' 이러십디다. 궁금증을 못 참고 물었지요. '이걸 왜 붙이라고 하시는 거죠?' '이 사람아, 이젠 내가 곧 또다시 감옥에 갈 것 아닌가. 그때 감옥에서 읽을 책들이니 당신이 감옥으로 넣어 주란 말일세.' 그 말을 듣고 얼마나 가슴이 찡하던지 한참 멍하니 서있었지요."

김대중 전 대통령에게 감옥은 서재였다.

"일어나면 세수하고 식사하고 책을 읽었습니다. 주로 책을 읽었어요. 그때 정말 많은 책을 읽었어요. 유신 때 감옥 생활을 하면서 체득한 감옥에서의 독서 방법으로 효과적인 독서를 했습니다. 독서하면서 내가 몰랐던 사실을 알게 되고 새로운 깨달음을 얻게 될 때마다 무릎을 치면서 '내가 이곳에 오지 않았다면 이런 진리를 모르고 죽었을 것 아니냐'는 생각을 하곤 했습니다. 감옥에 온 것이 오히려 감사하다는 생각까지 들기도 했어요. 나중에 밖에 나와 너무 바쁘게 지내서 책 읽을 시간이 부족하면 다시 감옥에 가고 싶다는 생각이 들기도 했어요. 믿기지 않을 수 있지만 정말 그랬습니다."

감옥에서의 독서는 대통령을, 미래를 준비하는 일이었다. 우리나라를 지식정보화 강국으로 이끌었던 뿌리도 감옥에서의 독서였다.

"(앨빈 토플러의) 『제3의 물결』은 내가 몰랐던 책인데, 아내가 넣어 주어서 보게 되었어요. 처음에는 중요하게 생각하지 않고 무심히 보았는데 읽다 보니 앞으로 다가올 새로운 시대의 지침서라는 확신이 들어서 정신을 바짝 차리고 정독했어요."

그만의 독서법이 있었을까.

"나는 기본적으로 다독보다는 정독을 중시합니다. 읽고 나면 그 책의 핵심을 다시 한번 떠올리면서 잊지 않으려고 했어요. 읽은 내용 전체를 다 외울 수는 없기 때문에 핵심을 파악하는 것이 중요하고 필요한 일이었습니다."

김대중 전 대통령에 대한 책이 또 한 권 출간됐다. 『김대중 육성 회고록』이다. 2006년부터 2007년까지 연세대학교 김대중 도서관과 진행한 41회 42시간 26분에 달하는 구술인터뷰 녹취록에 근거했다. 그래서 이 책의 뚜렷한 특징 중 하나가 '기본 텍스트가 구술 인터뷰 녹취라는 사실'이다.

"고도의 외교 민족"이 돼야 한다는
김대중의 말, 지금 우리는?

『지금, 비스마르크 : 전환의 시대 리더의 발견』
에버하르트 콜브 지음, 김희상 옮김, 메디치미디어, 2021

"국민이 모두가 외교적 감각을 가진 외교 국민이 돼서 우리가 태어난 불행한 지정학적 입장을 극복해 나가야 될 것입니다."

거의 40년 전인, 1972년 9월 16일 김대중 전 대통령의 국회 발언이다. 말씀은 이어진다. 이번엔 1987년 9월 인터뷰.

"우리는 고도의 외교 민족이 돼야 합니다. 절대로 감정을 가지고 문제를 다루어서는 안 됩니다. … 4대국에 둘러싸인 우리가 살아 나가려면 외교적 지혜가 뛰어나야 합니다."

그렇게 되었을까. 그렇게 하고 있을까. 비스마르크를 불러냈다. 비스마르크는 하이델베르크 대학을 가고 싶어 했다. 어머니가 결사반대했다. 아들이 그곳에서 맥주 통에 빠져 살까 걱정해서다. 그래서 선택한 곳이 괴팅겐 대학교. 비스마르크는 괴팅겐에서 법학과 국가학을 공부했는데, 실제 어떤 강의를 들었는지 알려 주는 자료는 남아 있지 않다. 전공에는 별로 관심이 없었던 모양이다. 그런 그가 빠짐없이 들은 유일한 강의가 있다. 유럽 국가 체계를 다룬 역사학자 아르놀트 헤렌의 강좌였다.

"당신은 무슨 공부를 합니까?"

비스마르크는 이렇게 답하곤 했다. "외교."

1871년 독일과 프랑스 사이에 프랑크푸르트 평화조약이 체결된 이후 비스마르크 외교정책의 최고 목표는 '평화 수호'였다. 그래서 그는 '예방전쟁', 곧 적의 공격이 예상될 때 가하는 선제공격을 철저히 거부했다. 하지만 전쟁을 두려워하진 않았다.

"언제라도 전쟁할 각오를 보일 때 우리는 평화를 지킨다. 칼을 뽑을 수 있게 칼집을 풀어 둔 사람에게 공격은 쉽지 않다. 벽에 확실하게 걸어 둔 연습용 칼을 무서워하는 사람은 없다."

1877년 러시아와 튀르크 사이에 전쟁이 일어났을 때 비스마르크는 키싱겐에서 요양 중이었다. 그렇다고 자신의 외교적 구상을 멈출 순 없었다. 아들 헤르베르트를 불러 받아쓰게 했다. '키싱겐 구술'이라는 이름으로 유명해진 기록이다. 그는 가능한 경우들 가운데 자신이 '최악'이라 여기는 것을, 독일을 겨눈 유럽 강대국들의 "결탁이라는 악몽"이라고 부르며, 자신이 가장 중시하는 외교정책의 원칙을 정리했다.

"그 어떤 영토의 확보가 아니라 전체적인 정치 상황, 프랑스를 제외한 다른 모든 강대국이 우리를 필요로 하는 정치 상황이며, 혹시라도 강대국들이 우리를 겨누고 결탁하는 일만큼은 막아야 하는 상황."

그런데 우리는 비스마르크가 가장 염려했던 상황을 겪어야 했다. 구한말, 해방 전후가 그러했다. 역사가 다시 반복되지 않으리라 장담할 수 있을까.

다산 정약용은 신부였다

『파란』(전 2권)
정민, 천년의상상, 2019

1836년 2월, 다산 정약용 선생이 세상을 떴다. 부고를 들은 처가 쪽의 먼 친척 홍길주가 말했다.

"그가 죽다니, 수만 권의 서고가 무너졌구나."

다산은 가톨릭 신부였을까. "그렇다." 저자 정민의 답이다.

1786년 조선, 가톨릭의 교세가 확장되면서 이승훈은 10명의 신부를 직접 임명했다. 로마가톨릭교회의 공인 없이 임의로 신부를 임명하면서 교단을 출범시킨 것이다. 교회사 용어로는 '가'성직제도라 하는데, 가는 '임시'라는 뜻. 이승훈이 임명한 신부 10인의 명단은 달레의 『한국천주교회사』◆에 나온다. 공식 확인된 명단은 권일신 등 5인뿐이고, 별도의 기록에 두 사람이 더 보인다. 나머지 확인되지 않은 세 사람은 누구일까.

"다산과 그의 형 정약전이다. 두 사람은 조선 교회의 출범 당시부터 핵심 중의 핵심이었다. … 다산은 신부였다."

저자는 어쩌자고 이런 '과격한' 주장을 드러냈을까. 서문을 인용하는 것이 유용하다.

◆ 샤를 달레 지음, 안응렬·최석우 옮김, 『한국천주교회사 : 상·중·하』(한국교회사연구소, 1980).

"지금까지 다산 연구에 중간은 없었다. 천주교 측에서는 다산이 한때 배교했지만 만년에 회개해서 신자로 죽었고, 국학쪽에서는 신자였다가 배교한 뒤로는 온전한 유학자로 돌아왔다고 했다. 다산의 천주교 신앙은 일반적인 범위를 훨씬 상회하는 심각한 것이었다. 그의 배교를 액면 그대로 믿을 수 없다. 진실은 중간에 있는데 전부냐 전무냐로 싸우면 답이 없고, 다산의 정체성만 흔들린다. 사람이 이랬다저랬다 할 수는 있어도 이도 저도 아닌 사람을 만들면 안 된다."

사람들은 다산에게서 '완전무결한 지성'을 보려 하고, '일말의 흠집'조차 용인하지 않으려 든다.

10년 전 강진에서 열린 다산 학술 행사에서 저자가 겪었던 일화를 소개하고자 한다. "발표 중에 '다산초당 시절 다산이 풍을 맞아 마비가 왔을 때 두었던 소실댁과 그녀와의 사이에서 난 딸 이야기'를 잠깐 했다. 행사가 끝난 뒤 뒤풀이 자리에서 어떤 이가 정색을 하고 내게 말했다. '그만 좀 해두시지요. 뭐 좋은 소리라고 그런 말을 합니까?'"

저자는 '신화화된 미신'을 바라지 않는다. 저자는 '살아 있는 다산', 우리와 같은 '인간적 흠결을 지닌 다산'을 만나고 싶어 한다.

다산은 세 차례의 운명적인 만남을 가졌다. 천주교와 정조, 그리고 강진이다. 다산의 생애는 유배 이전과 유배 시기, 그리고 해배 이후의 세 단계로 나눌 수 있다. 흥미롭게도 청년 시절, 강진 유배, 해배 후가 각각 18년이다. 책은 다산의 청년 시절, 천주교와 정조를 만났던 열여덟 해를 치밀하게 직조했다. 고맙도록 멋진 책.

천 페이지가 넘는 책을 일주일 내내 끼고 살았다

『추사 김정희 평전』
최열, 돌베개, 2021

최열 선생은 "아무것도 모르던 어린 시절에 추사 김정희가 남긴 문자와 형상을 마주하고서 어떻게 이런 문자가 있을까 놀라워했고 이렇게 특별한 형상이 또 있을까 하며 감탄"했었다.

선생의 공부는 '사사무은'事師無隱에서 시작한다. '스승을 섬기는 데 의문을 숨길 수 없다'라는 뜻이다. 이런 태도는 '치의자득'致疑自得을 하기 위한 전제인데, 이는 '의문을 품고 스스로 얻는다'라는 뜻이다. 치의자득이야말로 선생의 "학문의 방법론으로 황금 기준"이다.

그로부터 수십 년이 흘렀다. 선생은 이제야 알게 됐단다. "경탄은 추사의 문자와 형상 안에 숨겨진 '학예 혼융學藝混融의 경계'로부터 비롯한다는 사실을."

나야 추사를 이해하기는커녕 읽어 내기조차 어렵다. 추사에 대한 가헌 최완수 선생님의 해석과 평가 또한 더욱 그러하다. 하물며 선생의 이토록 종합적이고 방대한 해석과 기존 학설에 대한 의문과 비평을 제대로 읽어 내기란 애초부터 불가능한 일이다. 그럼에도 나는 여전히 추사의 언저리를 맴돌고 있기에 1000페이지가 넘는 이 책을 한주일 내내 끼고 살았다. 대학 시절 가헌 선생님과 간송미술관에 대한 이야기를 통해 추사에 입문했다. 경주 최씨의 후손인지라 중국 양저우시에 있는 최치원 기념관 일을 돕게 됐다. 2006년 어느 날 양저우시 당성 유적지에서 완원阮元 선생 관련 비문을 읽게 됐다. 완원 선생의 고향인 의징이 양저우시 관내라는 것을 알고 깜짝 놀랐다. 당장 데려가 달라고 했다. 거절당했다. 다음 방문 때는 미리 강력하게 요구했다. 어느 겨울비 내리던 날 옥수수 밭 한가운데 방치되어 문화혁명 때 일로 폐허가 되어 가는 완원 선생 묘소를 찾아 무릎을 꿇었다. 그때부터 서울을 방문하는 양저우시 관료들에게 추사와 완원의 학연에 대해 귀에 못이 박히도록 설명했다. 그 결과 양저우시가 완원 선생 묘소를 정비했고 선생의 가묘家廟를 복원하게 됐다. 2014년에는 완원과 추사의 후손들이 200년 만에 서울에서 만나는 행사를 주선했고 2016년에는 양저우에서 후손들이 만나는 행사를 개최한 적도 있다. 내 법무법인 사무실에는 추사의 '一爐香室'(일로향실) 탁본이 걸려 있고 회의실에는 '無量壽覺'(무량수각) 판각이 자리한다. 종종 찾아뵙는 가헌 선생님에 대한 최열 선생의 비판이 어색할 때도 있지만 학문의 세계야 이런 의심과 질정을 통해 진리로 나아가는 것 아니겠는가. 추사를 사랑하는 사람으로서 고마움을 어떻게 표현해야 할까. 모르겠다. 그저 존경스럽고 고맙다.

중국과 북한의 군가를 만든 한국 사람 이야기

『옌안송 : 정율성 이야기』
박건웅, 우리나비, 2019

"아버지는 중국에서 일본 제국주의에 맞서 싸운 조선인이었지요. 그것도 음악으로 싸웠어요, 노래로. … 중국과 북한 두 나라의 공식 군가를 만드셨는데 세계에서 유례를 찾아보기 힘든 경우죠"(정율성의 딸 정소제).

정율성이 작곡한 《팔로군 대합창》은 〈팔로군가〉, 〈팔로군 행진곡〉, 〈유쾌한 팔로군〉, 〈자양강 병사의 노래〉, 〈기병가〉, 〈포병가〉, 〈군대와 인민은 한 집안 식구〉, 〈팔로군과 신사군〉 총 여덟 곡으로 이루어진 곡이다. 그중에서 제일 잘 알려진 곡이 〈팔로군 행진곡〉이었는데, 이 곡이 중국 중앙군사위원회 결정에 따라 중국인민해방군 군가로 결정됐다.

책의 제목인 중국의 국민가요 〈옌안송〉을 작곡한 이도 정율성. 전라도 광주에서 태어나 옌안 등 중국 대륙에서 독립운동을 전개한 그는 일제가 패망한 이후에는 한반도 북부에서 생활하다 다시 중국으로 되돌아갔고, 끝내 고향 땅을 밟지 못했다. 3·1운동 100주년, 임시정부 100주년, 의열단 100주년을 맞이해 작가 박건웅이 그래픽 노블로 정율성의 이야기를 그려냈다.

헤이룽장성 하얼빈에 가면 정율성 기념관이 있다. 수년 전 정율성 기념관을 방문하고 난 어느 여름밤, 하얼빈 중앙 거리의 노천 생맥줏집을 찾게 됐다. 전통의 하얼빈 맥주와 양꼬치

구이를 파는 곳이다. 길거리에 줄지어 선 주점에서 하늘을 쳐다보며 생맥주 한잔을 부딪치는 곳. 누군가 노래를 부르자고 했다. 안중근 의사에 대한 존경과 그리움. 대륙에서 독립을 위해 목숨을 바친 선열들에 대한 슬픔과 쓰라림. 다 함께 〈선구자〉를 합창했다. 그때가 주말이었을 게다. 근처에서 술을 마시던 중국인민해방군 몇 사람이 다가왔다.

"무슨 노래냐. 장엄하다." "중국 땅에서 독립운동을 위해 목숨을 바친 한반도의 선구자들을 기리는 노래다."

"한국에서 왔느냐." "인민해방군 군가를 함께 부르자."

"샹치엔向前! 샹치엔向前!◆ / 우리들의 대오는 태양을 향한다. / 조국의 대지를 밟으며 민족의 희망을 싣고서."

나중엔 그저 함께 "샹치엔, 샹치엔" 했다.

재작년일까. 하얼빈에서 세미나를 마치고 뒤풀이가 열렸다. 〈선구자〉를 불렀다. 누군가 이어받아야만 했을 때, 영남대 김태일 교수가 '정율성이 가장 좋아했던 노래가 뭔 줄 아느냐' 물었다.

"옛날에 금잔디 동산에 / 메기 같이 앉아서 놀던 곳…."

그랬다. 정율성은 독립운동 내내 이 노래를 불렀다. 고향에 대한 그리움이었다. 정소제는 아버지가 생각날 때마다 〈메기의 추억〉을 듣는다.

◆ '전진'이라는 뜻.

혁명가, 정치가, 퍼스트레이디가 된
중국의 세 자매 이야기

『아이링, 칭링, 메이링 : 20세기 중국의 심장에 있었던 세 자매』
장융 지음, 이옥지 옮김, 까치, 2021

'옛날 옛날 중국에 세 자매가 살았는데, 한 사람은 돈을, 한 사람은 권력을, 한 사람은 나라를 사랑했단다.'

중국 사람이라면 누구나 곧바로 '아하!' 하는 '동화 같은 이야기'다. 책은 19세기 끝자락에 상하이에서 태어난 세 자매의 이름을 제목 삼았다. 『아이링藹齡, 칭링慶齡, 메이링美齡』의 저자 장융은 널리 알려진 『대륙의 딸』의 작가다.

인간의 일생은 시간의 역사다. 또한 시대의 역사다. 그 시대 속에서 몸부림치는 역사다. 한편 인간의 역사는 공간의 역사다. 왜 하필 그때 상하이에서 태어나 근대 중국을 살았고, 미국으로 유학을 갔으며, 누군가를 만나 사랑을 하고, 결혼을 하게 됐을까. 자신의 의지와는 무관하게 왕조 시대를, 민국 시대를, 내전의 시대를, 분단의 시대를 살게 됐을까. 그때 중력의 법칙은 마치 자석처럼 이들을 혁명과 정치의 소용돌이로 끌어당겼는데 그들은 어떻게 떨쳐 나갔을까. 이들에게 시간과 공간은 어떤 의미와 맥락으로 작용했을까. 그 시공간 속에서 인간에게 주어진 자유의 한계는 어디까지였을까. 이들의 삶은 결코 동화가 아니었다.

세 자매는 부유하고 유명한 도시의 엘리트 계층인 쑹宋씨

가문에서 태어났다. 특이하게도 부모는 독실한 기독교도였고, 역시나 특별하게도 세 딸은 미국으로 유학을 갔다. 세 자매를 중국의 '공주 이야기'로 만든 것은 결혼 상대들이었다.

첫째 아이링. 그에게는 자신에게 반했다가 나중에 동생 칭링에게 빠져 버린 중국 공화정의 아버지, 신해혁명의 선구자 쑨원이 있었다. 그는 나중에 쿵샹시와 결혼했다. 쿵샹시는 아이링 덕분에 중화민국의 요직을 독차지했다.

둘째 칭링. 그는 젊은 시절부터 쑨원을 따르며 중국 혁명에 열정을 쏟았다. 쑨원의 비서가 됐고, 수십 년의 나이 차이를 극복하고 부모 몰래 일본에서 쑨원과 결혼하여 동지이자 최적의 자문이 됐다.

셋째 메이링. 장제스가 정권을 잡고 있었던 22년 동안 중국의 퍼스트레이디였다.

공산당이 중국을 장악했던 1949년 칭링은 국가 부주석에 임명됐고 아이링과 메이링은 타이완으로 떠났다. 서둘러 끝내자면 칭링은 베이징에서 세상을 떴고, 아이링과 메이링은 뉴욕에서 세상을 떴다.

근현대 중국에 관심 있는 이라면 세 자매의 이야기에 대해 누구나 대충은 안다. 하지만 한 번쯤 제대로 정리하고 싶었을 것이다. 바로 이 책이다. 묻건대, 인간은 시간과 공간이라는 씨줄과 날줄에서 어디까지 자유로운가.

"지나간 일을 서술하여, 다가올 일을 생각한다"

『사마천 평전』
장다커 지음, 장세후 옮김, 연암서가, 2023

    추사 김정희 선생이 '경경위사'經經緯史라는 글씨를 남겼다. 가헌 최완수 선생이 계시던 간송미술관에도 경봉 스님이 쓴 같은 글씨가 걸려 있었다. '경전을 날줄로 삼고, 역사를 씨줄로 삼는다.'는 글의 의미가 이제는 조금씩 다가오는 나이가 되었나 보다.

    중국에서 저자의 이름을 확인할 수 있는 최초의 책은 기원전 1세기 사마천의 『사기』다. 책은 130편으로 이루어진다. 그중 112편이 인물을 서술하는데, 대다수는 비극적 인물이다. 그래서 "비극 의식은 사마천 정신의 본질"◆이라 했다.

    사마천이 벗 임안에게 보낸 편지가 남아 있다. 일본의 위대한 중문학자였던 요시카와 고지로 선생은 『독서의 학』에서 "고금의 문장에서 이처럼 비통한 글을 나는 알지 못한다."라고 했다.◆◆ 고지로 선생의 요약이다.

    "이릉이라는 군인과 나는 함께 술을 마신 적도 없다. 그저 겸손하고 청결하며 부하의 신망이 두터운 군인이라 생각하고 있었다. 그가 우연히 중과부적의 상황에 처해 흉노의 포로가

◆ 샤리쥔 지음, 홍상훈 옮김, 『시간의 압력 : 불멸의 인물 탐구』(글항아리, 2021).

◆◆ 요시카와 고지로 지음, 조영렬 옮김, 『독서의 학 : 읽기의 무한에 관한 탐구』(글항아리, 2014).

되었는데, 사리사욕으로 똘똘 뭉친 무리들이 비난하고 조롱했다. 나는 가만히 있을 수 없었다. 또한 패전 보고를 받고 폐하께서는 풀이 죽으셨다. 나는 폐하를 위로할 요량으로 이릉을 변호했다. 그것이 역린을 건드려 나는 감옥에 갇혔다. 사람들은 나를 외면했고, 사면 운동을 벌일 돈도 없었다. 옥중에서 당한 고문은, 임안군, 이제는 죄인의 몸이 된 그대도 아는 대로다. 그리하여 나는 사내에게 더할 나위 없이 굴욕적인 형벌을 선고받았다. 치욕을 당하면 노예조차 자살한다. 어째서 나는 자살하지 않았을까. 인간이 이룬 인간의 역사를 인간을 위해 쓴다, 그 일을 아직 완성하지 못했기 때문이다. 옥중에 있는 그대에게 만일의 사태가 생기면 어쩌나 싶어, 지금 내 마음을 전해 둔다."

사마천은 역사서 저술의 목표를 이렇게 말한다.

"이것으로 하늘과 인간의 경계를 탐구하고 고금의 변화를 통달하여 일가의 언론을 이루고자 한다"欲以究天人之際, 通古今之變, 成一家之言.

그러고는 결론적으로 말한다.

"그러므로 지나간 일을 서술하여, 다가올 일을 생각한다"故述往事, 思來者.

중국 고전문헌학과 사마천 연구의 권위자인 장다커가 펴낸 『사마천 평전』이 번역됐다. 중국에선 1994년 출간된 책이다. 중국에서는 사기학을 '전통적 사기학'과 '신사기학'으로 나눈다. 이 책은 신사기학의 대표적 연구 논저 중 하나다.

칼, 그리고 책

『칼과 책 : 전쟁의 신 왕양명의 기이한 생애』
둥핑 지음, 이준식 옮김, 글항아리, 2019

어느 날 왕양명이 제자들과 함께 봄나들이를 갔다. 절벽에 만개한 진달래꽃이 눈에 들어왔다. 제자가 물었다.

"선생님께서는 평소 '마음 밖에는 사물이 존재하지 않는다'고 하셨는데, 저 진달래꽃은 산중에서 저 홀로 피고 지지 않습니까? 저 꽃이 우리 마음과 무슨 관계가 있습니까?"

왕양명이 답했다.

"자네가 미처 저 꽃을 보기 전에, 꽃과 자네 마음은 각각 일종의 '고요'寂 상태에 놓여 있었지. 하지만 자네가 저 꽃을 보는 순간 자네 마음속에서 꽃빛이 선명해지지 않았는가? 그러니 저 꽃은 자네의 마음 밖에 존재한 게 아니라네."

양명학의 창시자로 알려진 왕양명은 그저 철학자가 아니다. '기이하고도 특출한' 왕양명은 탁월한 군사 전략가이자 위대한 사상가, 교육자이자 시인이다. 그래서 옛사람들이 그에게 내린 평가는 거의 최상급이다. '진실로 세 가지 불후를 갖춘 인물' 眞三不朽이라는 평가가 그것이다.

'진삼불후'란 '가장 뛰어난 것은 덕을 세우는 것이고, 그다음은 공을 세우는 것이며, 그다음은 말을 세우는 것인데, 세월이 오래도 폐하지 않을 것이니 이것을 일러 세 가지 썩지 않는 것'太上有立德, 其次有立功, 再次有立言, 雖久不廢, 此之謂三不朽을 말한다.

왕양명은 57년의 생애를 통해 진정으로 '삼불후'를 구현했기에 '고금을 통틀어 가장 완벽한 인물'로 칭찬받았다. 우리야 주자학의 전통 속에서 양명학이 비주류였지만, 증국번에서 마오쩌둥에 이르기까지 근현대 중국의 정치 지도자나 사상가로서 양명학의 사상적 세례를 받지 않은 이는 거의 없다. 일본에서의 양명학은 메이지유신의 사상적 기반이 됐고, 오늘에도 왕양명의 실천 철학을 정신적 지주로 추앙하는 정계 지도자들이 적지 않다. 흔히들 일본 보수주의의 뿌리로 양명학을 드는 이도 있다.

『왕양명 평전』은 저장대 철학과 교수 둥핑董平이 중국중앙텔레비전CCTV 〈백가강단〉百家講壇에서 강연한 원고를 수정 보완한 것이다. 텔레비전 방송의 교양 강좌를 전제로 했기 때문이었을 것이다. 양명학자로서의 왕양명에 대한 사상 체계를 논리적으로 서술했다기보다는, 군사 전략가, 지방 행정관, 문인으로서 왕양명의 평생 사적을 한 편의 드라마나 소설처럼 엮어 냈다. 그래서 책은 고대 사상가의 평전이되, 흥미와 교양, 거기에 사상 체계의 논리성까지 아우르면서 대중적 눈높이에 잘 맞추어져 있다.

몇 년 전 왕양명이 도를 깨쳤던 용강서원을 찾았다. 그때 서원의 돌조각을 기념으로 건네받았다. 귀한 유산이 됐다.

"시바 씨는 다시 태어난다면 역시 신문기자를 하실 건가요"

『신문기자 시바 료타로』
산케이신문사 지음, 이한수 옮김, AK커뮤니케이션즈, 2021

여기 두 사람이 있다. 한 사람은 산케이 신문기자 후쿠다 데이이치. 다른 사람은 역사소설가 시바 료타로. 사실은 한 사람이다. 시바 료타로는 필명이다. 시바 료타로라 한 까닭은 "본인은 『사기』史記를 쓴 중국 전한 시대 역사가 사마천(기원전 145~기원전 86)에 요원하여 미칠 수 없다는 의미로 붙였다."고 한다. 『사기』는 그의 애독서였는데 한편으로는 동경했고 한편으로는 목표이기도 했다.

1990년대 초반으로 기억한다. 한국 사회에 한때 『료마가 간다』열풍이 불었다. 그때 시바 료타로를 만났다. 소설가로 만났었기에 그 지점이 궁금했다.

시바는 신문기자 시절 세 사람의 기자에게서 큰 영향을 받는다. 그들은 화려한 특종 기자도, 명문장가도 아니었다. 더구나 샐러리맨으로서 출세와 영달을 이룬 것도 아니었다. 비록 빛나지 않는 존재이지만, 보는 눈이 있는 사람에게는 선명하고 강렬한 광채를 내뿜는 그런 선배들이었다.

"시바의 인물 관찰은 예리하다. 훗날 역사소설의 등장인물 묘사도 그렇다. 시바는 결코 역사상의 영웅만 골라 올린 것이 아니다. 오히려 시바가 조명한 까닭에 그 인물이 빛을 냈다고 말할 수 있는 게 아닐까. 사카모토 료마(1838~1867)도 시바가 『료마가 간다』를 세상에 내놓기 전까지는 수많은 유신의 영웅, 영걸 사이에서 특별히 주목받았던 존재는 아니었다."

신문사 문화부에서 일하던 시절 시바는 "하루 다섯 시간 독서를 일과로 하고 있다."고 주위 사람에게 말했다. 백과사전을 매일 한 페이지씩 떼어내어 읽고 하루에 머리에 집어넣었다는 일화도 전해진다. 집중력, 독서력, 여행벽 그리고 예리한 관찰자적 시각이 그를 위대한 역사소설가로 만들었다.

만년의 시바 씨에게 물었다.

"시바 씨는 다시 태어난다면 역시 신문기자를 하실 건가요."

"그래요. 그렇게 될 거란 생각이 드네요."

시바와 같은 신문사에서 같은 때에 일했던 편집국장 출신 아오키 아키라가 이렇게 추모했다.

"그가 작가, 역사가, 사상가, 문명 비평가로 불리는 것에 이의는 없다. 하지만 내가 형으로 모신 30여 년간 거칠게 새긴 시바 료타로 상에서 그는 최후까지 신문기자였다. 달리 말하면 신문기자의 자질을 잃어버리지 않았다는 인상이 강하다. 시바 씨에게 보이는, 신문기자에게 없어서는 안 될 자질이란 ① 신문이 좋다, ② 호기심이 왕성하다, ③ 권력이 싫다, ④ 발과 머리로 쓴다, ⑤ 사람에게 친절하다가 될 것이다."

결국 귀의처는 신문기자였다는 말이다. 이런 기자를 전형으로 삼고 기억하고 기록하는 문화가 고맙기만 하다.

장사의 신

『마쓰시타 고노스케 : 오사카의 장사꾼에서 경영의 신으로』
송희영, 21세기북스, 2019

"어떤 사람이 진짜 상인입니까."

파나소닉의 창업자 마쓰시타 고노스케가 답했다.

"첫째, 장사의 의미를 아는 사람, 둘째, 상대방의 마음을 읽을 수 있는 사람, 셋째, 다른 사람보다 머리를 더 굽히는 사람이지."

그가 1989년 4월 사망한 지 한 세대가 더 지났다. 기억에서 지워질 만한 세월이건만, 아직도 일본 역사상 가장 뛰어난 기업인으로 추앙받고 있다.

그의 최종 학력은 초등학교 4년. "모든 사람이 나보다 훌륭해 보였다." 학력이 형편없었기에 언제나 묻고 배우는 자세로 사업 영역을 넓혀 나갔다.

그는 19세부터 폐병 초기 증상에 시달렸다. 불면증 때문에 창업 후부터 하루 세 시간 반 정도밖에 자지 못했고, 50세 이후엔 수면제를 먹어도 겨우 네 시간을 잤다. 대신 직원들에게 권한을 위임하고, 책임 경영을 하도록 했다. 가난이야 말할 필요도 없었다. 하지만 그는 자신의 약점을 거꾸로 자신을 성장시키는 기초 자산으로 역이용했다.

"장사는 한마디로 진검 승부야. 상대방을 죽이지 못하면 내가 죽는 거야."

창업 5년째(1922년)의 이야기다. 그는 대청소를 하고, 새해를 맞자며 제안했다. 직원들은 종무식 날 오전 내내 대청소를 했다. 문제는 재래식 화장실이었다. 훗날 회고다.

"왜 여기만 청소하지 않았는지도 묻지 않고, 그냥 주변에 있는 임직원을 죽 둘러보았어요. 누구도 나서지 않는 거예요. 화장실을 청소하라고 지시해야 할 상사도 지시할 엄두가 나지 않는 모양이더라고요. 노조운동이 심하던 시기여서 직원들 눈치를 봤던 거죠."

아무 말 없이 물통, 걸레를 들고 와 청소를 시작했다. 한 사람, 두 사람 그를 뒤따랐다.

"다들 고생했네."

그는 환히 웃으며, 타코야끼 3개씩을 간식으로 나눠 주었다.

2004년 오히라키 주민들은 마쓰시타가 파나소닉을 창업한 옛 공장 터에 '창업의 땅' 기념비를 세웠다. 탄생 110주년 기념사업이었다. 공원에는 그의 친필 붓글씨 '道'(도)를 새긴 비석을 공원에 모셨다. 비석 뒷면에는 그가 남긴 명언을 새겼다.

"자신에게는 / 자신에게 주어진 길이 있다. / 넓을 때도 있고 / 좁을 때도 있다. / 오르막이 있는가 하면 / 내리막도 있다./ 아무리 궁리해도 길이 보이지 않을 때가 있으리라. / 하지만 마음을 곧게 다지고 / 희망을 갖고 걷는다면 / 반드시 길이 열리리라. / 깊은 기쁨도 거기서 움트리라."

언론사를 퇴사한 지 3년. 저자 송희영이 '깊은 성찰의 시간'을 거쳐 '글쟁이'로서 새로운 삶을 그렸다. 길이 곧 도道다.

조용히 새로운 애플을 설계한 자, 팀 쿡

『팀 쿡 : 애플의 새로운 미래를 설계하는 조용한 천재』
린더 카니 지음, 안진환 옮김, 다산북스, 2019

"애플에서 일하는 것은 제 스스로 짜보았던 어떤 계획에도 들어 있지 않았습니다. 하지만 그것은 의심할 여지없이 제가 내린 최고의 결정이었습니다."

애플의 스티브 잡스는 1998년 3월, 37세의 팀 쿡을 제조와 유통을 총괄하는 수석 부사장으로 영입했다. 2011년 8월 11일, 그날은 일요일이었다.

"지금 당장 집으로 올 수 있어?"

잡스의 전화였다. 잡스는 췌장암 치료와 간이식 수술로 자택에서 요양 중이었다.

"자네가 CEO를 맡아 주어야겠어."

그날의 대화가 있고 채 두 달이 지나지 않아 잡스의 사망 소식이 세상을 놀라게 했다.

"그가 나를 선택할 때 내가 자신과 같지 않다는 것을, 내가 자신의 복사본이 아니라는 것을 모르고 그렇게 했을까요?"

2014년 9월, 팀 쿡이 인터뷰에서 했던 말이다. 쿡은 잡스가 그에게 자신과 같은 방식으로 애플을 이끌 것이라 결코 기대하지 않았다고 설명했다. 그러고는 덧붙였다.

"내가 될 수 있는 유일한 사람은 바로 나 자신일 뿐이라는 사실을 알고 있었지요. 그래서 내가 될 수 있는 최상의 팀 쿡이 되기 위해 노력해 왔습니다."

2014년 10월 30일, 쿡은 〈블룸버그통신〉에 "팀 쿡이 거리낌 없이 밝힙니다"라는 제목의 글을 기고했다. 이 글에서 자신이 '게이'라는 사실을 처음 공개했다.

"제 자신이 게이인 까닭에 소수집단에 속한다는 것이 어떤 의미인지를 보다 깊이 이해할 수 있었으며, 그와 동시에 여타의 소수집단에 속한 사람들이 일상적으로 겪는 고충도 주의 깊게 들여다볼 수 있었습니다."

그의 커밍아웃은 사회적 의무를 수행하기 위한 용감한 행동이었다. 쿡은 세계에서 가장 주목받는 회사에서 가장 은밀하게 사생활을 유지하는 사람에 속했지만, 그럼에도 대의를 위해 자신의 프라이버시 일부를 희생했다. 그는 커밍아웃을 통해, 소외된 많은 사람이 자신의 성 지향성과 성 정체성에 당당해질 수 있도록 앞장섰다. 포용성과 다양성에 대한 명백한 헌신이었다.

2017년 말 세상에 알려지지 않은 한 재무 보고서에는 애플을 경영하는 쿡의 여섯 가지 핵심 가치가 조용히 피력되었고, 애플의 웹사이트에 사내 열람용으로도 게재되었다. 쿡 애플의 토대였다. '접근 가능성', '교육', '환경', '포용성과 다양성', '프라이버시와 안전', '공급자 책임'.

쿡이 생각하는 스스로의 사명은 이렇다. "내가 왔을 때보다 더 나은 곳으로 만들어 놓고 세상을 떠나는 것."

언제나 믿고 보는 잡지 『와이어드』Wired 출신의 저자 린더 카니의 『팀 쿡』이다.

억만장자 코크 형제는
어떻게 미국을 움직여 왔는가

『벼랑 끝에 선 민주주의 : 억만장자 코크는 어떻게 미국을 움직여왔는가』
낸시 매클린 지음, 김승진 옮김, 세종서적, 2019

오래전 미 연방대법관 루이스 브랜다이스(1856~1941)는 "우리는 선택을 내려야 한다"며 다음과 같이 경고했다.

"우리는 민주주의를 가질 수도 있고 소수의 손에 부가 집중되는 체제를 가질 수도 있다. 하지만 둘 다 가질 수는 없다."

'미국 극우의 설계자' 제임스 뷰캐넌과 억만장자 찰스 코크, 데이비드 코크 형제와 같은 '자유 지상주의자'들의 핵심 주장은 정부는 개인에게 '강압'을 행사할 권리가 없으며, 정부의 권한은 기본적인 법치와 공공질서를 유지하기 위해 필요한 최소한을 넘어서는 안 된다는 것이다. 이들의 견해에서 볼 때 정부는 강압의 영역이고 시장은 자유의 영역, 즉 자유로운 선택에 기반을 둔 상호 호혜적인 교환의 영역에 해당한다.

당연하게도 이들은 노년층을 위한 메디케어, 빈곤층을 위한 메디케이드를 반대해 왔고, 가장 최근에는 오바마 케어에 반대했다. 이들의 주장은 이런 식이다.

노스캐롤라이나주 의회 상원의원이었다가 코크 형제의 지원으로 2014년에 연방 상원의원이 된 톰 틸리스는 음식점들이, 화장실을 다녀온 종업원들이 손을 씻게 의무화하는 규제에서 "벗어날 수 있는 선택지"를 가질 수 있어야 한다고 말한다. "그 음식점이 '우리는 종업원들에게 화장실 다녀온 뒤 손을 씻으라고 요구하지 않습니다.'라고 표지만 붙여 놓는다면 나머지는 시장이 알아서 할 것"이라는 논리다.

역시나 이들에 따르면 정부가 문제를 고치려 드는 것은 되레 일을 악화할 것이기 때문에 지구온난화도 "그냥 내버려두는 게 최선"이다. 교도소도 국가가 할 일이 아니다. 당연히 기업에 넘겨야 한다.

"이제 우리는 민영 교도소가 더 빠르게 지어질 수 있고 더 낮은 비용으로 운영될 수 있으며 질적인 면에서도 정부가 운영하는 것에 못지않은 수준으로 유지될 수 있음을 알고 있다."

같은 자유 지상주의자 경제학 교수인 타일러 코언은 심지어 이렇게까지 말한 적이 있다.

"미국의 정치제도에서 견제와 균형이 약화되면 좋은 결과를 가져올 수 있는 기회가 높아질 것이다."

듀크 대학교 역사학 교수 낸시 매클린의 『벼랑 끝에 선 민주주의』는 역사학자의 시각에서 코크 형제와 뷰캐넌이라는 '자유 지상주의자'들이 연합하여 각각 부와 이론을 무기로 어떻게 미국의 민주주의에 족쇄를 채우고 일부 가진 자들의 이익을 대변하는 방향으로 미국의 법과 의회를 바꾸려 했는지를 기록했다. "안전하게 가려고 하는 것은 천천히 자살하는 것이나 마찬가지다." 그래서 결단이 필요하다.

클린트 이스트우드는
왜 카멜시장 선거에 출마했을까

『보수주의자의 삶 : 보수 리더들의 인생을 통해 바라본 한국 보수의 미래』
송희영, 21세기북스, 2021

"완벽한 세상에는 범죄도, 두려움도, 감옥도 없다. 하지만 완벽한 세상이란 이 세상에 없다는 것을 사람들은 곧 깨닫는다."

클린트 이스트우드가 영화 〈퍼펙트 월드〉의 예고편에서 했던 말이다. 1986년 이스트우드는 자기가 살고 있는 인구 4800명 안팎의 캘리포니아 최고급 주택가인 카멜 시장 선거에 출마했다. 이유 중 하나가 이렇다. 시가 아이스크림콘을 해안가 매점에서 팔지 못하도록 금지했다. 길거리에서 아이스크림을 빨고 돌아다니는 모습이 부자 동네에 걸맞지 않는 행동이라고 봤다. 이스트우드에겐 그것처럼 부당한 규제가 없었다. 그에게 가장 중요한 것은 개인의 자유로운 삶이었기에 권력이 사생활에 간섭하고 억압하는 것을 참을 수 없었다. 당선되자마자 아이스크림콘 판매를 허용했다. 그러곤 한 번 임기로 끝냈다. 보수주의자에게 가장 필요한 덕목이 바로 이런 이스트우드와 같은 자유로운 생각과 삶이다. 더불어 인간의 한계를 인정하는 것과 함께.

열독 내내 이렇게 묻고 싶었다. 과연 한국에 제대로 된 보수주의가 있기나 할까. 다음을 저자의 답변으로 읽었다.

"한국에서는 보수주의를, 가진 자, 배부른 자의 전유물처럼 인식하는 사람이 많다. 권력과 부를 보수주의 클럽의 가입에 필요한 필수 스펙으로 여기는 인식이 퍼져 있다."

언론인 생활을 떠나 독립 작가로 살아가는 저자가 2년 전 『진짜 보수 가짜 보수』♦에 이어 이번엔 모델이 될 만한 보수 리더 열 사람의 삶을 통해 한국 보수의 미래를 탐색하는 책 『보수주의자의 삶』을 펴냈다. 맨 먼저 살핀 인물이 바로 클린트 이스트우드. 하지만 그다음 인물인 조지 오웰과 김구의 편에 이르러서는 '어?' 할 것이다. 당연하게도, 한국에서는 진보의 상징처럼 받아들여지고 있기 때문. 논쟁을 유발하는 곳에서 저자의 식견과 정치관이 명징하게 드러난다.

"오웰은 개인의 자유와 인간다운 삶을 억압하거나 학대, 단절하는 모든 권력에 저항했다. 인간의 일상적 삶에 개입하려는 권력에 대해 반대하면서 '작은 정부'를 주장하는 보수주의자들의 사고방식과 딱 맞아떨어진다."

"20세기 극심한 이념 대립의 국면에서 김구는 공산주의에 반대했다. 이것 하나만으로도 그는 보수주의 우파 지도자로서 기본 자격을 갖추었다."

책을 덮고 나면 공평하게 질문을 던져야 한다. '한국에 제대로 된 진보주의가 있기는 할까.' 더없이 암울해진다. 아, 참 놓칠 뻔했다. 저자의 목소리가 생생한 마무리 부분을 놓쳐선 안 된다.

♦ 송희영, 『진짜 보수 가짜 보수 : 정치 혐오 시대, 보수의 품격을 다시 세우는 길』(21세기북스, 2019).

노련한 추기경, 은둔의 제갈량, 앤드루 마셜

『제국의 전략가 : 앤드루 마셜, 8명의 대통령과 13명의 국방장관에게
안보전략을 조언한 펜타곤의 현인』
앤드루 크레피네비치, 배리 와츠 지음, 이동훈 옮김, 살림, 2019

"우리 일은 해야 할 것을 말하는 것이 아니라, 생각해야 할
것을 말하는 것이다"(앤드루 마셜).

1973년 10월 2일, 앤드루 마셜은 미 국방장관 제임스 슐레
진저를 만났다. 그 자리에서 두 사람은 마셜이 백악관 국가안
보회의NSC를 떠나 국방부로 이동해 총괄 평가 프로그램을 설
치·총괄하기로 공식 합의했다. 슐레진저는 10월 15일 자로 마
셜을 국방부 총괄평가국장에 임명했다. 미 국방부의 싱크 탱크
인 총괄평가국ONA이 태어나는 순간이었다.

마셜이 수립한 총괄 평가는 "미국의 무기체계, 전력, 작전
교리와 실행, 교육 훈련, 군수, 설계 획득 절차, 자원 할당, 전
략, 전력 효율성 등을 기존의 또는 잠재적인 경쟁국과 철저히
비교하는 것"이다. 총괄 평가는 "미국의 경쟁국 또는 적국과
다양한 영역에서 벌이는 군사적 경쟁에서 어떤 위치에 서 있
는지를 꾸준히 파악하는 것이 목적"이다. 그리고 그 궁극적인
목적은 "미래에 나타날 문제와 전략적 이점을 충분히 예견함
으로써, 국가 고위 지도자들이 제때에 정확한 결정을 내려 문
제는 줄이고 이점은 이용할 수 있도록 하는 것"이다.

1949년 랜드연구소에 들어간 마셜은 핵미사일 시대 초기

미국 전략가들이 직면하고 있던 유례없는 지적 문제에 빠져들었다. 그는 오랜 시간 개척적인 연구를 통해 총괄 평가 프로그램을 완성했다. 이 과정에서 마셜은 소련과 길고 고통스러우며 위험한 대립을 하고 있던 미국의 최고 전략가로 성장했다. 냉전 종식 이후 그는 미군 군사 혁신 논쟁을 주도했고, 향후 미국 안보 환경의 변화와 21세기 안보 문제를 누구보다도 정확하게 예측했다. 하지만 마셜은 결코 지도자들의 고문이 되는 것은 마다했다.

마셜은 미국 최고의 정부 관료들과 여러 세대에 걸쳐 의견 교환을 할 때도 절대 이들에게 세세한 조언을 해주지 않았다. 의학으로 비유하면 그는 미국 최고의 전략 '진단의'였다. 그는 상세한 처방을 가급적 해주지 않으려 했다. 그것은 정확한 진단을 해야 적절한 전략적 처방이 나온다는 것을 깨달았기 때문이다. 즉, 마셜의 말대로 "올바른 물음에 적당히 답하는 것이 상관없는 물음에 정확히 답하는 것보다는 낫기" 때문이었다. 소련은 마셜을 두고 펜타곤의 '노련한 추기경'이라 불렀고 중국에선 '은둔의 제갈량'이라 했다.

2015년 93세의 나이로 은퇴할 때까지 8명의 대통령과 13명의 국방장관에게 안보 전략을 조언했다. 그리하여 그는 미국 외교정책 전략의 전설이 됐다.

히틀러 사생활의 결정적 특징은?

『히틀러에 붙이는 주석』
제바스티안 하프너 지음, 안인희 옮김, 돌베개, 2014

1945년 3월 19일, 이른바 '네로 명령'이라고 불리는, 히틀러의 두 번째 '총통 명령'은 이렇다.

"전쟁에 패배한다면 민족도 패배하는 것이다. 도이치 민족이 가장 원시적인 생존을 위해 필요한 기반까지 고려할 필요는 없다. 오히려 이런 것들을 스스로 파괴하는 편이 낫다. 민족이 허약하다는 판정이 났고, 미래는 더욱 강한 동쪽 민족의 것이기 때문이다. 이 전쟁 뒤에 남는 것은 어차피 열등한 자들이다. 우수한 자들은 전사했으니까."

저자의 주석에 따르면 "히틀러주의와 마르크스주의는 최소한 한 가지 공통점이 있다. 즉 세계사 전체를 단 하나의 관점으로 설명할 수 있다는 주장이다."『공산당 선언』은 '지금까지 사회의 역사는 계급투쟁의 역사'라고 선언했고 히틀러는 '세계사의 모든 사건은 종족들의 자기보존 충동의 표현에 지나지 않는다.'라고 했다. 따지고 보면 히틀러의 이념은 고작 인종주의에 지나지 않았던 것이다. 그래서 히틀러가 남긴 최고의 유산은 '독일 민족에 대한 배신'이다. "마지막에 히틀러는, 가장 훌륭한 말이 더비 경주에서 우승하지 못했다고 분노하고 실망하여 말을 채찍질하여 죽이는 경주마 주인처럼 행동했다. 독일의 파괴는 히틀러가 자신에게 부과한 마지막 목적"이었던 것이다.

저자는 정통파 역사학자가 아니다. 나치의 폭정을 피해 유대인 약혼자와 함께 영국으로 이주해 언론인으로 일하던 1954년에 다시 독일로 되돌아온 역사 교양서 전문 작가다. 1978년에 출간된 이 책 『히틀러에 붙이는 주석』은 독일에서 가장 많이 팔린 히틀러 관련 책으로 기록되고 있다. 그래서인지 교양 능력이 특별하다. 특히 이 부분.

"히틀러의 생애를 가르는 단면은 횡단면이 아니라 길게 가르는 종단면이다. 1919년까지는 허약함과 실패, 그리고 1920년 이후로는 힘과 업적이라는 식으로 갈라서는 안 된다는 얘기이다. 그보다는 이전과 이후를 막론하고 정치적 삶과 체험에서의 비상한 집중도와, 개인적 삶에서의 정도 이상의 빈약함으로 나누어야 한다."

그렇게 나눌 때 히틀러 사생활의 결정적 특징은 고작 "단조로움과 1차원성"이다. 그렇다면 히틀러의 정치력은?

"히틀러는 그 어떤 국가조직도 만들어 내지 않았고, 10년 동안 독일 국민을 압도하고 전 세계가 숨을 멈추고 지켜보게 만든 성과들이 모조리 일과성으로 아무런 흔적 없이 사라졌다. … 히틀러는 단순히 성과로만 치면 어쩌면 나폴레옹보다도 우위에 있을지 모른다. 하지만 한 가지, 국가를 경영하는 정치가는 결코 되지 못했다."

2014년 출간된 책인데 놓치고 있었다. 며칠 전 스승께서 보내 주셨다.

정치적 선택이 다르면
우정을 간직하기 어려운 시대에

『자유주의자 레이몽 아롱 : 장루이 미시카, 도미니크 볼통과의 대담』
레몽 아롱, 장루이 미시카, 도미니크 볼통 지음, 박정자 옮김, 기파랑, 2021

"요즘 세상은 정치적 선택이 다르면 우정을 간직하기 어려운 시대인 것 같습니다. 정치란 아마도 너무나 심각하고 비극적인 것이어서 우정이 그 압력을 감당하기 어려운가 봅니다. 나와 사르트르의 관계에서 그것은 분명한 사실입니다"(레이몽 아롱).

"장루이 미시카 : 사르트르와 완전히 절연하고 난 뒤 고통스러웠나요?"

"아롱 : 청년기의 우정을 잃어버린 장년의 슬픔이라는 게 적절한 말일 겁니다. 네, 친구를 잃는 것은 자신의 일부를 잃는 것과 마찬가지거든요."

"미시카 : 하지만 소련에 대한 견해 차이가 어떻게 우정까지도 금 가게 할 수 있습니까?"

40년 전인 1981년에 이루어진, 프랑스의 언론인이자 20세기를 대표하는 자유주의 우파 지식인 레이몽 아롱의 대담집이다. 질문자로는 두 68세대 학자가 참여했다. 장루이 미시카는 대담 당시 서른 살 경제학자였고 도미니크 볼통은 서른네 살의 사회학자였다. 책은 1981년 프랑스에서 출간됐고 우리나라에는 1982년 『20세기의 증언』이라는 제목으로 출간됐었다.

그리고 아롱은 1983년에 세상을 떴다. 40년 전의 대담집이 여전히 유효할까.

"재출간하는 대담집은 40년의 세월이 무색하게 아직도, 아니, 어쩌면 이제야 참신한 시의성으로 반짝반짝 빛난다. 40년 전 그즈음 대학생이던, 지금 우리 사회의 주류가 된 386세대는 어쩌면 40년의 지체를 보여 주는가?"(옮긴이)

지체에 대한 질책이었을 것이다. 1982년에 대학에 입학했던 나야말로 386세대의 일원이라 할 수 있으니까 며칠 전 언론사에 계시는 스승께서 책을 보내 주셨다. 분명한 지체이기에 스스로 이 책을 구매하진 않았을 것이다. 스승께서 던지신 화두를 읽어야 했다. 힘들게 읽어 내렸다.

"볼통 : 책을 통해 배울 수 있다고 진정으로 생각하십니까?"

"아롱 : 네, 아리스토텔레스도 그렇고, 마키아벨리도 그렇습니다. 그들을 잘 이해하는 것만으로 충분합니다! 마침내 나는 어떤 이데올로기가 가장 적합한 것인가를 묻지 않기로 했습니다. 그 대신, 매순간 '무엇을 해야 할까?'라는 질문을 자신에게 던졌습니다."

"현실을 직시하고, 진실과 현실을 파악하고자 하는 의지와 또 한편으로는 행동을 하려는 의지, 이것들은 내가 평생 복종하고 싶은 두 개의 절대적 명령이었습니다"(아롱).

한 줄만 더 인용한다.

"정치적 견해를 갖는다는 것은 하나의 이데올로기를 고정시킨다는 의미가 아닙니다."

"내 삶의 증인을 잃었으니,
앞으로 되는대로 살게 될까 걱정입니다"

『나의 이브 생 로랑에게』
피에르 베르제 지음, 김유진 옮김, 프란츠, 2021

 1997년 여름 성지순례길, 로마 성 베드로 대성당 앞 공중전화에서였다. 아버님의 검진이 끝날 시간에 맞춰 서울로 전화를 걸었다.

 "여보세요." 하고 받는 형의 목소리에서 바로 알 수 있었다. 호텔로 돌아갔다. 화장실로 들어갔다. 문을 꼭 닫고 울기 시작했다. 울다가 거울을 보고 다시 소리를 치고, '이제 아버지가 돌아가시고 나면 삶의 의미, 내 삶에 대한 가치 평가는 도대체 누가 해줄 수 있을까. 아버지, 저 잘했죠 하는 이야기를 이제 누구에게 할 수 있을까. 그래 잘했구나, 그래 못났구나 하는 이야기를 누구에게서 들을 수 있을까.' 그렇게 몇 시간을 울었던가. 급히 서울로 돌아와 생의 마지막을 보살펴 드려야 했다. 낙엽귀근落葉歸根이라고 했다. 가을의 첫 문턱이던 9월, 추석날 새벽에 아버님은 깊은 평화에 들었다. 다들 귀경길을 서두르는 때 아버님을 모시고 귀성길에 올랐다. 아버님의 마지막 고향 길이었다.

 어쩌다 『나의 이브 생 로랑에게』를 읽게 되었다. 책은 이런 문장으로 열린다.

 "내 삶의 증인을 잃었으니, 앞으로 되는대로 살게 될까 걱정입니다.”

이 책의 가치는 이 한 문장으로 충분했다. 하루에도 몇 번씩 불쑥불쑥 떠오르는 아버님에 대한 기억. 끝없는 그리움 그리고 무한정 베풀어주셨던 사랑이, 로마 어느 호텔 화장실에서 느꼈던 그 절망이 떠올랐다. 이런 문장이 있었다니. 이런 사랑이 있었다니. 아, 남들도 그랬구나 하는 공감까지.

책의 맨 앞장은 피에르 베르제가 이브 생 로랑의 장례식에서 낭독한 2008년 6월 5일 추도문이다. 그리고 그해 크리스마스 날 베르제는 로랑에게, 전달될 수 없는 편지를 쓰기 시작한다. 편지는 1년여간 이어진다.

“당신은 수많은 디자이너 가운데 인생이라는 책의 첫 장을 펼치고, 쓰고, 스스로 마침표를 찍은 유일한 사람이 되었습니다. 당신의 가장 가까운 증인으로서 내가 가장 감탄했던 점은 당신의 정직성과 엄격함, 그리고 까다로움이었습니다.”

“근본적으로, 이 편지에는 단 한 가지 목표가 있었지. 우리의 삶을 결산하는 것. 네가, 그리고 우리가 살아온 과정을 이 글을 읽을 사람들에게 들려주는 것. 요컨대 네게도 수없이 이야기했던 나의 추억에 불을 밝히는 것. 너와 함께해서, 그리고 네가 있어서 내가 얼마나 행복했는지 보여 주는 것.”

“인생이라, 삶은 지나갔네. 도무지 산 것 같지도 않은데”(피르스 「벚꽃 동산」).

제2부

역사를
읽다

중국 당나라에서 세상을 뜬
백제 사람의 묘비명은 어땠을까?

『재당 한인 묘지명 연구』
권덕영, 한국학중앙연구원출판부, 2021

"오랫동안 객지에 거주하다 고향으로 돌아가지 못하고 타국에 거처를 마련하였네. 외로운 무덤을 바라보니 짙게 낀 안개 속에 언제나 처량하구나."

묘지墓誌에 따르면 '웅진 서부' 사람, 그러니까 당시로서는 백제 웅진 사람, 지금으로서는 충남 공주 사람 '진법자'陳法子가 당나라 측천무후 시절 중국 땅에서 세상을 떴다. 묘지는 고인의 슬픔을 이렇게 기록해 놓았다.

"공은 성이 천泉이고 이름은 남생男生이며 자는 원덕으로 요동군 평양성 사람이다."

천남생이란 사람이 당시로서는 고구려 왕조가 지배하던 곳의 출신이고, 지금으로서는 북한 수도 평양직할시 일대 사람이었음을 보여 주는 또 다른 묘지다.

일찍이 프랑스의 역사가 랑글루아와 세뇨보가 "사료 없이 역사 없다"라 했다. 서지나 유물 자료가 빈약한 우리 땅에서 나라 밖에 있는 금석문 자료는 역사 연구의 훌륭한 사료다. 부산 외국어대 권덕영 교수가 지금까지 비교적 소홀히 취급했던 금외 금석문 자료 가운데 한국 고대사 복원에 직접적으로 관련이 있는 '재당 한인'在唐韓人들의 묘지를 종합적으로 연구했다. 7세기 중엽을 전후한 시기부터 수많은 고구려, 백제, 신라 사람들이 자의 혹은 타의에 의하여 당나라로 이주했다. 이들이 그곳에서 살다 세상을 떴고 무덤 속에 묘지墓誌 혹은 묘비명을 남겼다. 지난 100여 년 동안 중국에서 고구려 유민 묘지 17점, 백제 유민 묘지 10점, 재당 신라인 묘지 4점, 발해인 묘지 1점 등 총 32점이 발견됐다. 이 재당 한인들의 묘지들은 "당시 긴박하게 돌아가던 동아시아 국제 정세와 고구려·백제 지배층의 동향, 당나라 이주 후의 활약상과 한인으로서의 정체성 문제, 타국 생활과 당의 이민족 지배 정책, 당조에서의 정치·군사·문화 활동과 역할 등을 생생하게 전해 준다."

책은 '자료편'과 '역주편' 두 권으로 이루어졌다. 전문 연구자에게 필요한 책일 텐데 왜 이 책을 구입해서 넘겨 보게 되었을까. 첫째는 호기심이다. 아, 이런 자료도 있겠구나, 이런 연구도 있구나. 이분들은 어떻게 살다 갔을까. 둘째는 응원이다. 자칫 무관심한 연구일 수도 있지만 이런 연구자 덕분에 역사는 끊임없이 다시 쓰인다. 셋째는 가지 못한 길에 대한 아쉬움이다. 생업과 실용의 길을 택하다 보니 늘 학문의 길이 그립다. 넷째는 로버트 단턴이 말했던 '문자 공화국'의 시민으로서 활자와 책에 대한 경배다. 읽고 쓰고 말하기뿐 아니라 책을 구입하는 것 또한 하나의 의무라 여기기에.

미중 패권 경쟁의 시대,
다시 임진왜란을 생각하다

『임진왜란 : 2년 전쟁 12년 논쟁』
김영진, 성균관대학교출판부, 2021

"해 뜨는 곳의 천자天子가 글을 해 지는 곳의 천자에게 보냅니다. 별고 없으십니까?"

서기 607년 일본이 수隋 양제煬帝에게 보낸 국서國書다. 애당초 일본은 이런 나라였다. 1590년 가을 도요토미 히데요시는 조선의 황윤길과 김성일 등 통신 사절들을 이렇게 대했다.

"공식 연회를 한 번 열면서 떡 한 접시를 탁자 위에 놓고 질그릇으로 술을 마시게 하고, 인사나 권주도 없이 몇 번 잔을 돌리게 했다. 또한 그는 평상복 차림에 어린 아들을 안고 왔는데, 애가 오줌을 누어 자신의 옷을 젖게 만들자 좌중들 사이에서 그냥 옷을 갈아입기도 했다. 접견 후 히데요시는 황윤길과 김성일에게 각각 은 400냥을 주고는 곧장 귀국하도록 요구했다."

당시 조선의 무능과 국론 분열에 대해서는 돌이키기조차 싫다. 그렇게 해서 1592년 임진왜란이 일어났다. 임진왜란은 근대 이전 한·중·일 삼국이 벌인 유일한 전면전이다. 그리고 그 전장은 다름 아닌 한반도였다.

사실 "임진·정유왜란은 종종 7년 전쟁으로 간주되지만, 실제 군사적 대결 기간은 그리 길지 않았다." 저자의 논리를 요약하면 임진왜란 시기의 군사적 대결 기간은 1년 수개월이고,

정유재란 시기는 약 10개월 정도로 전체적으로 해당 기간은 약 2년 정도이다.

중국 속담에 '귀신을 들이기는 쉬워도 내쫓기는 어렵다'고 했다. 명나라의 도움을 받아야 했다. 명군의 파병 근거는 조·명 관계의 본질과 관련되는 문제였다.

유성룡은 "무릇 우리나라의 중국에 대한 충성 또한 이미 지극합니다. 이번에 (조선이) 화를 당하게 된 것도 오로지 중국 때문입니다. 그런데도 중국은 서둘러 (조선을) 구해 주지 않아 천하의 난리가 생겨나게 했습니다." 명은 파병을 '황제의 속국에 대한 은혜로 간주'했다. 명나라는 왜란이 끝나고도 지정학적 이유를 들어 잔류의 필요성을 주장하기도 했다. 조선을 제쳐 두고 명·일 간에 강화 교섭이 이루어지기도 했다.

왜 『임진왜란』을 복기하는가. 읽는 내내 불편하고 고통스러웠지만 책을 집어든 목표가 저자의 연구 의도와 일치하는 것 같아 내심 좋았다. 미·중 대립 속에서 '선택하느냐' '선택당하느냐'라는 수준의 저급한 외교 안보 담론이 현재를 지배한다. 참으로 수치스러운 외교안보관이다. 어찌 한반도 운명이 고작 선택의 문제 수준이란 말인가. 저자가 맺음말 마지막 문장을 이렇게 적었다. 같은 생각이다.

"최근 확대되고 있는 미·중 간의 패권 경쟁 상황에서 양자택일은 역사의 악순환을 반복하는 것일 뿐 궁극적인 대안이 아니라고 생각한다."

"한국인은 술 마시는 것을 좋아하며 정치권력을 사랑한다"

『버치문서와 해방정국 : 미군정 중위의 눈에 비친 1945~1948년의 한반도』
박태균, 역사비평사, 2021

미군정 시절 레너드 버치 중위가 본 한국 사람들의 성격이다.
"그들은 집단적으로 움직인다. 그들은 즐기는 것을 좋아하고 유머 센스가 많으며, 싸우기를 좋아한다. 또한 주장이 많다. 공상을 좋아하는 한국인들에게는 아일랜드와 비슷한 설화들이 있다. 술 마시는 것을 좋아하며 파티와 휴가, 정치권력을 사랑한다. 지적 수준이 높으며 동시에 그러한 높은 수준으로 인해 다루기가 쉽지 않다. 그들은 매우 획일적이며 중국인과 다르며, 일본인도 아니다. 그들은 몽골로부터 내려왔으며, 중국으로부터 많은 문화를 받아들였고, 동양의 기준에서 높은 수준의 문화를 유지했다."

버치는 1910년에 태어나 하버드 로스쿨을 마치고 변호사로 일하다 군에 입대해 1945년 겨울 한국에 배치됐다. 하지 사령관은 그를 중용했다. 그리하여 미군정이 38선 이남을 통치했던 무렵 그는 늘 정치적 소용돌이의 중심에 서있었다. 사실상 한국 정치판의 실세였다. 그가 작성하거나 보관했던 많은 사료들이 사후 하버드 대학교 옌칭 도서관으로 옮겨졌다. 하버드 대학교 동아시아학과에 강의하러 갔던 서울대학교 국제대학원 박태균 원장이 이 문서를 입수해 언론에 연재했다가 좀 더 보완해 한 권의 책으로 펴냈다. 버치 문서는 미군정기의 실패와 함께 한 국 사회가 겪었던 좌절의 역사를 보여 준다. 그것은 곧 "해방 과 통일 독립국가 수립이라는 너무나 소중한 기회를 상실하는 과정"이었다. 그리고 기회의 상실은 곧 전쟁이라는 위기로 다 가왔으며, 또다시 그런 경험을 해서는 안 된다는 점을 잘 보여 주고 있다. 역사학자로서 저자의 목적은 두 가지였다.

"하나는 미군정기의 상황을 좀 더 실증적이고 객관적으로 이해하기 위한 것이었다. 다른 하나는 현재 한국 정치에서 나타 나는 폐단의 기원을 찾는 것이었다."

그 폐단은 무엇일까. 자의적으로 답해 보자면 '해방 전후사 를 둘러싼 무책임하고 정치적인 역사 해석 논쟁들', '연대와 공 존이 불가능한 극단적인 권력 구조와 행사 방식' 등이 아닐까 싶다. 비전문가의 눈에도 흥미로운 대목들이 있다.

"버치가 남긴 문서 중에 유독 눈에 띄는 이름이 있다. 김두 한이다. … 그런데 문서 속의 김두한은 (우리가 영화를 통해 알고 있는) 이와는 사뭇 다른 모습을 하고 있다."

"미군정이 준비했던 조선임시정부의 헌장 속에는 정부의 수 반과 부수반은 입법기관에서 선출하고 국가수반에게 장관 임명 권을 주었지만, 국회의 동의를 받도록 한 것이다." 이는 제헌헌 법의 특징적인 부분 중 하나인데 그 뿌리가 어쩌면 조선임시정 부헌장에서 비롯될 수 있었다는 흥미로운 증거다.

'헌법의 순간'과 마주치다

『헌법의 순간 : 대한민국을 설계한 20일의 역사』
박혁, 페이퍼로드, 2024

한나 아렌트의 정치사상으로 독일에서 박사 학위를 취득한 저자의 고백이 특별하다. 사실 나도 은연중에 그런 생각을 가지고 살았다. 공감하기에 그대로 인용한다.

"저는 지금까지 남한에서만 치러진 총선거로 뽑힌 제헌의원들을 무시했습니다. 남북 영구 분단을 초래할 선거가 시행된 것이 안타깝고 못마땅했습니다. 하물며 그들이 만든 제헌헌법은 말할 것도 없습니다. 제대로 된 헌법이라고 생각한 적이 없습니다. 번갯불에 콩 구워 먹듯이 만든 졸속 헌법이라 하찮게 여겼습니다. 시대에 뒤떨어진 고문서라고 낮잡았습니다. 다른 나라 헌법을 짜깁기한 모방 헌법이라 얕잡았습니다."

1948년 5월 10일 제헌 국회의원 선거가 열렸다. 5월 13일 198명의 국회의원 당선자가 발표됐다. 5월 31일, 제헌국회 첫 번째 본회의가 열렸다. 국회의장으로 선출된 이승만이 개회사를 낭독했다.

"기미년의 결사 혈투한 정신을 본받아 최후 1인, 최후 일각까지 분투하여 나가자."

6월 1일 헌법기초위원회가 구성됐고, 6월 22일 전문과 102개 조항으로 이루어진 헌법안을 완성했다. 헌법안은 본회의에 제출되어 20일간의 심사에 들어갔으며, 7월 12일 헌법안이 통과됐다. 그리고 7월 17일 제헌 헌법이 공포됐다.

저자는 "1948년 6월 23일부터 7월 12일까지, 헌법기초위원회가 헌법안을 본회의에 보고한 날부터 제헌의원들이 헌법안을 심사해 최종 통과하는 순간"까지인 20일에 주목한다. 저자는 이 기간을 '헌법의 순간'이라 명명한다.

"우연히 '헌법의 순간'과 마주쳤습니다. 당시 국회 회의록을 찬찬히 볼 기회가 있었지요. 그때 느낀 감정을 잊을 수 없습니다. 제헌의원들이 들려준 생생한 목소리와 그들의 생각을 만났습니다. 그 순간, 그들은 얼마나 진지하고 활기에 넘치던지요! 간절함과 의지가 빚은 광경이 제 심장을 두드렸습니다. 상대를 설득하고 논박하는 언변과 논리도 만만치 않았습니다. 그 순간은 말 그대로 '정치의 향연'입니다. 그 향연이 가슴을 뛰게 하고, 가슴속 편견을 깨뜨렸습니다."

향연을 풀어놓았다. 나라 이름을 대한민국으로 결정한 이유, 3·1혁명이 3·1운동으로 바뀌게 된 경위, 내각책임제에서 대통령제로 바뀐 까닭 등 14개의 헌법적 이슈를 추려 내고 속기록을 요약해 가며 착실히 해설했다. 법률과 정치라는 두 가지 직업으로 살아왔지만, 실상 법률이나 정치와 관련해 좋아하는 책을 만나기는 쉽지 않다. 책을 선물로 보내 주신 강천석 고문님께 감사드린다.

을사늑약 이전에 위안스카이의 침략이 있었다

『감국대신 위안스카이』
이양자, 한울, 2020

책 제목의 감국대신監國大臣이라는 단어가 낯설었다. 중국의 천자가 일시적으로 권한을 대행시키던 기관이다. 조선이 청을 종주국으로 인정했지만, 청이 위안스카이袁世凱(1859~1916)와 같은 '감국대신'을 실제로 파견했던 적은 없었다. 그것은 명대에도 마찬가지였다. 중국이 종주국임을 인정했다 해도 조선은 실질적으로 독립국이었다. 조선과 중국 간의 이른바 '사대·종번宗藩' 관계란 전통적인 유교적 천하관에서 중국 중심의 국제 질서를 의례儀禮적으로 따른다는 수준이었다.

그런데 청은 한중 관계사상 전례 없이 1882년부터 1894년까지, '속번屬藩' 체제를 내세워 위안스카이를 (일종의 총독 격인) 감국대신으로 파견했다. 위안스카이는 중국 최근세사에서 매판적 반동 정치가이자 권모술수와 이중성으로 잘 알려진 인물이다. 비상한 수완과 능력을 갖춘 그는 사람들이 '괴걸'이라 부를 만큼 독단과 모략, 배반을 감행하는 호전적 성격의 소유자로, 민중을 저버리고 권력과 부귀를 얻는 데 몰두한 인물이다. 청의 입장에서 보자면 그는 10년간 '실질적인' 감국대신으로 조선에 군림하며 청국의 대조선 정책을 성공적으로 유지시켜 조선이 열강과 결탁하는 것을 막고, 청이 굴레에서 벗어나지 못하게 하는 데 성공했다. 그가 집행한 청국의 조선 속국화 정책은 1905년 을사늑약 이전 시기에 가장 강도 높은 외세 침략의 한 형태였다.

"그런데 대다수 한국인들은 조선의 망국을 일본 탓으로만 돌리고 있으며, 청이 서양과 일본에 대항해 중화 제국의 부흥을 시도하며 조선을 침략한 역사는 잘 모르고 있다. 임오군란에서 청일전쟁까지 10여 년 동안 이루어진 청나라의 군사·정치·경제 면에서의 침탈과 그 현지 집행자였던 위안스카이의 존재를 다시 기억해 내는 것은 그러한 역사적 사실을 알리는 데 꼭 필요한 일이다."

위안스카이는 청일전쟁 이후 직예총독直隷總督의 자리에 올랐다가, 어부지리로 중화민국 대총통 자리에 앉았고, 나중에 황제에 즉위했다. 얼마 후 국민의 반대로 황제를 철회하고 울분 속에 1916년 급사했다. 그는 "근대 중국의 첫 번째 국가 횡령자"라는 혹평을 듣기도 했고, 학자들은 "제국주의를 대표하는 봉건적 잔재로서 나라를 훔친 '대도'大盜"라 칭하기도 한다. 그는 평생 10명의 아내를 두어 32명의 자녀를 낳았다. 그가 조선에 머무는 동안 세 명의 조선 여인(白氏, 金氏, 李氏)과 결혼해 7남 8녀를 두기도 했다.

중국 고대사를 대하는 '인식의 혁명'

『상나라 정벌 : 은주 혁명과 역경의 비밀』
리쉬 지음, 홍상훈 옮김, 글항아리, 2024

책을 읽던 중 불현듯 두 사람이 떠올랐다. 리튬 이온 전지 개발로 2019년 노벨 화학상을 받은 요시노 아키라. 그는 교토대학교 재학 시절 고고학 동아리에서 활동했던 것이 노벨상을 받게 된 계기가 되었다고 했다. 문자가 없던 시대에 연구의 실마리가 되는 것은 출토된 토기 등의 물적 증거뿐인데, 고고학 발굴에 힘쓰면서 이런 '증거'를 겸허하게 대하는 것을 배웠다는 것. 다음은 그의 말이다.

"고고학과 화학 모두 실증과학이며 얼마나 새로운 데이터를 세상에 먼저 제시하는지가 중요하다는 것이 공통점이다."

다음은 백남준 선생. 백 선생은 자신의 예술적 뿌리를 탐색하는 과정을 '아방가르드의 고고학'이라고 불렀다.

이제 오늘의 책 이야기를 하자. 『상나라 정벌』은 무려 934쪽에 달하는 벽돌 책이다. 옮긴이 홍상훈의 요약을 옮겨 오자면 "전상 즉, 상나라를 정벌하여 멸한 주나라의 역사 이면에 숨겨진 경악스럽고 전율할 만한 이 비사들은 최근까지 이루어진 고고학적 발굴과 갑골문에 관한 연구 성과를 반영한 옛 문헌의 다시 읽기를 통해 밝혀진 것들이다."

이번엔 지은이 리쉬의 요약을 보자.

"주공 시대 변혁의 최대 결과는 신권神權의 퇴장이며, 이 때문에 중국의 문화는 지나치게 '조숙'해졌다. 전국시대 변혁의 최대 결과는 귀족의 퇴장이며 이 때문에 중국의 정치가 지나치게 '조숙'해졌다. 그러나 다른 인류 문명들에서는 신권과 귀족정치의 퇴장이 모두 서기 1500년 이후의 이른바 근현대시기에 일어났다. 주공과 공자의 노력은 2000~3000년 동안 유지되어서, 고고학자들의 삽이 하나라와 상나라의 유적지를 발굴하게 되었을 때에야 비로소 '육경' 등 옛 문헌에 가려지고 오독된 역사의 진실이 다시 해석되고 복원될 수 있었다. 고고학으로 인해 우리의 인식이 바뀌게 된 것은 비단 하나라와 상나라뿐만이 아니다."

논리적으로 이렇게 된다. 고고학 발굴이 있다. 새로운 증거가 나타난다. 새로운 해석이 가능하다. 기존 역사의 허구적 이미지를 깨뜨린다. 잘못 서술된 역사의 진실을 드러낸다. 역사와 세상에 대한 사람들의 생각이 바뀌게 된다. 다만, 이 모든 것은 고고학적 증거에 기반한다. 책은 중국 고대사에 대한 우리의 인식을 통째로 뒤집어 놓는 '인식의 혁명'을 요청한다.

저자에 대한 고마움은 당연하겠고 늘 중국 인문학 분야의 명저를 반듯하게 번역하여 우리에게 안겨 주는 홍상훈 교수의 노고를 기억했으면 한다. 이분의 번역서라면 무조건 사서 읽으라고 권유한다.

왜 한국의 중국요리 이름엔
'산동 사투리'가 많을까?

『제나라는 어디로 사라졌을까 : 춘추오패의 우두머리, 제나라의 번영과
몰락』
장웨이 지음, 이유진 옮김, 글항아리, 2011
『山東이야기 : 한·중·일 문명교류의 교량 산동, 수천 년 얽힌 선연과 악연』
박영효, 씨에디터, 2019

아무것도 두려워하지 않는 담력으로 이름을 남긴 사람이 있
는데, 제나라(산둥반도 일대) 사람 '서복'徐福이다. 『사기』를 비롯
한 정사에는 '서불'徐市로 기록되어 있다.

진시황은 중국을 통일하자 산둥성 태산에 올라 성대한 봉선
의식을 거행한다. 이때 서복은 진시황에게 신선과 불로초를 찾
는 일의 어려움을 설명한다.

"저 바다 밖에는 신선이 사는 선산仙山이 있는데 그 산 정상
에서만 자라는 선약을 구해 술에 타 마시면 장생불로할 수 있
습니다."

다만, 바다에는 커다란 상어가 길을 막고 있기 때문에 신선
이 살고 있는 섬에 도무지 가까이 갈 수 없다고 했다. 더불어 견
고한 함선을 만들고 거대한 선단을 꾸려 최고의 궁수를 배치하
고 오곡과 온갖 장인과 3000명의 동남동녀童男童女를 배에 실을
것을 제안했다.

그런데 이토록 이민移民 혐의가 명백했음에도 진시황은 어째
서 알아채지 못했을까. 진시황은 왜 서복에게 속고 말았을까.

서복은 바다의 신에게 성대한 예물을 바친다는 것을 핑계로 기어이 3000명의 청춘을 바다로 데려갔다. 그러곤 도박을 멋지게 성공시켰다. 『사기』의 「회남형산열전」에는 "서복은 무리를 이끌고 동쪽 바다로 나아가 넓은 들판과 강이 있는 평원광택平原廣澤에 도달하자 그곳에 머물러 스스로 왕이 되고 결국 돌아오지 않았다."라고 적었다. 서복 일행은 신천지를 찾아 나설 때 유학·경서 및 의료 관련 서책을 많이 싣고 나왔다. 이는 진시황의 분서갱유 사건을 예견하고 미리 대피한 것이라고 설명하는 이도 있고, 서복 탈출의 후환으로 분서갱유 사건이 발생했다는 이야기도 있으니 어느 것이 맞는지는 모르겠다.

제주도는 이런 옛이야기를 바탕으로 2003년 10월 서복공원과 서복전시관을 조성했다. 일본 학계는 『사기』에 나오는 '평원광택'을 근거로 일본 규슈의 사가현을 서복의 최종 정착지라고 주장한다. 2015년 9월 제주도에서는 한·중·일 3국의 서복 연구자들이 모여 '서복문화국제연구협의회'를 창립하고, 연구 결과를 교류하고 있다.

중국식 표현을 빌리자면 '구舊화교'와 '신新화교'가 있는데, 1992년 한중 수교를 기준으로 삼는다. 구화교의 90%가 산둥 사람이다. 자장면이 산둥에서 유래됐고, 중국 음식의 이름 중에는 산둥 사투리가 많다. '라조기'가 대표적이다. 표준말로는 '라지오지'란다. 우리가 알고 있는 중국 문화의 대부분은 춘추전국시대를 기준으로 제나라와 노나라 문화이고, 지리적 기준으로는 산둥 반도의 문화이다. 산둥을 공부해야 하는 이유다.

중국 3000년 경제사를 풀어낸 고전

『케임브리지 중국경제사』
리처드 폰 글란 지음, 류형식 옮김, 소와당, 2019

역사학계는 지난 3000년에 걸친 중국 농촌 경제의 성격을 두고 논란을 거듭해 왔다. '가족 중심' 농업과 '농민적' 사고방식을 특징으로 하는 독특한 중국 역사의 결과일까, 아니면 대부분의 기업들과 마찬가지로 보편적 법칙에 따라 농가가 시장에 적극적으로 부응한 결과일까?

1990년대 들어 중국 경제사 분야에서 이른바 '캘리포니아 학파'가 대두됐다. 왕조 시대 후기의 중국 경제사를 세계사의 맥락에 위치시켜 비교 경제사의 관점으로 분석하기 시작한 것.

"경제성장의 측면에서는 서양의 제도, 문화, 정부 정책이 우월했다는 암묵적 전제가 오래도록 당연시되어 왔는데, 캘리포니아 학파는 이 전제에 도전장을 내밀었다."

케네스 포메란츠의 '거대한 분기점'Great Divergence이라는 도발적 연구가 출발선이었다. 그는 '과연 제도적 차이가 실물 경제에서 다른 결과를 낳았는가'라고 물었다. 유럽의 브리튼, 중국의 양쯔강 삼각주 지역 등 전근대 세계의 대부분 선진 지역들은 제도적 기반이 달랐음에도 근본적으로 뚜렷한 유사성을 띠었다. 그것은 바로 애덤 스미스가 경제성장의 모티프라고 한 "시장의 확장과 노동의 전문화"였다.

750~1250년의 시기를 학계에서는 '당송변혁기'唐宋變革期라

일컫는다. 중국 경제사의 물줄기가 결정적으로 바뀌었다고 평가하기 때문이다. 이때 경제의 무게 중심이, 기존 중원 지역에서 벼농사 중심의 양쯔강 유역으로 옮겨 갔다. 1100년 기준, 중국의 인구는 1억 명에 이르렀다. 당송변혁기를 휩쓴 경제적 변화는 제도의 변화로 나타났다. 토지의 사적 소유가 법제화되었다. 세금이 자산에 따라 차등 부과됐다. 잉여 농산물의 증가, 운하의 발달 덕분에 노동력의 전문화가 가속화됐다. 화폐 공급량이 증가했고, 새로운 금융 중개 방식이 출현했다. 국가의 재정 정책이 경제 전 분야에 걸쳐 강력한 영향을 미치게 됐다.

현실이 이러했음에도 그저 '동양적 전제주의'라고 분류하는 건 옳았을까. 어리석은 왕조의 통치 때문에 정치 및 경제 제도는 심각한 타성에 젖었고, 그 결과 중국은 경제적 행위와 경제사의 일반 법칙을 한참 벗어나 있었다는 시각은 객관적이었을까. 지난 수십 년 동안 중국사 연구자들은 이러한 잘못된 관념을 극복하기 위해 노력해 왔다. 리처드 폰 글란의 『케임브리지 중국경제사』는 거대한 지역 범위를 하나의 단위로 묶어 냈다. 3000년의 흐름을 정리했다. 중국 경제사 분야의 연구사를 총정리했다. 그래서 경제사의 고전이 탄생했다.

프랑스 제국주의의 눈으로 본 19세기 중국

『주르날 제국주의 : 프랑스 화보가 본 중국 그리고 아시아』
자오성웨이, 리샤오위 엮음, 이성현 옮김, 현실문화, 2019

이 책은 1850년부터 1937년까지 프랑스 신문 『르 프티 파리지앵』과 『르 프티 주르날』이 묘사하고 기록한 중국 이야기다. 그런데 "이 책에 등장하는 중국인의 이미지는 상당히 누추하고 쩨쩨하며, 얼굴도 너무 혐오스럽게 그려져 있다. 중국에 대한 프랑스인의 편견이 영국인보다 더 심한 것 같다"(선흥沈弘). 그럼에도 한국인의 눈엔 아름답고 의미 있는 역사 그림책이다.

누구나 인정하듯 근대 중국의 100년 역사는 중국 역사상 유례를 찾기 힘든 대변혁기였다. 당시 중국은 완전히 농업 사회였다. 도시도 없었고, 공업도 없었고, 사농공상을 제외한 새로운 계급이나 계층도 없었다. 중국은 두 차례 아편전쟁을 거친 후 서양을 학습하기 시작했지만, 연이은 좌절과 고난을 겪어야 했다. 일찍이 프랑스 언론과 판화 작가들은 이런 중국에 주목했다. 각기 독특한 예술적 발상으로 청말의 인물들을 생생하게 그려 냈다. 책은 그때 언론에 실린 컬러 석인판화와 컬러사진 등 400여 점을 선정한 후 삽화와 함께 실린 기사를 편역했다. 특히 1884년 청불전쟁 이후 중국에 대한 프랑스인의 관찰과 기록, 상상을 비교적 온전하고 구체적으로 펼쳐 보인다. 당시 한국과 중국의 역사적 밀접함에 비추어 볼 때 우리 모습 또한 제어될 수는 없었던 것. 넉 장의 그림이 있다. 〈청일전쟁 : 서울에서

의 동요〉, 〈노략질 : 카자크 기병이 조선의 마을에 들이닥치다〉,
〈조선에서의 첫 교전 : 정주 전투〉, 〈압록강 전투 : 러시아 군악
대의 영웅적 기개〉.

중국 학자들의 평가를 인용하는 게 더 낫겠다.

"프랑스 매체가 보여 주는 중국에 대한 이해와 인식의 정도
는 중국인이 지금껏 의식하지 못하던 것들로, 동시기 중국의
서양에 대한 이해를 훨씬 넘어선 것이었다."

사료로서의 가치 또한 넘쳐 난다.

"위로는 푸른 하늘에서 아래로 황천에 이르기까지上窮碧落
下黃泉 되찾아 오고 싶어 했던 것에 속한다."

역사적 진실을 재구성하려면 초월적인 입장도 요구되지만,
그보다 더 직접 발로 뛰어다니며 자료를 구해야 한다. 소동파
의 시가 동원됐다.

"내려다보면 산줄기이되, 올려 보면 봉우리니橫看成嶺側成峰
멀고 가깝고 높고 낮음에 따라 모습이 제각각이네遠近高低各不同.
여산의 참모습을 알지 못하는 까닭은不識廬山眞面目
이 몸이 산속에 있기 때문이라네只緣身在此山中."

참고로 우리에게는 국립중앙박물관 역사자료총서 17번째
책으로 편찬된 『19세기 말~20세기 초 서양인이 본 한국』(국립
중앙박물관, 2017)이 있다.

천하의 중심 자금성의 필부필부

『자금성의 보통 사람들 : 모두의 직장이자 생활 터전이었던 자금성의 낮과 밤』
왕이차오 지음, 유소영 옮김, 사계절, 2019

"조선국 여인 김흑金黑 등 53명이 자신의 나라로 돌아갔다. 김흑 등은 선덕 초년에 와서 오랫동안 경사에 머물렀다. 황상께서 향토와 부모를 그리워하는 그들의 마음을 가엾이 여겨 특별히 환관을 보내 송환토록 했다. 또한 조선 국왕에게 그들이 갈 곳이 없어 헤매지 않도록 잘 돌봐 모두 고향으로 돌려보내라고 분부했다"[『명영종실록』明英宗實錄 선덕 10년(1435년, 조선 세종 17년) 3월 초하루 기사].

1435년 정월, 명나라 선종이 붕어하고 영종이 즉위했다. 예법에 따라 이듬해에 연호를 바꿨다. 불과 아홉 살에 즉위한 어린 황제 영종이 발포한 훈령 중 일부이다. 황제는 명나라 궁궐에 머물던 조선 여성을 돌려보내면서 그들이 고향으로 돌아가서 평안히 살 수 있도록 환관을 파견했다는 것이다. 그랬다. 일제 강점기 때뿐만이 아니다. 원나라 때도 그랬고, 명나라 때도 그랬고, 청나라 때도 그랬다. 나라가 시민을, 왕이 백성을 제대로 돌보거나 지키지 못하면 늘 그 피해자는 여성이요, 어린아이였던 것이다.

우리나라에 궁중 비사가 있듯, 중국에도 구중궁궐 비사가 있다. 중국 자금성의 미시사다. 그중에서도 "환관내시·궁녀·장인·만주팔기·도적·거지·여장남자" 등『자금성의 보통 사람들』

의 낯선 이야기다.

청나라 때 궁중의 '태감'이란 자리는 생활을 보장받지 못하는 시종직이었다. 대부분 빈천한 집안 출신으로 먹고살기 위해 들어왔다. 갇혀 살다 보면 얼마나 어머니가 그리웠을까. 가경 22년(1817년) 태감 왕폭수王幅受가 어머니에게 몰래 편지를 보냈다. 결국, 서신 왕래가 발각되었다. 사건을 조사해 보니 어머니가 아들을 그리워한 나머지 서신을 보낸 데서 시작되었다. 외부인이 궁에 서신을 보내는 일 또한 금지되었기에 태감과 그의 어머니 모두 처벌을 받았다. 명·청 시대에 조선과의 교류가 가장 빈번했으므로 여기저기 우리 이야기가 많이 담겨 있다. 상당 부분이 조선 출신 여성들에 대한 기록이다. 물론 다른 이야기도 있다.

조선의 연행사들은 중국에 가면 각종 도서를 구매했다. 때로는 관방에서 국외로 반출을 금지한 도서를 찾는 경우도 있었다. 반출 금지 도서나 서화의 경우 노복에게 개인적으로 구매하도록 시켰다.

사절단을 수행하는 자제나 군관이 개인적으로 청조의 궁인에게 "궁중의 문서나 부책簿冊을 몰래 구입하여 초록하거나 심지어 몰래 조선으로 반입하여 청조의 국정을 살피는 데 쓰기도 했다." 외교관으로서의 의무에 충실했음을 보여 주는 증거다.

중국과 사랑에 빠진 남자와 니덤 문제

『중국을 사랑한 남자』
사이먼 윈체스터 지음, 박중서 옮김, 사이언스북스, 2019
『그림으로 보는 중국의 과학과 문명』
로버트 템플 지음, 조지프 니덤 엮음, 과학세대 옮김, 까치, 2009

　　조지프 니덤과 난징 출신의 루구이전魯桂珍이 영국 케임브리지에서 사랑에 빠진 건 1938년. 니덤의 부인 도로시가 집을 비운 사이, 두 사람은 좁은 싱글 침대에 나란히 누워 그 16세기의 방 안에서 함께 담배를 피우고 있었다.

　　"그나저나 당신 이름 쓰는 법 좀 알려 주지 그래? 한자로 말이야." "담배는 한자로 뭐지?"

　　그녀의 감독을 받으며 니덤은 자기 일기장에 '香煙'(담배)을 썼다.

　　두 글자는 모두 열아홉 번 획을 그어서 적은 것이었는데, 상응하는 영어 단어 'fragrant smoke'에 비해 훨씬 더 아름다운 구조를 지니고 있음을 문득 깨달았다.

　　그는 등을 뒤로 기대고, 자기가 적은 글씨를 바라보았다. 그토록 낯설고 멀리 떨어진 사람들의 언어를 직접 적어 본 것은 이때가 처음이었다. 한자를 적는 순간, 멀리 떨어진 문 하나가 갑자기 그의 앞에서 열리기 시작했다. 전적으로 낯선 세계로 통하는 문이.

　　"정말이지 갑작스러운 일이었다."

루구이전은 이렇게 회고했다.

"그가 내게 말했다. 자기는 이 언어를 반드시 배우고 말겠다고. 죽는 한이 있어도 그러겠다고 말이다!"

고대 및 중세 중국의 놀라운 창의력과 자아에 대한 통찰력은 니덤에게 두 가지 기본적인 의문을 불러일으켰다.

"첫째, 어떻게 해서 중국인은 다른 문명을 그렇게 앞설 수 있었는가? 둘째, 그런데 왜 중국인은 수백 년간 세계의 다른 지역을 앞지르지 못했는가?"

이것이 이른바 '니덤 문제'Needham question다. 이것이야말로 중국과 중국 역사를 규정하게 될 수수께끼였다. 그리고 전 세계의 학계가 보기에, 이것이야말로 니덤을 규정하는 데에도 역시나 도움이 될 수수께끼였다. 이러한 질문과 답변이 곧 『중국의 과학과 문명』 프로젝트가 됐다.

『중국의 과학과 문명』은 원래 전 7권으로 간행될 예정이었지만, 1954년부터 2015년까지 무려 60여 년이 넘는 기간 동안 총 25책이 간행되었고, 니덤의 사후에도 공저자의 노력으로 계속 간행 중이다.

올 3월 간행된 사이먼 윈체스터의 『중국을 사랑한 남자』는 니덤의 전기다. 아직까지 『중국의 과학과 문명』은 한국에 제대로 번역되지 못하고 있다. 함께 읽어야 할 책으로는 1993년 번역된 로버트 템플의 『그림으로 보는 중국의 과학과 문명』이 있는데, 원제는 *The Spirit of Chinese Invention : 100 World Firsts*이다. 1989년 두 사람은 결혼했다. 2년 뒤 루구이전이 사망했다. 1995년 니덤도 세상을 떴다.

조선연행사를 해제하고 기록한 일본

『조선연행사와 조선통신사』

후마 스스무 지음, 신로사·김영진·김우진·노경희·박영철·이정희·정병준·
정선모·차혜원 옮김, 성균관대학교출판부, 2019

저자인 후마 스스무夫馬進 교토 대학교 명예 교수의 정의를 그대로 빌려 오자면, "조선연행사는 일찍이 조선 국왕이 중국 북경에 파견한 사대事大 사절이고 조선통신사는 조선 국왕이 일본의 에도에 파견한 교린交隣 사절이다." 이 중 조선통신사에 대해서는 한일 양국에서 일찍부터 많은 연구가 이루어져 왔고, 학계는 물론 일반 시민에게까지 널리 알려져 있다. 그런데 연행사에 대해서는 세계 학계에서 그 개요조차 소개되어 있지 않은 실정이다.

그런데 조선연행사는 세계 외교사 측면에서 보면 지극히 특이한 경우이다. "약 500년간에 걸쳐 서울에서 북경까지 거의 같은 길을 통해, 거의 같은 목적으로 파견되었기 때문이다."

불완전한 통계에 의하면, 명나라 일대一代에 연행사절은 1252회 파견되고 연평균 4.6회였다는 수치가 제시된다.

한편 조선조와 청조 사이에도 1637년(崇德 2, 仁祖 15)부터 청일전쟁이 발발한 1894년(光緒 20, 高宗 31)까지 258년 동안, 합계 494회, 연평균 거의 2회의 사절이 파견되었다. 하지만 재자행齎咨行이라고 부르는 사무 차원에서 파견된 것까지 포함하자면 연간 약 3.7회에 달한다.

학술서임에 분명하고, 논문 모음이지만, 책『조선연행사와 조선통신사』의 논점은 크게 세 가지다.

첫째, 조선연행사와 조선통신사가 교류한 시대에 동아시아 국제 관계와 국제 구조는 어떠한 것이었는가라는 문제이다.

둘째, 조선연행사를 통한 조선과 중국의 학술 교류는 어떠한 것이었으며, 여기에는 어떠한 변천이 보이는가라는 문제이다.

셋째, 조선연행사와 조선통신사를 따로따로가 아니라 통합해서 같은 시점에서 봄으로써, 같이 서울을 출발한 사절이 북쪽의 중국과 남쪽의 일본에서 어떠한 학술과 만나게 되는가, 또 여기에 어떠한 변천이 보이는가 하는 문제이다.

조선 시대의 외교 원리로 일관되었던 '사대'와 '교린'에 대한 논설이 좋았다. 대부분의 연행록이 고정화된 내용이거나 천편일률적인 관점을 지녔다는 사실도 비로소 알게 되었다. 무로마치 시대 때 일본 측이 뻔뻔스럽게도 몇 차례나 조선에 고려대장경을 보내 달라고 요구했다는 사실도 새삼스럽다. 일본 근대 정치학의 뿌리인 소라이학에 대한 당시의 평가도 반드시 읽어야 할 대목이다. 일본에 현존하는 조선 연행록을 일일이 훑어보고 해제한 대목에서는 조심스럽게 고개를 흔들어 댈 수밖에 없다.

일본을 알려면 조선과 가톨릭을 보라

『일본인 이야기』(전 2권)
김시덕, 메디치미디어, 2019/2020

"가톨릭과 조선이라는 두 개의 키워드를 가지고 보면, 16~17세기 전환기의 일본을 지금까지보다 더욱 풍부하게 이해할 수 있습니다."

내가 생각하는 이 책의 주제는 다음과 같다. 첫째, 가톨릭이다.

"저는 16~17세기 이후에 제작된 일본 문헌, 그리고 오늘날에도 전국시대와 에도시대를 이야기하는 수많은 문헌과 연구에서 가톨릭 문제가 거의 감춰지다시피 해온 것을 알게 되었습니다. 이것은 일본 역사를 단순히 일본 내부의 문제로만 보려는 시각입니다. 뿐만 아니라, 동중국해 연안 지역을 연구할 때 그리스도교라고 하는 실제로 존재했던 플레이어를 없던 것으로 치부하고 싶어 하는 사람들이 있었기 때문이라고 의심하게 되었습니다."

둘째, 조선이라는 관계사다. 우리 역사와의 관련성을 비교해가며 역사를 이해하고 해석하고 평석을 적어 간다. 이 책의 특별한 장점은 바로 이 두 가지에 있는데, 이것이 책의 거대한 척추를 구성한다. "도요토미 히데요시는 일본을 통일하고 대륙을 공격한다는 오다 노부나가의 유업을 실행했습니다. 그러나 일본에서 가톨릭을 절멸시키고 조선을 정복한다는 두 가지 목적은 달성하지 못하고 도쿠가와 이에야스에게 숙제로 남긴 채 사망합니다. 이런 의미에서, 가톨릭과 조선이라는 히데요시가 해결하지 못한 두 가지 과제가 결합된 실체가 바로 조선인 가톨릭 신자들이라 하겠습니다. 일본에 거주하는 조선인 가톨릭 신자들이 17세기에 겪은 일은 200년 뒤에 한반도에서도 되풀이됩니다. 조선왕조 역시 18~19세기에 자생적으로 발생한 조선인 가톨릭 신자들을 절멸시키지 못하고 도리어 망해 버린 것입니다.”

이렇게 전혀 별개일 것 같은 가톨릭과 조선이라는 두 키워드가 변주를 이뤄 가며 일본사를 구성한다. 그러다가 200년 뒤, 다시 한반도 역사에서 기묘하게 반복된다. 전혀 다른 땅, 전혀 다른 시대적 맥락 속에서 역사는 재현되고 반복된다.

언젠가 지금은 정년퇴직한 서울대 사회학과 정진성 교수께서 내게 김시덕 교수 책을 좀 읽어 보라고 권하신 적이 있다. 그때는 흘려듣고 말았다. 이번에 알게 됐다. 지난 한 달 동안 내가 이웃들에게 가장 많이 권한 책을 들라면 바로 이 책이다. 농담처럼 하는 말이지만 ‘세상에서 일본과 중국을 무시하는 유일한 나라가 한국’이라는 말이 있다. 과연 무시일까, 회피일까, 두려움일까. 극일이 아니라 이해여야 한다. 그래서 차가움으로 이 책을 추천한다. 김 교수의 『일본인 이야기』는 총 다섯 권으로 예정되어 있다.

일본의 오늘을 만든 메이지 시대

『메이지의 도쿄』
호즈미 가즈오 지음, 이용화 옮김, 논형, 2019

일본 관련 책을 부쩍 찾게 된다. 일본에 대한 이해 부족을 절감하기 때문이다.

인력거는 메이지 시대의 산물이다. "메이지 30년대에는 도쿄에만 4만 5000대, 전국적으로는 20만 대 이상 되었다. 게다가 '리키샤'(인력거)라고 불리며 중국과 동남아시아, 인도, 아프리카까지 수출되었다."

베이스볼을 '야구'野球라고 쓰기 시작한 것도, '연설'이라는 말이 생겨난 것도 이때다. "스피치를 번역한 단어인데 처음 사용한 사람은 후쿠자와 유키치라고 한다. '많은 사람들을 모아 설說을 말하고 석상席上에서 자신이 생각하는 바를 다른 사람에게 전하는 법法이 연설이다'라고 후쿠자와는 말했다. 그때까지 일본에서는 가두설법이나 좌담은 있었지만 여러 사람 앞에서 의견說을 말하는 일은 없었다."

서양력을 도입한 것도 바로 이때다. "메이지 5년 연말은 실로 황당하고도 묘한 일이 벌어졌다. 왜냐하면 정령에 의해 지금까지의 태음력 대신에 태양력이 채택되었기 때문이다. 덕분에 12월은 겨우 이틀 만에 끝나고, 다음 날인 3일은 다시 메이지 6년 1월 1일이 되었다."

네덜란드의 튤립 투기와 유사한 투기가 벌어진 것도 이때다.

"메이지 5년경에 도쿄와 요코하마에서 갑자기 토끼 사육이 유행하기 시작했다. 마침내는 애완동물이라기보다 투기의 대상이 되어 눈 깜짝할 사이에 고가가 되었고 희귀종 토끼를 사들여 비싼 가격으로 거래하는 모임도 여기저기 열렸다. 한 마리당 월 1엔의 토끼세를 부과하고 나서야 진정되었다. … 유사한 투기성이 있는 것으로 오모토(원예 식물)가 유행했다. 교토 주변에서 시작되어 메이지 10년대에 전국적으로 확산된 것 같다."

일본의 오늘이 있게 한 『메이지의 도쿄』를 글과 그림으로 설명한 좋은 책이다. 『에도의 도쿄』◆도 함께 읽을 것을 추천한다. 정보 차원에서 1982년 중국에서 있었던 '군자란' 투기 열풍도 적어 둔다. 투기는 지린성 창춘에서 시작되어 동북3성으로 번져 나갔고, 1984년 성 정부가 개입하고 나서야 끝이 났다. 같은 해 저장성 일대에서는 '오침송'이라는 소나무 투기 사건도 있었다.◆◆ 한국 사회가 튤립 투기만을 이야기하고 일본의 토끼·오모토 투기나 중국의 군자란·오침송 투기에 대해서는 잘 인용하지 않는 것 같아서 굳이 이 기회를 빌려 적어 둔다.

◆ 나이토 아키라 지음, 호즈미 가즈오 그림, 이용화 옮김, 『에도의 도쿄』(논형, 2019).
◆◆ 우샤오보 지음, 박찬철·조갑제 옮김, 『격탕 30년 : 현대 중국의 탄생 드라마와 역사, 미래』(새물결, 2014).

지금 세계는 '향신료 전쟁' 이전 시대로 돌아가고 있는가?

『향신료 전쟁 : 세계화, 제국주의, 주식회사를 탄생시킨 향신료 탐욕사』
최광용, 한겨레출판, 2024

어린 시절 세계사를 배울 때 '지리상의 발견'이라는 대목에서 '정향'이나 '육두구' 같은 향신료 이름을 처음 만났다. 한 번도 맛본 적이 없는, 한자 이름으로 된 향신료를 기억하기란 난해했다.

지리상의 발견은 둘로 나뉘어 있던 지구를 하나로 연결했다. 비로소 지구가 하나가 됐다. 철도가 상징하는 산업혁명은 인간을 중력의 법칙으로부터 자유롭게, 공간을 넘나들게 만들었다. 인터넷은 24시간이라는, 지구의 자전이 가져오는 시차로부터 인간을 자유롭게 만들었다. 나이가 들어갈수록 어린 시절 배웠던 교과서 내용이 톡톡 튀어나온다. 지리상의 발견이 인간의 역사에서 얼마나 중요한 일인지 자꾸만 되새긴다.

이제와 생각해 보면 교과서에서 배웠던 지리상의 발견은 제국 전쟁이요, 향신료 전쟁이요, 포교 전쟁이었다. 요 몇 년 들어 큰아이 덕분에 향신료에 관심을 갖게 됐다. 뚜껑을 열어 냄새도 확인해 보고 맛도 기억하려 애도 써본다.

1980년대 초 스리랑카 지사로 발령받은 이래 전 세계를 돌아다니다 향신료의 역사와 매력에 빠진 최광용 선생이 『향신료 전쟁』이라는 책을 펴냈다. 이렇게 정리해 준 게 고맙고 '독립연구자'라는 게 마음에 든다.

보수주의의 원조 에드먼드 버크는 자유무역주의자였다. 당시 영국은 경쟁 가능한 아일랜드 상품의 수출을 법으로 막고 있었다. 다음은 버크의 논리다.

"잉글랜드와 아일랜드는 얼마든지 동반 성장할 수 있다. 세계는 모두가 무역을 할 수 있을 만큼 넓다. 넓은 시장에 합당한 넓은 아량을 베풀자."

이런 버크의 논리가 미·중 양국의 패권 전쟁, 경제 전쟁에 의해, 혹은 중국 시진핑 주석의 패권주의에 의해 국제정치적으로 변용된다. 지구가 다시 둘로 쪼개지고 있다.

"광활한 태평양은 중국과 미국을 충분히 포용할 수 있다." 2012년 2월 당시 시진핑 부주석이 『워싱턴포스트』에 기고한 글이다.

"태평양은 매우 커 중·미 양국을 다 담을 수 있다." 2017년 11월 트럼프 미 대통령과의 정상회담에서 했던 말이다.

"지구는 중국과 미국 두 나라가 살기에 충분히 넓다." 2023년 11월 미국 샌프란시스코에서 열린 바이든 미 대통령과의 정상회담에서 했던 말이다.

역사가 반복되는 것일까. 역사가 반복되는 게 아니라 인간의 행태가 반복되는 것일까. 요즘 시대가 결국은 '지리상의 발견' 시대 이전으로 되돌아가는 것 같다.

로마는 늘 새롭게 다시 읽어야 한다

『황제들의 로마』(지도 세트)
질 샤이에 지음, 정진국 옮김, 이미지프레임, 2019

　"한편, 조금 우울한 기분도 든다. 이제 로마가 옛날이야기가 되어 버렸다는 짙은 아쉬움에서 비롯한, 쉽게 받아들이기 어려운 감정이다. 더구나, 21세기 프랑스의 베이비붐 세대는 고대 문화에 대한 교양이 몹시 부족하다. 그 또한 열정으로 극복해야 한다. (저자) 질 샤이에는 이런 열정을 나누고 싶어 했다."

　브르타뉴 옥시당탈 대학 로마사 담당 교수인 베르트랑 랑송 교수가 쓴, 『황제들의 로마』 서문에 나오는 구절이다. 내 생각도 별반 다르지 않다. 나라 이름만 바꾸고 나면 어쩌면 역사에 대한 요즘 우리의 인식이 이러하리라. 랑송 교수의 문제의식에 공감하면서 이 책을 소개하고 싶었다. 연말이면 다들 '올해의 책'을 선정하곤 한다. 물론 사람마다 평가의 기준이 다르기에 받아들일 수밖에 없지만 왜 이 책이 '올해의 책'에 선정되지 않았는지 궁금할 정도다.

　책은 지도와 사진으로 빼곡하다. 저자가 로마 생활사 전문 학자려니 했다. 알고 보니 저자는 뛰어난 만화가로 유명한 사람이다. 이 책에서 그는 글과 그림을 혼자서 다 해냈다.

　"화가이자 지식인으로서 바라본 로마를 한 권으로 버무렸다."

　책에서 저자는 로마 사람들이 '쿠리오숨'이라고 부르는 역할을 맡았다. 여행자를 흥미진진한 로마 세계로 안내하는 사람이다. 이를 위해 저자는 플라비우스라는 안내인을 내세웠다. 고대 로마에서 원로원 위원들을 배출한 명문가 니코마쿠스 집안 출신이다. 니코마쿠스 플라비우스는 실존 인물의 조부, 또는 증조부쯤의 시대 사람이다. 주인공 플라비우스는 아직 기독교를 인정하지 못하던 청년으로 서기 315년 로마를 방문한다. 315년은 콘스탄티누스 황제 즉위 10주년으로, 플라비우스는 황제의 비밀 훈령을 받으러 가는 길이었다.

글과 지도와 사진을 꼼꼼하게 대조하고 확인하는 길만이 이 책을 가장 정확하게 보고 읽어 내는 일이다. 저자의 정성과 편집자의 노고에 감탄하지 않을 수 없다. 서양 역사의 뿌리가 헬레니즘과 헤브라이즘이라면 로마사에 대한 관심과 이해는 늘 새로워지고 정확해져야만 한다. 이 책은 그 점에 있어서 탁월한 안내서다.

더불어 기억해 둘 만한 책이 한 권 있다. 2012년에 번역 출간된 알베르토 안젤라의 『고대 로마인의 24시간』◆이다. 『황제들의 로마』가 로마 사람들의 공간을 다루었다면, 이 책은 로마 사람들의 시간을 다루었다. 이렇게 시공간이 결합되었을 때 로마, 나아가 서양사의 뿌리에 대한 이해가 한결 깊어질 것이다.

◆ 알베르토 안젤라 지음, 주효숙 옮김, 『고대 로마인의 24시간』(까치, 2012).

기억은 과거에 개입할 거의 유일한 방법

『기억 전쟁 : 가해자는 어떻게 희생자가 되었는가』
임지현, 휴머니스트, 2019

"기억은, 산 자와 죽은 자의 대화이다"(임지현).

'집합적 유죄'의 논리가 있다. 가해 민족 전부를 단죄하거나 피해 민족 모두에게 정당성을 부여하려는 논리다. 저자는 학생들에게서 그런 태도를 발견할 때마다 "한국군이 베트남에서 저지른 양민 학살에 대해 책임을 느끼는지"를 묻는다. 베트남전쟁이 끝나고도 20여 년이 지나 태어난 세대이니, 까마득한 옛날 일을 책임질 수 없다고 답하는 게 당연하다. 그러면 저자는 다시 묻는다.

"베트남전쟁에서 벌어진 한국군의 잔학 행위에 대해 자네들은 책임이 없다고 주장하면서, 왜 1945년 이후에 태어난 일본의 전후 세대에게는 그들이 태어나기도 전에 끝난 일본 제국주의의 잔학한 통치에 대해 책임을 묻는가?"

21세기 동아시아의 기억 문화는 전사자 추모를 호국 영령 숭배라는 정치 종교의 차원으로, 전사자 숭배의 정점을 보여 준다. 일본 제국에서 시작한 정치 종교가 여전히 동아시아 각국의 정치 문화를 지배한다. 그래서 늘 일본 총리의 야스쿠니 신사 참배 문제가 시끄러울 수밖에 없다.

"야스쿠니 신사는 도쿄 한복판에만 있는 것이 아니다. 전사자를 국가가 나서서 호국 영령으로 현창하는 야스쿠니 신사의 논리는 베이징의 인민항일전쟁기념관, 국립서울현충원에도 적용된다. 이를 증명하듯 현충원에는 아예 '정국교'靖國橋라는 이름의 다리가 세워져 있다."

'정국'은 일본식으로 하면 '야스쿠니'다. 중화민국 시기 쓰촨 지역의 일부 군벌은 자신들을 '정국군'靖國軍이라고 불렀다. 정국은 『춘추좌씨전』 희공 23년조의 "오이정국야"吾以靖國也에서 비롯된 말로, 전쟁에 공이 있는 자를 포상함으로써 '나라國를 평온케 한다靖'라는 맥락으로 쓰였다. 하지만 야스쿠니는 『춘추좌씨전』의 '정국'과는 다르다. 『좌씨전』의 '정국'이 고대 왕권 국가의 도덕률이라면, 야스쿠니 신사의 '야스쿠니'는 근대 국민국가의 헤게모니적 지배 장치에 가깝다.

역사적·도덕적 책임의 한계는 어디까지일까. 시효가 있을까. 저자가 내건 키워드는 '기억'이다.

"해결의 실마리는 과거에 벌어진 일에 대한 책임과 그 과거를 기억할 책임을 구분하는 데서 찾을 수 있다는 게 내 생각이다. 실존적으로 전후 세대는 과거에 벌어진 일에 대해 책임이 없다. 그러나 그 과거를 어떻게 기억할 것인가는 지금 여기의 문제이니, 전적으로 전후 세대의 책임이다. 타임머신을 타고 과거로 돌아갈 수 없다면, 기억은 전후 세대가 과거에 개입할 수 있는 거의 유일한 방법이다."

별주부전이 사찰 이야기인 이유

『사찰에는 도깨비도 살고 삼신할미도 산다』
노승대, 불광출판사, 2019

2018년 여름 헤이룽장성 이민대표대회 상무위원회 부주임 리센강李顯剛과 서울에서 저녁을 함께하게 됐다. 나이가 토끼띠로 똑같았다. 『별주부전』을 차용해 '오늘 술을 마시려고 간을 빼서 양지 바른 곳에서 말려 두었다가 다시 집어넣고 왔다.'라고 했다.

인도 어느 해안가에 열매가 많이 열리는 잠보나무가 있었다. 원숭이 한 마리도 살고 있었다. 나무 아래에는 원숭이가 던져 주는 열매를 얻어먹고 서로 친하게 된 악어가 있었다. 악어의 아내는 남편이 갖다 주는 열매를 먹을 때마다 '이 열매를 먹고 사는 원숭이의 간은 얼마나 맛있을까?' 하고 생각했다. 악어 아내가 원숭이 간을 먹고 싶다고 계속 채근했다. 악어는 할 수 없이 한 가지 꾀를 냈다. "내가 그동안 신세를 많이 졌으니 한번 대접을 하겠다."며 원숭이를 등에 태워 먼 바다로 나갔다. 악어가 원숭이에게 "간이 필요하다."고 말했다. 그러자 원숭이는 "그런 사연이라면 왜 진작 말하지 않았어. 나는 간을 잠보나무 구멍에 감추어 놓고 다닌다."고 말했다. 속아 넘어간 악어가 잠보나무 근처로 데려다 주자 원숭이는 재빨리 나무 위로 올라가서 "이 세상 어느 누가 간을 빼놓고 다니겠니?"라며 악어를 조롱했다.

부처님 전생의 수행을 담은 「본생담」에 들어 있는 내용이다. 이야기가 중국으로 건너갔다. 중국에는 악어가 흔하지 않다. 악어가 용으로 대체됐다. 이야기가 다시 우리나라로 건너와서 판소리 〈수궁가〉가 됐다. 〈수궁가〉를 소설화한 작품이 『별주부전』이다. 우리나라에서는 악어의 아내가 용왕으로, 용은 자라로, 원숭이는 토끼로 대체됐다. 악어나 원숭이가 우리나라에서는 볼 수 있는 동물이 아니었기 때문이다.

　　흥미롭게도 자라가 토끼를 등에 태우고 용궁으로 가는 장면이 그림이나 조각으로 만들어져 절집 안에 표현된다. 어찌 보면 비불교적인 내용일 텐데 어쩌다 그렇게 되었을까? 불교에서 용궁을 바닷속에 있는 또 하나의 불국정토로 인식했기 때문이다. 그래서 자라가 토끼를 태우고 용궁으로 가는 모습은 중생을 불국정토로 인도하는 장면으로 간주됐다.

　　2019년 12월 하얼빈에서 리센강 부주임과 다시 만났다. 리 부주임이 토끼의 간 이야기를 다시 꺼내 들고 술을 권했다. 그날 저녁 하얼빈 기온이 영하 25도였다. 호텔 베란다에 간을 빼서 말려 두었더니 땡땡 얼어 버렸다고 답했다. 『사찰에는 도깨비도 살고 삼신할미도 산다』는 우리 문화와 역사와 절집에 대한 놀라운 정보를 제공하는 참으로 고마운 책이다. 추천한다.

제3부

사회,
정치,
경제를
읽다

기회를 사재기하는 계급의 탄생

『20 VS 80의 사회 : 상위 20퍼센트는 어떻게 불평등을 유지하는가』
리처드 리브스 지음, 김승진 옮김, 민음사, 2019

"미국 대통령 선거에서 트럼프가 건드린 감수성은 돈이 아니라 계급에 대한 것이었다. 그는 블루칼라 분위기를 내뿜었고 그 문화에 정당성을 부여했으며 그럼으로써 사랑을 받았다. 트럼프 지지자들은 부자들에 대해서는 아무 유감이 없었다. 사실 그들은 부자들을 존경했다. 그들의 적은 부자가 아니라 중상류층 전문직 종사자들이었다. 기자, 교수, 경영자, 관료들, 이름에 PhD, Dr, MD 같은 알파벳이 붙는 사람들, 그러니까 당신이나 나 같은 먹물들 말이다."

브루킹스 연구소 경제학 분야 선임 연구원인 리처드 리브스는 "아무런 해로운 의도가 없는 행동들, 심지어는 상당히 존중받을 만한 행동들이 어떻게 계급 간 위계를 고착하고 강화할 수 있는지 보여 준다"(E. J. 디온 주니어). 그렇다. 한국 사회에서 '386 세대의 계급화'가 그러하듯 문제는 계급이다.

계급은 돈으로만 규정되는 것이 아니다. 학력, 태도, 거주지 등으로도 규정된다. 경제 수준뿐만 아니라 삶의 방식에서도 차이가 난다. 로버트 퍼트넘이 저서 『우리 아이들』◆에서 경고

◆ 로버트 D. 퍼트넘 지음, 정태식 옮김, 『우리 아이들 : 빈부격차는 어떻게 미래 세대를 파괴하는가』(페이퍼로드, 2017).

했듯이, 오늘날 한국이 이미 그러하듯, 미국에도 "계급 아파르트헤이트가 생겨나고 있다."

상류층의 계급 영속화를 일으키는 요인에는 두 가지가 있다. 하나는 '시장에서 인정되는 능력'이 계급에 따라 불평등하게 육성되는 것이고, 다른 하나는 부유한 사람들이 불공정하게 기회를 '사재기'하는 것이다. 중상류층들은 지금의 지위를 열린 경쟁을 통해서만 얻은 것이 아니다. 그들은 기회를 '사재기'하는 데에도 열심이다. '기회 사재기'라는 표현은 사회학자 찰스 틸리에게서 따온 것으로, 틸리는 대작 『지속되는 불평등』**에서 집단 간 불평등을 영속화하는 두 가지 요인을 지적했는데, 하나가 착취, 다른 하나가 기회 사재기다.

기회 사재기 메커니즘 중 특히 두드러지는 것은 세 가지다. 첫째는 배타적인 토지용도 규제, 둘째는 동문 자녀 우대와 같은 불공정한 대학 입학 사정 절차, 셋째는 알음알음 이뤄지는 인턴 자리 분배다. 우리는 둘째의 일부분, 셋째의 거의 전부가 '기회 사재기'에 해당할 것이다.

기회를 사재기하는 집단들의 특성이 있다.

"(그들은) 자신들이 그러한 자원에 대해 계속해서 통제력을 가질 수 있게 해주는 신화와 제도들을 만들고 접근권을 사재기함으로써 다른 이들이 그 자원을 누리지 못하게 막는다."

바로 이 순간을 명중한 책.

** Charles Tilly, *Durable Inequality* (University of California Press, 1999).

"심각하지 않지만 꼰대가 아닌 것도 아닙니다"

『90년생이 온다 : 아날로그와 디지털의 가운데에 선 마지막 20세기 인간』
임홍택, 도서출판11%, 2024

이 책에 따르면 '요즘 애들 효과'kid these days effect라는 학문 용어가 있다. 늘 시대의 연구 주제이기도 하다. 세대론일 수도 있고, 구세대가 느끼는 신세대에 대한 당혹감일 수도 있다. '요즘 애들 효과'란 기원전 1700년경 수메르인의 점토판이나 로마 시대의 유적에서도 발견됐다는 '요즘 아이들은 버릇이 없다'는 한탄에서 착안한 용어다. 역설적으로 이런 방식의 용어를 사용하는 자체가 우리식 표현으로 '꼰대'일 수 있다.

전직 기자 출신 기업인이 젊은 친구들을 이해해야 한다며 『90년생이 온다』를 선물했다. 놀랐다. 초판이 2018년 11월이고 지금 펼치고 있는 책은 2019년 10월 11일 인쇄인데 무려 128쇄 째다. 우리 사회의 관심일 것이고 나의 무지 혹은 게으름 탓일 게다. 책 중간에는 23개 문항으로 된 '직장인 꼰대 체크 리스트'가 있다. 다행스럽게도(?) 딱 3개만 해당했다. 둘만 적자면 ① 9급 공무원을 준비하는 요즘 세대를 보면 참 도전 정신이 부족하다는 생각이 든다. ② 나보다 늦게 출근하는 후배 사원이 거슬린다. 1개부터 8개까지가 "꼰대입니다. 심각하지 않지만 꼰대가 아닌 것도 아닙니다."에 해당한다. 어쨌든 책에 따르면 나도 꼰대다.

책은 90년대생의 특징으로 세 가지를 꼽았다. 첫째, 간단함이다. 이들은 길고 복잡한 것을 좋아하지 않는다. 둘째, 재미다. 80년대생 이전의 세대들이 이른바 '삶의 목적'을 추구했다면, 90년대생들은 '삶의 유희'를 추구한다. 셋째, 정직함이다. 이들이 이야기하는 정직함이란 성품이 정직하다거나, 어떤 사실에 솔직하거나 순수하다는 'Honest'와 다르다. 나누지 않고 완전한 상태, 온전함이라는 뜻의 'Integrity'에 가깝다. 이들은 이제 정치, 사회, 경제 모든 분야에서 완전무결한 정직을 요구한다. 당연히 혈연, 지연, 학연은 일종의 적폐다.

90년대생들을 이해해 보겠다는 순수한 목적으로 이 책을 훑었다. 한두 가지 덧붙이고 싶은 특징이 있다. 첫째, 90년대생들은 혼자라는 것. 외동이로 태어났고 휴대전화만 있으면 잘 놀고 혼자서도 잘 먹고 잘 마신다. 사회성과 반대되는 차원이 아닌 독자성, 혹은 홀로 섬이다. 둘째, 불안감이다. 구세대의 특징은 성공이라는 목표의 단일성 혹은 우직함에 있었다. 하지만 이들에게 지나치게 많은 선택지, 복잡한 미래가 장벽처럼 자리한다. 그런 차원의 불안감이다. 내가 90년대생들에게 느끼곤 하는 특징이다.

"최초로 부모보다 가난한 세대로 살 것이 확실시되는 MZ세대"

『요즘 애들 : 최고 학력을 쌓고 제일 많이 일하지만 가장 적게 버는 세대』
앤 헬렌 피터슨 지음, 박다솜 옮김, 알에이치코리아(RHK), 2021

"베이비붐 세대는 화장실 두루마리 휴지를 마지막 한 칸만 남겨 놓고선 자기가 휴지를 갈아 끼울 차례가 아닌 척했다. 그것도 사회 전체에."

코미디언 댄 시한이 2019년 트위터에 올렸던 글이란다.

내가 속한 한국의 베이비붐 세대나 이른바 386세대들의 행태도 이와 별반 다르지 않을 것이다. 일종의 '먹튀'다. 그러고는 세대 탓만 해댄다. 요즘 말로 꼰대 짓투성이다. 브루스 기브니는 미국의 베이비붐 세대가 일종의 소시오패스적 경향이 있다고 분석했다. 이들에게 내재된 반사회성을 지적했던 것이다. 여기서의 반사회성은 "파티에 가고 싶지 않아 한다는 의미가 아니라, 남에 대한 배려가 부족하다는 의미"였다. 이 분석은 한국에도 그대로 적용될 성싶다. 어쩌면 우리 세대는 과거 미국의 '도금 시대'처럼 살아왔고 그보다 더한 이기심으로 살아가고 있다.

좀 더 신랄한 비판을 가져와 보자. 바버라 에런라이크는 "(베이비붐 세대가 1960년대의 진보주의에서 후퇴하여) 운이 덜 좋은 사람들의 열망에 적대적인, 더 비열하고 이기적인 관점"을 갖게 되었다고 주장한다. 미국의 1960년대를 한국의 1980년대로 치환시켜 놓고 나면 뭐가 다를까. 기왕 가는 김에 더 나아가 보자. 미국의 베이비붐 세대는 경제학자 마티아스 도프케와 파브리지오 질리보티가 전후를 규정지은 존재로 언급하는 "사회적 계약"을 파기하고, "자기 자신을 위해 망을 보며, 자신의 교육과 개인적 성공에 더 투자하되, 사회적 보호는 덜 중시했다." 한국의 사교육 열풍이 어느 세대에서 비롯되었는지 아는 사람은 다 안다. 한국 사회의 역사적 정통성을 어느 세대가 독점하려 드는지, 그토록 비판했던 정치권력과 경제권력을 동시에 독점하려 하는지.

본래 이 책은 한국의 엠지MZ 세대에 해당하는 미국의 밀레니얼 세대에 대한 책이다. 이 책이 인용하고 있는 애니 라우리에 따르면, 미국의 밀레니얼 세대들은 "생애 주기상 '소득이 정점을 찍는 시기'에 다가서야 하는 지금, '대침체보다 더 심한 경제적 대재앙'에 직면하여 '현대 미국사를 통틀어 처음으로 부모보다 가난한 세대로 살 것이 거의 확실시'되고 있다."

하지만 나는 이 책을 한국의 베이비부머 세대와 386세대에 대한 비판으로 읽었다. 그래서 읽기가 결코 쉽진 않았지만 그만큼 쉽게 공감했다. 저자의 결론이다.

"망가지고 실패한 게 단지 하나의 세대가 아니라는 거다. 망가진 건 체제 자체다."

그렇다면 대안은?

"우리는 지치지 않고 변화를 주장할 정치인들에게 집단으로 투표해야 한다."

한국 보수를 망하게 한 5적은?

『**진짜 보수 가짜 보수 : 정치 혐오 시대, 보수의 품격을 다시 세우는 길**』
송희영, 21세기북스, 2019

　보수주의자들은 이미 검증된 역사와 전통, 관행, 경험을 중시한다. "보수주의자가 된다는 것은 … 미지의 것보다는 익숙한 것을, 시도된 적이 없는 것보다는 시도해 본 것을, 신비로운 것보다는 사실을, 무한한 것보다는 제한된 것을, 멀리 있는 것보다는 가까이 있는 것을, 유토피아적 축복보다는 현재의 웃음을 선호한다는 것이다." 영국 보수주의 정치철학자 마이클 오크숏의 말이다.

　그렇다면 한국에도 이런 본래적 의미의 보수가 존재할까. '가짜 보수' 말고 '진짜 보수' 말이다. 지금 한국 사회에는 자칭 보수주의자가 득실거린다. 하지만 보수 활동가는 별로 없다. 보수 허브는 관변 단체나 일부 대형 교회, 사회단체로 한정돼 있다. 보수 언론에 기고로 이름을 날리는 '글 보수'는 여럿 있다. 종편 텔레비전에 출연해 보수 정당을 옹호하는 '입 보수'도 적지 않다.

　글 보수, 입 보수, 생활 보수, 교회 보수, 게릴라 보수, 생계형 보수 가운데 진심으로 보수주의 철학을 실천하며 보수주의 운동에 헌신하는 인물은 얼마나 될까. 전『조선일보』주필 송희영의 한탄이다. 책은 '생활 보수가 아니라, 정치 이념과 정치 세력으로서의 보수'에 집중한다. 특히 제2장은 붓보다는 칼이다. 한국 정치 궤멸의 주역들이자 가짜 보수의 5적을 거론하며 정면으로 공격한다. 국정원은 '정치 공작의 총본산'이다. 검찰은 '권력의 사냥개'다. 친박은 천년 왕국을 꿈꾸는 종교적 컬트 집단이다. 재벌은 '권력 붕괴의 지뢰밭'이요, 관료들은 무능한 '특급 국민'일 뿐이다.

책은 가짜 보수의 '10대 실패'를 나열한 다음, 진짜 보수의 조건을 제시했고, 다음 세대를 위한 보수 재건축의 벽돌을 차근차근 쌓아 나간다. 30년 장기 재건축을 제안했다. 그래야 떴다방 영업을 졸업할 수 있단다. 보수 진영 장기 재건축에는 필수 자재가 필요한데, 그중의 첫째가 '한국 실정에 맞는 보수 진영에 대한 이념적·철학적 논리에 대한 정리'라는 송 주필의 제안에 전적으로 동의한다.

내 얼굴에 침을 뱉겠다. 한국의 진보건, 보수건 각자가 갖는 정치의 극단성, 협애성, 편향성, 이념성, 사익 추구성, 거기다 당파성까지 생각하면 새삼 정치가 구차하게 다가온다. 제대로 된 진보가 없으니 제대로 된 보수도 없다. 가짜 보수가 폭력이었기에 역시나 가짜 진보도 장단을 벗어나지 못한다.

송 주필은 "책 한 권으로 한국 특유의 변태성 보수 이념에 빠져 있는 분들을 설득할 생각은 없다."고 했다.

"저는 '인간'이 아니라 '인적 자본'입니다"

『밀레니얼 선언 : 완벽한 스펙, 끝없는 노력 그리고 불안한 삶』
맬컴 해리스 지음, 노정태 옮김, 생각정원, 2019

　'밀레니얼' 세대다. 1980년부터 2000년까지, 레이건 대통령 때부터 조지 W. 부시의 재임 기간 동안 태어난 미국인을 지칭하는 용어다.

　이들은 태어나자마자 '인적 자본'으로 길러졌다. 원제가 책의 주제를 잘 드러낸다(*Human Capital and The making of millennials*). 이 책에 따르면, 26세에 이미 사이영상을 두 번이나 탔던 팀 린스컴은 공학자인 아버지가 만들어 준 자세로 공을 던졌다. 인적 자본에 대한 양육 방식이다. 밀레니얼 세대는 전 세대에 비해 초등교육에서 공부에 투입되는 시간이 거의 배가 올랐다. 숙제도 훨씬 어려워졌고 시간도 늘었다. 대학에 들어가는 것은 고도로 조직된, 값비싼 대가를 지불해야 하는, 노동시장 진입 훈련이 됐다. 그렇게 해서 들어간 대학은 자유로운가? 2010년 현재 대학 학부생의 70퍼센트가 어디선가 일을 하고 있다. 전체 학생 중 52퍼센트는 파트타임으로 일하고 있고 그중 절반, 모든 학생 가운데 26퍼센트는 일주일에 20시간 이상 일한다. 그렇게 일하며 역사적으로 가장 많이 배운 밀레니얼 세대는 사회에서 충분한 대접을 받게 될까? 이들을 기다리는 것은 청년 실업이다. 그래서 밀레니얼 세대는 절망적이다.

　그렇다면 "투표가 답일까." 그럴 수도 있을 것이다. 밀레니얼 세대 전부가 투표권을 갖게 될 날이 올 것이고 그렇게 되면 자신들의 세대를 위한 투표 행태를 보일 수도 있을 것이다. 하지만 1988년생 저자 맬컴 해리스는 고개를 내젓는다. 왜일까. 미래에 나타날 밀레니얼 정치인들 역시 지금 세상의 작동 방식에 의해 잘 훈련된 이들일 수밖에 없기 때문이다. 혹여라도 세대가 필요로 하는 괜찮은 리더십을 제공할 수 있는 젊은이가 있다 한들 그는 애당초 선거판에 뛰어들지 않을 것이기 때문이다. 이 책에 나오는 랄프 왈도 에머슨의 인용문이 은유적이다.

"일하기에 시간이 충분하지 않다는 것은 또 다른 환상일 뿐이다. … 이로쿼족 여섯 개 부족의 족장은 시간이 충분하지 않다고 불평하는 자에게 그 어떤 철학자보다 현명한 답을 들려주었다. 세네카족 추장 붉은 윗도리는 말했다. '글쎄, 자네 거기 충분히 갖고 있는 것 같은데.'"

이제는 젊다는 수식어를 벗어던진, 시대의 논객이자 번역가인 1983년생 노정태의 제안이 솔깃하다.

"각자에게는 각자의 절망과 각자의 희망이 있다. … 이 책을 가장 잘 활용하는 방법은 이 책을 읽고 나서 서로 대화하는 것이다."

대안은 그 지점에 존재할 것이다.

'데모X랄크라시', 상식 독재의 시대를 들여다보다

『상식의 독재 : 망국의 위기 앞에서 대한민국을 변호하다』
한윤형, 생각의힘, 2024

1980년대 사법시험 2차 주관식 과목에 '국민윤리'가 있었다. 한국적 민주주의는 중요한 논제였다. 출제자의 의도에 맞춰 논리를 정리하느라 고심했던 기억이 남아 있다. 저자 한윤형이 (오늘날의) 한국적 민주주의를 정의했다.

"비속어를 섞는 게 용서된다면, 내가 보기에 그것은 '인민 지랄 지배', 그러니까 '데모지랄크라시', 구성원 상당수가 본인의 이해관계와 정견에 맞춰 적극적으로 민원과 정치적 주장을 섞은 것을 남발하고 제시하며 정치권력을 길들이려고 시도하여 실현된 민주주의 체제다."

과하지 않은 표현이다. 이런 표현들과 문제의식이 책의 날카로운 특성이다. 논리가 아직은 정제되어 가는 중이지만 우리는 저자의 논리와 문제의식을 포용해야 한다.

이제는 진부한 표현이 되어 인용하기조차 꺼려진다.

"슬픔도 노여움도 없이 살아가는 자는 진정 조국을 사랑하고 있지 않다."

러시아 시인 네크라소프의 말이다.

한국의 미래를 생각한다면 어찌 비관론자가 되지 않을 수 있겠는가. 이 상태로 우리 사회가 지속가능한 사회로 유지될 수 있을까? 이 정치체제와 정치가들로 우리 사회의 미래가 제대로 굴러갈 것이라고 기대할 수 있는가? 우리 안의 우상을 깨뜨려야 한다. 우리 사회의 허위의식과 이중성을 깨부숴야 한다. 이 책의 문제의식은 바로 이 지점이다.

저자는 "'한국적 삶'의 명과 암을 동시에 규정하는 핵심적인 속성을 '주류·표준·평균에 속한 이에게 제공되는 엄청난 편의성, 그리고 그 바깥 다양한 삶의 양태에 대한 철저한 무신경함'이라고 정의"한다.

그리고 이러한 현상의 기반에는 "우리가 지식과 배움을 받아들이는 방식, 어떤 지적 토양에 기본적으로 문제가 있다는 착상에 다다른다." 저자는 여기에다 '상식'이라는 이름을 붙인다. 한국은 "상식이 지배하는 나라이며 한국적 삶의 특징은 이러한 상식의 지배로부터 도출된다."는 가설이다. 이로부터 『상식의 독재』라는 책 제목이 탄생한다.

'상식의 독재'는 현대 한국의 특수성을 설명하기 위해 저자가 제안하는 개념이다. 제대로 된 나라로 굴러가기 위해서는 상식의 독재를 벗어나야 한다. 구석기시대의 윤리 수준에서 벗어나야 하고, 민족주의보다는 민주주의적이고 문명주의적 관점으로 바꿔야 하며, 상식의 스펙트럼을 관대하게 넓혀야만 한다. 이것이 한국 사회가 상식의 독재로부터 벗어날 수 있는 길이라는 것이 저자의 결론이다.

'붉은 인간'들, '호모 소비에티쿠스'는 살아 있다

『붉은 인간의 최후 : 세컨드핸드 타임, 돈이 세계를 지배했을 때』
스베틀라나 알렉시예비치 지음, 김하은 옮김, 이야기장수, 2024

"악이 세상을 지배하게 된 것에 대한 첫 번째 책임은 / 악의 눈먼 수행자들에게 있는 것이 아니라 / 그 악을 정신적으로 방관한 선의 추종자들에게 있다"(표도르 스테푼, 『일어난 일과 일어나지 못한 일들』).

소련은 붕괴됐다. 하지만 '붉은 인간'들, '호모 소비에티쿠스'Homo Sovieticus는 살아 있다.

"공산주의에는 '오래된 사람', 즉 태초부터 살아온 아담을 개조하겠다는 터무니없는 포부가 있었다. 그리고 그 포부는 실현된 듯하다. 어쩌면 이것이 공산주의가 유일하게 달성한 성과였으리라. … 지난 70여 년의 세월 동안 '마르크스-레닌주의 실험소'는 독특한 인간 유형인 '호모 소비에티쿠스'를 창조했다."

벨라루스의 노벨상 수상 작가 스베틀라나 알렉시예비치는 '호모 소비에티쿠스'를 잘 안다고 생각한다. 작가가 바로 그들 중 하나이고 그들은 곧 작가의 지인, 친구, 부모님이니까.

작가는 자기만의 독특한 문학 장르를 만들었다. 일명 '목소리 소설'Novels of Voices, 자신은 '소설-코러스'라고 부르는 장르이다. 때로는 논픽션이 픽션을 넘어선다. 소설 같은 삶이 있는가 하면, 소설로도 옮길 수 없는 삶이 있다. 인간의 삶이란 그런 것이다. 그런 이들의 목소리가 책갈피마다 재생된다.

"1917년의 혁명 직전 알렉산드로 그린은 이렇게 썼다. '왠지 미래는 자기가 마땅히 있어야 할 자리에 있기를 그만둔 것 같다.' 100년이 지난 오늘, 미래는 또다시 있어야 할 자리에 없다. 바야흐로 세컨드핸드의 시대가 도래하고 있다."

그렇다. 이것은 '고물의 시대'다. '중고의 시대'다.

"그들은 우리에게 새로운 게임의 법칙을 말해 주었소. 돈이 있으면 인간이고, 돈이 없으면 아무것도 아니라는 법칙을."

"문제는 옐친이나 푸틴에게 있는 게 아닙니다. 우리가 노예라는 게 문제예요. 노예근성! 노예의 피! '신러시아인'들을 한번 보세요. '벤틀리'에서 내리고 주머니에서는 돈이 우수수 떨어지는데, 그럼에도 불구하고 그들은 여전히 노예예요. 위에 앉아 있는 두목이 '모두 마구간으로 들어가!' 하면 모두 쪼르르 들어갈 거예요."

작가가 세상에 널리 알려지기 전인 2011년, 『체르노빌의 목소리』◆라는 책이 번역됐다. 당시 주간지에 서평을 연재하고 있었는데 그 책을 선택했었다. 고마운 인연이 되었다.

사람마다의 인생사는 소설이 된다. 이런 삶들이야말로 예술이다. 이런 예술들이 모여 역사가 된다.

◆ 스베틀라나 알렉시예비치 지음, 김은혜 옮김, 『체르노빌의 목소리 : 미래의 연대기』(새잎, 2011).

홀로 죽어 가는 일본, 우리는?

『가족 난민 : 싱글화의 미래 — 양극화된 일본인의 노후』
야마다 마사히로 지음, 니시야마 치나, 함인희 옮김, 그린비, 2019

"가까운 미래에 (일본의) 시청과 같은 관공서에 '고립사 매장과'(가칭)가 신설되어 고립사로 인한 사후 대응이 일상 업무로 자리 잡게 되는 시대가 오리라 생각한다."

그럴 것이다. 고독사 혹은 고립사가 늘면 그 장례는 누가 치를 것인가. 일본 이야기이지만 남 이야기가 아니다. 바로 우리 이야기다.

사회보장 정책에 전제되는 가족제도가 있다. 굳이 표현하자면 '표준 가족'일 것이다. 이를테면 '4인 가족 기준' 뭐 이런 식이다. 4인 가족이 더 이상 의미 없는 것처럼 가족제도 또한 이미 그러하다. 오늘날 일본의 가족제도와 관습은 모든 사람이 '전후형 가족', 즉 '남편은 직장에 나가 일하고, 아내는 집에 남아 가사와 양육을 전담하면서 풍요로운 삶을 지향하는 가족'을 형성할 수 있으리라는 기대를 전제로 삼고 있다.

일본의 사회보장제도는 '누구나 결혼해서 가족을 형성한다'는 이런 전제로 설계돼 있다. 그런데 현실은 '싱글화' 추세다. 싱글은 개인의 선택적 삶과 관련된 주제이기 때문에 가치판단의 범위를 벗어난다. 싱글의 삶도 사회가 존중해야 할 대안 중 하나임은 분명하다. 다만 싱글화로 인해 사회문제가 발생하게 된다는 것은 별개의 차원으로 해석할 필요가 존재한다.

일본의 사회학자 야마다 마사히로는 일본의 싱글화 현상이 다음 세 가지 변화를 내포하고 있다고 설명한다. 첫째는 '생애 미혼자'의 증가다. 둘째는 싱글의 장기화다. 셋째는 가족이나 지역사회 어디에도 포섭되지 않은 채 오롯이 고립된 싱글, 바로 '가족 난민'의 증가이다. 필자는 이런 사람들을 '가족 난민' 이라고 부르자고 제안한다.

일본의 현재 추세대로라면 20년 뒤인 2040년에는 300만 명을 훌쩍 넘을 것으로 추산된다. 이들 중 상당수는 부모와 동거를 하고 있다. 부모가 사망한 후에는 독거 고령 싱글이 되어 홀로 죽음을 맞이할 확률이 높아진다. 지금의 30대 생애 미혼율이 20퍼센트를 기록하면 연간 사망자 수를 150만 명으로 추산할 경우 가까운 미래에 적어도 30만 명이 죽음을 맞이할 것으로 추론된다. 생애 미혼율이 25퍼센트로 증가하면 고립사를 경험하게 되는 숫자가 연간 37만 5000명에 달하게 될 것이다. 여기에 무자녀 이혼 커플이나 사별 커플의 숫자를 더하면 사망 시 무가족 상황에 놓이는 숫자는 더욱 증가할 것이 확실하다. 이론을 우리 인구구조와 현실에 적용해 보지는 않았지만 엄습해 오는 불안감과 충격은 결코 '바다 건너' 남 이야기가 아니다. '강 건너 불구경'이 될 수 없다.

『모모』의 작가 엔데가 돈에 대해 묻다

『엔데의 유언 : 『모모』의 작가 엔데, 삶의 근원에서 돈을 묻는다』
카와무라 아츠노리, 모리노 에이이치, 무라야마 쥰코, 카마나카 히토미 지음,
김경인 옮김, 갈라파고스, 2013

미카엘 엔데가 마흔네 살 때인 1973년에 발표한, 세계적인
베스트셀러 『모모』를 기억할 것이다. 잠시 기억을 되살리자면
도시의 오래된 원형극장에 어디서 왔는지도 모를 한 여자아이
가 나타나 그곳에 살기 시작한다. 모모라는 이름의 소녀였다.
소녀는 말없이 다른 사람의 이야기에 귀를 기울여 주는 것만으
로 사람들의 마음을 편안하게 해주는 신비한 힘을 갖고 있었다.
무지의 탓으로 엔데를 그저 부인이 일본계인 소설가로만 알고
있었다. 그래서 책의 유행이 일본에서 시작됐다는 에피소드와
더불어. 얼마 전 일본의 유명한 독서가의 추천 독서 목록을 살
펴보다 알게 됐다. 엔데는 화가이자 소설가의 경계를 뛰어넘은
놀라운 경세가였다. 이 책은, 일본 NHK가 엔데와 진행한 인터
뷰를 기반으로 하는데, 이 인터뷰는 1989년에 시작해, 암세포
가 엔데의 온몸을 잠식했던 1995년까지 총 7번, 20시간이 넘게
진행되었고, 〈엔데의 유언 : 근원에서부터 돈을 묻다〉라는 프
로그램으로 만들어져 1999년에 방영됐다. 다음은 엔데의 육성
이다.

"중요한 점은 예컨대 빵집에서 빵을 사는 구입 대금으로서
의 돈과 주식시장에서 거래되는 자본으로서의 돈은 서로 다른

두 종류의 돈이라는 인식입니다.”

또 다른 육성, 길지만 어디서 끊어야 할지 몰라 그대로 인용한다.

“저는 신작 『하멜른의 죽음의 춤』에서 돈이 마치 성스러운 것인 양 숭배되는 모습을 그렸습니다. 거기서 누군가는 ‘돈은 신이다’라고까지 말합니다. 돈에는 분명 신이 갖는 특질이 모두 갖춰져 있긴 합니다. 돈은 사람을 단합시키기도 하지만 분열시키기도 합니다. 돈은 돌을 빵으로 바꿀 수도, 빵을 돌로 바꿀 수도 있습니다. 돈은 기적을 만듭니다. 돈의 증식은 불가사의 그 이상도 그 이하도 아닙니다. 게다가 돈은 불멸한다는 성질까지 갖고 있으니까요. 돈도 역시 영원성을 갖고 있습니다. 실제 사물이나 물건이 낡아 없어지는 데 반해 돈은 불멸의 존재입니다. 오늘날 돈의 그 독보적인 영원성은 본연의 영원성을 서서히 몰아내려 하고 있습니다. 배금주의는 일종의 우상숭배라 해도 과언이 아닐 테지요.” 물론 아직은 미약한 수준이지만 대안에 대한 논의들은 있다. 교환을 위한 매개 수단과 가치의 기준이라는 화폐 본연의 기능을 되살리려는 시도들이다. 지역 외환 거래 시스템LETS으로 대표되는 지역 통화, 자유 통화, 교환링 등이다. 하지만 이 정도로 될까. 이 정도만으로 이 가혹한 화폐경제의 질곡에서 벗어날 수 있을까. 그렇다고 또 화폐 없는 세상을 설계할 수 있을까. 물론 두려운 일이다. 하지만 격렬한 비판적 사고를 포기해서는 안 된다. 비판적 사고는 인간의 본질이기 때문이다.

미국에게 반도체법은
제2의 '맨해튼 프로젝트'였다

『ARM, 모든 것의 마이크로칩 : 휴대전화의 두뇌에서 인공지능의 두뇌로』
제임스 애슈턴 지음, 백우진 옮김, 생각의힘, 2024
『칩 워, 누가 반도체 전쟁의 최후 승자가 될 것인가』
크리스 밀러 지음, 노정태 옮김, 부키, 2023

훈데르트바서는 "하느님의 나라에는 직선이 없다."라고 했다. 당연하게도 "(반도체) 비즈니스에는 직선이 없다."

쟁기는 식량과 지상의 풍경을 바꾸었으며, 금속 활판 인쇄술은 교육을 바꾸었다. 자동차는 지평을 멀찍이 확장하며 중력의 법칙을 완화시켰고 에디슨의 전구는 밤을 밝혔다.

"마이크로칩은 이들 모두를 능가하는 인류 역사상 가장 놀라운 발명이 될 수 있다."

앞으로 100년 뒤 누군가가 우리 시대의 역사를 정리한다면 반도체는 역사책의 주요 테마가 될 것이다. 그런데도 정작 동시대를 살아가는 우리는 반도체를 과학기술 전문가들만의 영역으로 미뤄 두고 지식의 최전선에서 맞이하지 않는다. 두 권의 책이 맹목을 깨뜨리고 지식과 상식을 안겨 준다. 하나는 미국의 역사학자 크리스 밀러가 저술한 『칩 워, 누가 반도체 전쟁의 최후 승자가 될 것인가』이고, 다른 하나는 영국의 금융 저널리스트인 제임스 애슈턴의 『ARM, 모든 것의 마이크로칩』이다.

오바마 미국 행정부의 임기 마지막 주에 「미국의 장기적 반도체 리더십 확보」라는 제목의 특별한 보고서가 발표됐다. 그로부터 5년 뒤인 2022년 바이든 행정부와 의회는 〈반도체 칩과 과학법〉CHIPS and Science Act을 통과시켰다.

"맨해튼 프로젝트(원자폭탄 개발), 아폴로 프로그램(유인 달 탐사), 인간 게놈 프로젝트(인간 게놈 염기서열 분석)의 뒤를 이은 대담한 시도였다"(〈MIT 테크놀로지 리뷰 코리아〉 2024년 4월 호).

당시 러몬도 상무 장관은 반도체 법의 통과를 1961년 '인간을 달에 보내겠다'고 한 케네디 대통령의 발표에 비유했다. 중국도 2013년 '반도체 굴기'를 선언했다. 양탄일성兩彈一星 정신, 1960년대 중국이 어려웠던 시절에도 원자폭탄과 수소폭탄을 만들고, 인공위성을 발사시켰던 정신을 끌어왔다.

모든 창의성과 비즈니스가 그러하듯 성공한 기업가들은 특별한 열정에 기반한다. TSMC의 창업자 모리스 창은 이렇게 말했다. "삶과 일의 균형(워라밸)에 대해 이야기하더군요. … 일과 삶의 균형이라. 제가 그 나이였을 때는 일이 없으면 삶도 없었어요."

다음은 인텔을 창업한 로버트 노이스가 그전 회사를 사직하며 남긴 글이다. "단순히 반도체를 만드는 회사에서는 일하지 않을 것입니다. 아무도 만들지 않은 제품이나 기술을 개발하고자 하는 작은 회사를 찾아보려고 합니다. 독립성을 유지하기 위해 휴식 후 새 회사를 창업할 수도 있습니다."

가난을 연구하는 경제학은 어디에?

『가난한 사람이 더 합리적이다 : MIT 경제학자들이 밝혀낸 빈곤의 비밀』
아비지트 배너지, 에스테르 뒤플로 지음, 이순희 옮김, 생각연구소, 2012

빌딩 외벽에서 유리창 물청소를 하는 노동자가 있다. 그들의 눈에는 빌딩 내부에서 일하는 사람들이 훤히 들여다보인다. 하지만 안에서 일하는 사람들의 눈에 창 밖 노동자는 관심 밖이다. 보이지만 보이지 않는 존재다.

경제학 분야에서 '빈곤의 경제학'economics of poverty은 '경제학의 빈곤 현상'poor economics을 보인다. 많은 경제학자가, 가진 것이 적다는 이유로 가난한 사람들의 경제적 현실에 흥미를 보이지 않기 때문이다. 안타깝게도 이러한 현실은 세계적인 빈곤 문제 해결 노력을 크게 약화시킨다. 2019년 노벨 경제학상은 '빈곤의 경제학자'들에게 돌아갔다. 이를 두고 어느 언론은 '의식주가 인간과 경제학의 기본이라는 사실을 일깨워 주었다'고 평했다. 참으로 아름다운 평가였다.

노벨 경제학상 수상자 중 한사람인 매사추세츠 공과대학교 MIT 경제학 교수 에스테르 뒤플로는 "여섯 살 무렵, 가난한 사람들을 위해 헌신한 테레사 수녀의 이야기를 만화책으로 읽었다. 테레사 수녀가 살던 인도의 캘커타는 1인당 거주 면적이 0.9제곱미터에 불과할 만큼 인구밀도가 높은 도시였다. 혹시 그곳은 거대한 바둑판처럼 생기지 않았을까? 도시의 바닥에 가로 30센티미터, 세로 30센티미터의 격자가 그려져 있고 격자마다 사람 모양의 바둑알이 하나씩 놓여 있는 것은 아닐까? 에스테르는 이런 상상을 하며 자신이 그 도시를 위해 무엇을 할 수 있을지 곰곰이 생각해 보았다."

세월이 흘러 어느덧 스물두 살이 된 에스테르는 MIT 대학원에서 경제학을 공부하던 중에 캘커타를 방문했다. 그런데 이게 웬일일까? 택시 안에서 아무리 바깥 풍경을 둘러보아도 만화책에서 생생하게 묘사돼 있던 가난이 보이지 않았다. 나무도 있고 풀도 있었지만 정작 그곳에 있어야 할 사람들은 보이지 않았다. 가난한 사람들은 모두 어디로 간 것일까?

노벨상을 공동 수상한 아비지트 배너지와 에스테르 뒤플로의 공저 『가난한 사람이 더 합리적이다』poor economics는 2012년에 번역됐다. 하지만 늘 그러하듯 노벨상은 잠든 주제를 일깨우고, 독서의 한 계기가 된다. 책은 경제학의 실험, 실험 경제학을 잘 설명한다. 예를 들면 이런 식이다. 케냐의 경우다. 학교에서 2년간 구충제를 지급받아 복용한 아이들이 1년간 구충제를 복용한 아이들(1인당 1년분 구충제 복용 비용은 구매력 환산 1.36달러다)보다 어른이 되었을 때 연소득이 20퍼센트 더 많다는 것이다.

경제학은 밥과 국의 학문이어야 한다.

제4부

세계를
읽다

국가는 합리적으로 행동하는가?

『국가는 어떻게 생각하는가 — 존 미어샤이머의 질문 : 외교 정책의 합리성,
이론에서 사례까지』
존 J. 미어샤이머, 서배스천 로사토 지음, 권지현 옮김, 옥창준 해제,
서해문집, 2024

국가가 외교정책을 실행할 때, 특히 대전략 및 위기 대응에
대한 결정을 내릴 때 이는 과연 합리적일까? 폴 크루그먼은 이
렇게 말한다. "이것은 궁극적으로 실증적인 문제다." 하지만
"사회과학에서 제대로 된 아이디어와 유사 과학을 (구분하기란)
훨씬 어렵다. … 통제된 실험을 할 수 없다는 것이 한 가지 이유
다. 사회과학의 증거는 늘 역사적 증거이고, 역사는 워낙 복잡
해서 그 교훈이 분명한 경우가 드물기 때문이다."

구체적인 사례를 살펴보자. 우크라이나를 침공한 블라디미
르 푸틴 러시아 대통령의 결정은 합리적이었을까. 서방 대부분
의 견해는 비합리적이라는 쪽이다. 하지만 책의 공저자인 존 미
어샤이머, 서배스천 로사토는 아니라는 쪽이다. 역으로 공저자
는 우크라이나 침공을 환기하면서 '국가는 합리적으로 행동한
다'라는 가정이 흔들리는 시대에 다시 그 전제를 방어하기 위해
이 책을 썼다.

'꿈보다 해몽'이라는 말이 있다. 때론 저작 자체보다 '해제'
가 훨씬 조리 있는 맥락과 정확한 좌표를 제공하는 경우가 있다.
옥창준 교수의 해제가 바로 그렇다. 특히 미어샤이머의 이론이

어떤 방식으로, 어떤 의도로 한국에 수용되었는지를 설명한 부분은 국제정치학 초심자들에게 유용해 보인다.

"(미어샤이머의)『강대국 국제정치의 비극』◆이 일종의 '거시 정치학'이라면,『국가는 어떻게 생각하는가』는 '미시 정치학'의 차원에서 국가의 행동을 역사적으로 세세하게 들여다본다."

특히 냉정하게 받아들여야 할 부분은 바로 이 지점이다.

"국제정치를 '하는' 입장의 강대국들과 달리 한국과 같은 중견국 혹은 약소국들은 국제정치를 여전히 '당하는' 입장이다. 이 경우 국제정치란 대개 국내 정치의 연장선에서 진행될 가능성이 크며, 더 격렬한 권력투쟁 속에서 전개된다."

더불어 인용하지는 않지만, 윤석열 행정부의 외교 안보 정책에 대한 비판 또한 정교하고 구조적이다.

정치학을 전공하는 둘째에게 이 책을 권했다. "읽기가 귀찮거든 처음에는 해제 부분을 읽고, 다음에는 저자의 서문을 읽고, 빌 클린턴 행정부 시절 '냉전 이후 미국의 나토 확장 결정'을 다룬 부분(195~203쪽)만 읽어도 충분할 것 같아."

사실 반론은 쉽다. 극단적 국익의 관점에서 도덕성과 윤리성을 거세하고 절차적 과정만 거쳤다면 이는 그저 합리적인 국가의 결정이라 할 수 있을까. 미어샤이머의 이론대로라면 북핵이야말로 북한의 가장 합리적인 결정이 되겠다.

◆ 존 J. 미어샤이머 지음, 이춘근 옮김,『강대국 국제정치의 비극 : 미중 패권경쟁의 시대』(김앤김북스, 2017).

트럼프에 대한 초기적 이해

『도널드 트럼프라는 위험한 사례』
디 리 엮음, 정지인·이은진 옮김, 심심, 2018
『화염과 분노 : 트럼프 백악관의 내부』
마이클 울프 지음, 장경덕 옮김, 은행나무, 2018
『정상회담』
데이비드 레이놀즈 지음, 이종인 옮김, 책과함께, 2018

"(트럼프 캠프의 사람들이) 입 밖에 내지 않고 합의한 것은 도 널드 트럼프는 대통령이 되지 못하리라는 것뿐만 아니라, 아마 도 그가 대통령이 되지 않아야 한다는 것이었다."

대신 트럼프와 그의 작은 전사 집단은 "화염과 분노를 내뿜 으며 패배할 준비가 되어 있었다. 그들은 승리할 준비가 되어 있지 않았다."라고 했다

역사적인 취임식 날, 16분 길이의 취임 연설은 대부분 호전 적인 언어로 채워졌다. 연단에 있었던 조지 W. 부시는 트럼프 연설의 역사적인 주석이 될 것 같은 말을 했다.

"섬뜩한 헛소리로구먼."

대통령이 되고 나서도 트윗을 계속할지에 대한 질문이 쏟아 졌다. 트럼프는 답을 내놓았다. "(트윗을 통해) 일상적으로 통제 되지 않은 분노와 원한을 터뜨리는 것. 이는 그의 통치에서 근 본적인 혁신이었다."

과연 트럼프는 "여우처럼 교활하게 미친 척하는 것인가, 아 니면 그냥 미친 것인가?" 정신의학자 랜스 도즈는 "부인할 수

없는 '소시오패스적' 특징들을 보이고 있다."라고 진단한다.

백악관의 모든 고위 참모들에게는 대통령 트럼프를 대하면서 품게 되는 영원한 수수께끼가 있었다. 그가 '왜' 자주 이해할 수 없는 행동을 하느냐 하는 것이었다.

"그는 단지 너무나도 사랑을 필요로 하기 때문에 언제나 … 그에게는 모든 게 사랑을 받으려는 몸부림이지요." 백악관 부비서실장 케이티 월시의 말이다.

함께 읽으면 좋을 책으로 『화염과 분노』가 있다. 이 책은 2018년 1월 출간 첫 주 만에 미국에서 140만 부가 판매됐고, 35개국에서 번역 판권 계약을 끝냈다. '화염과 분노'fire and fury, 우리에게 낯설지 않다. 지난해 8월, 트럼프가 북한을 향해 내뱉었던 말이다. 이 책, 만만치 않다. 미국 정계에 대한 상당한 이해가 전제되어야 한다. 역설적으로 미국 정치의 제도성과 표현의 자유, 민주주의의 토대를 이루는 여러 요소 사이의 견제와 균형이 아름답다.

정부 수뇌가 "공을 놓치면", 트루먼 시대의 국무장관인 딘 애치슨의 비유를 빌리면, "그의 뒤에는 골문이 활짝 열려 있다."

트럼프와의 정상회담이 다시 필요한 때가 온다면 이 책 또한 다시 들춰 봐야 할 것 같다.

권위주의적 통치자들은 어떻게 등장하는가

『가짜 민주주의가 온다 : 도둑 정치, 거짓 위기, 권위주의는 어떻게 권력을 잡는가』
티머시 스나이더 지음, 유강은 옮김, 부키, 2019

"정치적 허구에 속지 않아야만 주권자다"(미하일 바흐친).

도널드 트럼프의 백악관 입성은 세 단계를 거쳤다. 단계마다 미국의 취약성에 의존했고 러시아의 협조가 필요했다. 첫째, 러시아인들은 파산한 부동산 개발업자인 트럼프를 러시아 자본의 수령인으로 바꿔 놓았다. 둘째, 파산한 부동산 개발업자는 리얼리티 프로그램에 출연해 성공한 사업가로 연기를 해야 했다. 마지막으로, 러시아는 2016년 미 대통령 선거에서 '성공한 사업가 도널드 트럼프'라는 가공의 인물을 지지하기 위해 트롤과 봇으로, 의도적으로 개입해 성공을 거두었다.

이 방식은 러시아가 우크라이나 정국에 개입해 성공했던 수법의 재현에 불과했다. 미국에서 가공의 세계로부터 대통령 후보가 나타났을 때, 러시아인들은 익숙한 양상에 주목했다. 하지만 미국 우파나 좌파에서는 귀를 기울이는 이가 거의 없었다. 미국은 패배하고 트럼프가 당선됐다. 공화당은 눈이 멀고 민주당은 충격에 빠졌다. 정치적 허구를 제공한 것은 러시아인들이었지만 요청한 것은 미국인들이었다.

통치자로서 준비가 되어 있지 않던 푸틴 대통령은 국민 통합 이데올로기가 절실하게 필요했다. 이때, 그가 재발견한 인물이 바로 이반 일린. 일린은 러시아와 러시아인들을 예외로 취급했다. 러시아의 순결함은 세상 사람들의 눈에는 보이지 않는다고 선언했다. 극단적인 민족적 예외주의다. 그렇게 창조된 푸틴의 통치 이념은 "러시아는 제국으로 만들고 다른 모든 나라는 민족국가로 두자는 것이었다."

역사학자 티머시 스나이더는 2010년대에 세계가 '민주주의에서 권위주의'로 변해 간 과정을 이해하기 위한 방편으로 독특한 개념인 '필연의 정치학'과 '영원의 정치학'을 제시한다.

'필연의 정치학'은, 미래는 단지 더 많은 현재이고 진보의 법칙이 밝혀졌으며, 다른 대안은 전혀 없으므로 실제로 한 일은 아무것도 없다는 인식이다. '영원의 정치학'은 전체론적·순환론적 시간관이라고 할 수 있는데 진보란 일시적이고 역사는 순환하며, 유기체로서의 전체인 민족만이 영원한 존재로 남는다.

필연과 영원의 정치학이 현대 민주주의를 위기에 몰아넣는다. 괴기한 사상, 독특한 민족주의, 전체주의적 권력 그리고 검증이 불가능한 거짓 정보들이 뉴스라는 이름으로 시민들을 위협한다. 표현의 자유, 정보에 대한 자유로운 접근권, 이에 근거한 합리적 자기 결정과 자기 책임의 원리라는 민주주의 뿌리가 기초부터 흔들리고 있다. 그런데도 정작 시민은 이를 모른다. 위기다. 우리가 그렇다.

"'셰일 혁명' 때문에 한반도에 전쟁이"?

『셰일 혁명과 미국 없는 세계 : 세계 질서의 붕괴와 다가올 3개의 전쟁』
피터 자이한 지음, 홍지수 옮김, 김앤김북스, 2019

"경제적으로 일본과 한국은 서로 자연스럽게 협력하기에 적합한 상대로는 거리가 멀다. 두 나라 모두 인구 감소가 아주 많이 진행되어 회복 불가능한 상태이고, 따라서 두 나라 모두 국내시장이 급격히 축소되면서 보호주의에 의지해야 경제적 힘을 추스를 수 있다."

미국이 세계로부터, 아시아로부터 손을 떼게 되면 어떻게 되는 걸까.

"미국이 세계로부터 손을 떼는 과정은 이미 상당히 진전된 상태다. 2016년 현재 해외 주둔 미군 수는 1941년 이후 본 적이 없는 최저 수준에 머물러 있다. 그리고 미국은 거의 전적으로 자국 국경 내에서 일어나는 경제활동을 토대로 경제성장을 하고 있는 유일한 나라다. 그것도 부족해서 포퓰리즘, 고립주의, 반무역적인 정서가 미국 정치 좌우 양 진영에 침투해 왔다." 이렇게 되면 대부분의 나라들은 경제와 안보를 지킬 방법을 잃어버리게 되고, 일극 체제의 와해에 따른 혼란은 불가피할 것으로 보인다. '셰일 혁명'에서 혼란의 뿌리를 찾아내는 피터 자이한은 세계의 전쟁을 예상한다. 첫째, 러시아와 유럽 간에 새로 발생하는 전쟁. 지구전持久戰이 가까이 닥쳤다. 둘째, 사우디아라비아와 이란 사이에 조성되고 있는 전쟁. 이미 사우디아라비아가 공세적인 입장을 취하고 있다. 셋째, 동아시아를 삼켜 버릴 유조선 전쟁. 이 세 번째 전쟁 속에 한·중·일 관계가 존재한다. 논리는 셰일 혁명에서 출발해, 세계 초강대국의 부재 상황에 대한 지정학적 분석으로 정리된다.

"경제적으로, 인구구조적으로, 군사적으로 가장 큰 걱정거리를 안고 있는 나라는 한국이다. … 한국이 패를 잘못 내놓으면 동아시아 유조선 전쟁은 일본이 중국에 이어 한국의 꿈을 — 다시 한번 — 짓밟는 짤막한 후속편으로 마무리된다. 한국이 움찔할 만한 이러한 예상조차도 북한에서 아무 문제도 일어나지 않는다는 전제하에서 하는 추측이다."

그렇다, 결국은 지정학이다. 지정학은 "결국 선택지들과 제약들 사이의 균형을 연구하는 학문"이다. "한 나라가 지닌 가능성과 한계를 결정하는 것은 제약 요인과 부여된 능력 간의 균형"인데, 이러한 균형점이 대부분의 나라들이 어떤 움직임을 취할지 예측해 준다. 한반도의 지정학이야말로 극도로 예민한 주제이다. 어느 멕시코 대통령이 그랬다던가. "신은 너무 멀리 있고, 미국은 너무 가까이 있다"고. 그리고 내가 수백 번도 더 강조해 온 스리랑카 속담. "코끼리가 사랑을 해도 잔디밭은 망가지고, 코끼리가 싸움을 해도 잔디밭은 망가진다."

깊은 시름의 시대다.

'아프간 실패'를 통해 본
미국 자유주의 패권 전략의 실패

『미국 외교의 대전략 : 자유주의 패권의 연장인가, 역외 균형으로의 복귀인가』
스티븐 M. 월트 지음, 김성훈 옮김, 김앤김북스, 2021

"다른 나라의 재건을 위해 (미국이) 대규모 군사작전을 벌이던 시대의 종말을 의미한다"(8월 31일, 아프가니스탄 전쟁 종식에 관한 미 바이든 대통령의 연설).

미국의 외교정책은 실패했는가. 저자는 '미국의 자유주의 패권liberal hegemony 전략은 실패했다.'라고 선언한다. 자유주의 패권이라는 대전략은 선한 의도를 갖고 있는 미국의 리더십하에 자유주의적 세계 질서를 확대하고 건설하고자 한다. 세계 정치를 미국이 지향하는 모습에 맞춰 미국의 이익이 되도록 개조하려는 것이다. 저자의 예견대로 아프가니스탄 철군이 자유주의 패권 전략이 실패했다는 분명한 증거다. 2018년 미국에서 출간됐고 8월 초 번역된 이 책 구석구석에는 이미 아프간에서의 실패를 생생하게 예견한다.

미군이 도리어 탈레반을 키웠고, 파견된 미국 관리들은 국가 건설을 지도할 지역 문화에 대한 지식이 부족했다. 2016년에는 미 육군 지휘관이 코란 문구를 개의 이미지와 나란히 배열해 놓은 반反탈레반 전단에 대해 사과해야 하는 일까지 벌어졌다. 이는 아프간 무슬림들에게는 지독히 모욕적인 조합이었다. 미국의 선한 의도는 부패와 행정적 무능력에 침몰했고 원조는 낭비

되거나 탈레반에게 전달됐다. 카불 중앙정부에는 미국이 탈레반을 패배시켜야 할 어떠한 동기부여도 없었다. 만일 전쟁이 일찍 끝나면 자신들이 의지하는 수십억 달러 규모의 미국 원조가 사라지기 때문이었다.

현실이 이러했음에도 자유주의 패권 전략은 왜 계속되었을까. 첫째는 미국이 누리고 있는 지정학적 유리함 때문이고 둘째는 외교 안보 분야의 기득권층 때문이었다. 책에는 실패 사례와 원인에 대한 분석이 촘촘하다. 그렇다면 저자의 대안은? '역외 균형'offshore balancing이라는 지정학적 개념에 근거한 전략이다. 이는 미국이 지향하는 모습대로 세계를 개조하려는 시도를 피하는 대신, 외교정책이 핵심적인 세 지역, 즉 유럽·동아시아·페르시아만에서 세력균형을 유지하는 데 집중하자는 것이다. 군사개입은 균형이 무너지거나 붕괴될 위험이 있을 때로 한정한다. 바이든의 연설은 자유주의 패권 전략의 실패이자 대전환이 될 수 있을까. 책에서 인상적인 문장을 찾았다.

"국가를 파멸로 이끄는 길은 상당히 많다"(애덤 스미스).

"한국은 더 이상 고래들 사이에 등이 터지는 새우가 아니다"

『새우에서 고래로 : 세계의 눈으로 본 한국의 어제와 오늘』
라몬 파체코 파르도 지음, 박세연 옮김, 열린책들, 2024

    풍수지리나 관상학이 깊숙이 침투해 있기에, 별로 동의하고 싶지는 않지만, 사람이나 나라를 '동물'에 비유하는 방식은 여전히 유효한 듯싶다.

    싱가포르의 어느 학자는 스리랑카의 속담을 빌려와 한반도를 잔디밭에 비유한다. "코끼리가 싸움을 해도 잔디밭은 망가지고, 코끼리가 사랑을 해도 잔디밭은 망가진다." 김대중 대통령께서는 다른 비유를 들었다. "도랑에 든 소가 양쪽 언덕의 풀을 뜯어 먹는다."

    하지만 대부분의 사람들은 여전히 한반도를 '고래 싸움에 끼인 새우' 정도로 비유한다. 고래가 아니라 새우다. 백 걸음을 양보하여 새우라 치자. 저자 라몬 파체코 파르도의 생각은 다르다. 새우는 새우로되 다른 새우라는 것. "분명한 사실을 말해 보자. 오늘날 한국은 더 이상 고래들 사이에서 등이 터지는 새우가 아니다." 근거는 이렇다.

    "이 글을 쓰는 시점에 완전하고 한층 강화된 민주주의 사회이자 세계에서 열 번째 경제 대국, 그리고 여섯 번째로 강력한 군사력을 확보하고, 소프트 파워의 차원에서 열한 번째인 나라. 또한 언론 자유를 기준으로 아시아 최고의 국가이며, G20 테이블에 자리를 차지하고 G7에 초대받는 이 나라는 절대 피라미가 아니다. 전 세계 수많은 나라는 이러한 유형의 '새우'가 되기를 원할 것이다."

하지만 책 제목은 좀 더 솔깃하다. "새우에서 고래로"다. '새우'가 아니라 '고래'라는 것이다. 물론 한국을 '돌고래'로 비유한 이들도 있기는 했다.

우리도 우리를 설명할 수 있어야 하지만 때론 외부의 시선으로도 우리에 대한 설명이 가능하다. "우리가 우리나라를 바라보는 방식이 다른 나라 사람이 우리나라를 바라보는 방식과 항상 일치하는 것은 아니기 때문이다."

저자의 목표는 "한국인이 아니라, 이 나라의 역사에 대해 더 많이 알고 싶어 하는 외국인을 위한 책을 쓰는 것." 제목에 취할 필요는 없겠다. 때론 '국뽕'도 필요하다. 하지만 그보다 더한 건 우리의 시선이건 타인의 시선이건 객관화시켜 볼 수 있는 좌표를 확보하는 일이어야 한다.

오늘의 우리를 냉정하게 평가하자면 참으로 슬프고 안타깝다. 우린 더 잘할 수 있고 더 잘살 수 있고 더 강력한 변화를 만들어 낼 수 있다. 민주주의와 시장경제라는 우리만의 경험적 모델을 전 세계와 나눌 수도 있다. 그런데도 정치는 극단과 분열을 추구한다. 재벌과 대기업 중심의 경제구조는 불균형적이고 빈부 간의 격차 또한 절망적이다. 때론 '스스로 상처받는' 새우가 아니길 바란다.

실크로드, 일대일로… 지적재산권은 미국에?

『미래로 가는 길, 실크로드 : 지금 세계는 어디로 어떻게 움직이고 있는가』
피터 프랭코판 지음, 이재황 옮김, 책과함께, 2019

2017년 10월 미 상원 군사위원회. 제임스 매티스 국방장관이 일대일로에 대해 답했다. "세계화된 이 지구촌에는 많은 지대와 길이 있습니다. 그리고 어느 나라도 '한 지대와 한길'—帶—路, One belt, One road을 지정할 위치에 있지 않습니다."

이미 그보다 몇 달 전, 훈센 캄보디아 총리도 일대일로에 대해 답한 적이 있다. "다른 나라들은 아이디어는 많아도 돈이 없습니다. 그러나 중국의 경우에는 아이디어를 가져오면 돈도 함께 가져옵니다."

약간의 시차를 둔, 상반된 전략적 이해관계가 일대일로의 현실일지 모르겠다. 하지만 실크로드에서 시작된, 혹은 영감을 받은 일대일로의 공식적 역사 또한 묘한 지정학적 대립과 연결된다. 중국의 시진핑 주석이 일대일로를 공식화한 건 2013년 9월이다. 그런데 그로부터 7년 전인 2006년, 미 하원 국제관계소위원회에서 국무부 남아시아 및 중앙아시아 담당 차관보인 리처드 바우처는 다음과 같이 말했다.

"우리의 목표는 남아시아와 중앙아시아 사이의 옛 유대를 되살리고, 무역·수송·민주주의·에너지·통신 등의 분야에서 새로운 관계를 맺도록 돕는 것입니다."

2018년, 유라시아 문제에 정통한 학자인 프레더릭 스타의 논문이 뜻밖에 중국 측의 격렬한 반응을 불러일으켰다. 『인민일보』가 머리기사에서 "미국이 '대大중앙아시아 전략'을 획책하고 있다."라고 쓴 것이다. 사설은 더했다. "중앙아시아로 침투해 들어가 이 지역을 장악하는 것은 언제나 변함없는 미국의 목표였다."

2011년 인도 첸나이에서 힐러리 클린턴 당시 국무장관도 이렇게 연설했다. "역사적으로 남아시아와 중앙아시아의 나라들은 서로, 그리고 대륙의 나머지 부분과 연결돼 있었습니다. 사방으로 뻗어 나간 실크로드라 불리는 교역망을 통해서입니다. … 새로운 실크로드를 만들기 위해 힘을 합칩시다. 이름처럼 하나의 간선도로가 아니고, 경제와 교통을 연결하는 거미줄 같은 국제적인 연결망입니다. 그것은 더 많은 철로와 고속도로와 에너지 기반 시설을 만드는 것이고, … 국경 지대의 시설을 개선하는 것이며, … 물건과 사람이 자유롭게 왕래할 수 있도록 관료주의적 장벽과 그 밖의 장애물들을 제거하는 것입니다."

이렇게 본다면 일대일로에 대한 정책 제안 혹은 지적 재산권은 과연 누구의 것인가. 미국은 이미 '인도-태평양 전략'으로 바뀌었다. 실크로드 전문가 피터 프랭코판의 『미래로 가는 길, 실크로드』에는 평가 이전의 사실들이 풍성하다.

중국인에게 목숨보다 중요한 그것, 체면

『중국인의 이유』
류재윤, 당신의 서재, 2019

중국의 어느 거지가 자신의 面子(체면) 자랑에 나섰다.

"정말이야. 어느 동네의 갑부가 나를 아는 척하며 먼저 말을 걸어올 정도라니까."

"그 갑부가 뭐라고 했는데."

"내가 문 앞에 앉아 구걸하고 있었더니 나를 보며 '꺼져'라고 했었어."

우리나라에도 체면이라는 단어가 있다. 중국에도 체면이 있다. 하지만 중국의 체면은 우리와는 달리 훨씬 더 복합적이고, 다층적이고, 동적이며, 변화무쌍하다.

저자는 임어당林語堂의 말을 인용한다. "중국을 통치하는 세 여신이 있다. 面(체면), 命(운명), 恩(보은)." 역시나 체면이 으뜸이다. 임어당은 체면을 두고 '이치에 순종하는 것이 아니라 사회 관례에 순종하는 것'이라 했다.

'상해탄'으로 유명한 청방 보스 두월생도 한마디 했다. "내 평생 가장 먹기 어려운 면('얼굴 면' 자와 '국수 면' 자의 발음이 같다)이 세 가지가 있는데, 체면臉面, 인정情面, 상황場面이다."라고 했다. 암흑가의 보스도 '체면' 관리가 가장 어려웠던 것.

저자 류재윤은 '중국통'이다. 중국통이 생각하기에 중국인들과의 인간관계에서 핵심이 바로 '중국식 체면'이다. 그래서 권하기를 중국인의 '체면 관리'를 단순히 허례허식이나 형식주의라고만 이해하면 절대로 안 된다는 것. 중국인들의 전통 사유 바탕에는 '체면'에 대해 복잡하고 확고한 뿌리가 있다는 것이다.

그에 따르면 타이완 문화학자 뽀양은 "중국인은 예의를 따질 뿐이지 합리를 따지지 않는다. 중국인과 합리를 따지는 것은 하늘로 날아오르는 것보다 어렵다. 중국인의 예의는 바로 체면이다."라고 할 정도다.

물론 중국인들 중에도 체면이 갖는 지나친 겉치레에 대해 반드시 개선해야 한다고 지적하기도 하는 모양이다. 하지만 체면을 중시하거나 고려하는 것이 단순히 겉치레인지 아니면 배려인지, 최소한의 자존감의 표현인지, 또는 문화인으로서 지켜야 할 겸손 같은 예의인지를 판단하기는 쉽지 않다는 것이다. 그렇다면 차라리 '로마에 가면 로마법을 따르듯' 중국식 체면을 따르는 것이 낫다는 것이다. 중국통다운 현실주의적 접근이다.

중국, '보이지 않는 붉은 손'을 우린 어떻게 읽어야 할까

『보이지 않는 붉은 손 : 세계의 자유와 평화를 위협하는 중국 공산당의 야욕』
클라이브 해밀턴, 머라이커 올버그 지음, 홍지수 옮김, 실레북스, 2021

　　"중국 공산당은 정치, 비즈니스, 대학, 싱크탱크, 유엔 등 국제기구를 통해 서방 세계에 영향력을 행사하고 있다. 이 새로운 권위주의 권력은 민주주의를 약화시키기 위해 민주주의를 이용하고 있다."

　　폴 몽크가 말했다는 이 명제가 책의 대전제다. 사실 이러하다면 서방 세계는 중국의 영향력 확대 혹은 위험성에 대해 경계를 곤두세워야 마땅하다. 그런데 서방 세계는 그렇지 않다는 것이다. 책의 주제가 여기서 출발한다.

　　"서구 진영의 수많은 이들이 중국 공산당의 위협을 애써 축소하거나 부인하는 이유가 무엇일까."

　　저자는 두 가지 이유를 든다. 첫째, "특정한 사안을 이해하지 않아야 생계가 유지되는 사람에게 그 사안을 이해시키기란 매우 어렵다." 둘째, "특히 좌익 진영의 일부 사람들이 보이는 태도인데, 바로 '그러는 우리는?'과 같은 태도이다. 이들은 중국이 못마땅한 짓을 좀 할지 모르지만 '그러는 미국은?'이라고 반문한다." 최근 들어 반중 정서가 확산되고 있다. 가만히 둘러보면 이 흐름을 분석하거나, 혹은 편승하거나, 보다 근본적으로 우리의 국익을 지키기 위한 방편에서 대체로 두 권의 책이 칼럼 등에 자주 인용된다.

하나는 지난 2018년 출간된 그레이엄 앨리슨의 『예정된 전쟁』*이다. '투키디데스의 함정 이론'에 기반하여 중국의 부상이 필연적으로 미·중 간의 충돌로 이어질 것이라는 불길한 예언이다. 두 번째 책이 바로 소개하는 클라이브 해밀턴과 머라이커 올버그의 『보이지 않는 붉은 손』Hidden hand이다. '보이지 않는'보다는 '숨겨진' 혹은 '감추어진'이라는 제목이 진의에 가깝다. 중국과 격한 갈등을 경험한 오스트레일리아의 학자가 공저자로 참여했다. 우리도 우리의 문화와 소프트파워를 전 세계에 널리 전파하고 싶어 하는 것처럼 미국도 그러하고 중국도 그러하다. 역사적 흐름은 더 이상 공세적이고 폭력적인 방식으로 다른 나라를 설득하거나 이해시킬 순 없다는 것이다. 그런 점에서 중국의 '조급증'과 '늑대 외교'에 대한 비판은 충분히 이해되고도 남는다. 하지만 상대방에 대한 낙인과 오해만으로 국제 관계가 해결될 순 없다.

조 바이든 미국 대통령의 외교 철학을 인용해야겠다. 첫째, 믿지 마라. 둘째, 그럼에도 대화하라. 이것은 바이든뿐 아니라 유사 이래 외교의 원칙이었다. 영원한 적이, 영원한 동지가 어디 있단 말인가. 오로지 국익과 주권 수호가 대전략이어야 한다. 그러기 위해선 냉철해야 하고 상대국의 전략을 이해하기 위해 공부해야 한다. 출간 때 구입했는데 그냥 훑어보고 말았다가 여기저기 인용 빈도가 늘어나기에 다시 꺼내어 읽었다.

◆ 그레이엄 앨리슨 지음, 정혜윤 옮김, 『예정된 전쟁 : 미국과 중국의 패권 경쟁, 그리고 한반도의 운명 』(세종서적, 2018).

'신전체주의'의 길에 들어선 중국의 미래는?

『중국의 미래』
데이비드 샴보 지음, 최지희 옮김, 한국경제신문, 2018

"중국이 신전체주의의 길로 회귀한다면, 특히 서구와 아시아 국가와의 갈등의 골이 훨씬 깊어질 것이다. 국내 정치적 탄압과 국가의 경제 통제를 매우 강화하는 방향으로 선회한다면 상상컨대 아시아, 그리고 아마도 다른 지역에까지 군사적 공격의 위험성이 커져 긴장이 고조될 것이다."

중국의 대외 정책에 대한 데이비드 샴보의 분석이다. 저자는 『중국의 미래』 한국어판 출간에 즈음한 별도의 서문에서 첫 문장을 이렇게 시작했다.

"한국과 한반도의 미래에 있어 중국보다 중요한 변수는 없을 것이다."

중국의 미래는 로터리에 도착한 자동차처럼 몇 갈래 선택의 갈림길에 서있다. 저자가 분류한 선택지는 기본적으로 네 개다. 신전체주의, 경성 권위주의, 연성 권위주의, 그리고 준민주주의이다.

저자는 이 분석 틀을 바탕으로 앞으로 중국이 선택할 수 있는, 가능성이 가장 큰 대안 두 가지(경성 대 연성 권위주의)와 가능성이 가장 작은 대안 두 가지(신전체주의 대 준민주주의)를 정리했다. 저자의 영어판 서문은 2015년 10월 11일 쓴 것. 그로부터 정확히 2년 5개월 뒤 중국은 전국인민대표회의에서 '국가주석직 3연임 금지 조항'을 폐지하는 내용의 개헌을 단행했다. 저자의 전망은 적절했을까?

중국이 방어에 나서고 있다. 차하얼察哈爾학회 덩위원鄧聿文 연구원은 시 주석의 종신 집권이 불가능한 이유로 당 원로들의 반대, 중산층과 자유주의자들의 반감, 역사적 교훈을 들었다. 그런 다음 종신 집권과 장기 집권을 분리하여 합리화했다.

저자는 〈사우스차이나모닝포스트〉의 기사를 인용하고 있다 (2018/03/15).

"시 주석은 중화 민족의 위대한 부흥을 이룬다는 그의 꿈을 이룰 수 있는 시간이 필요한 것뿐이며, 이를 위해 2032년이나 2037년까지 집권하면서 강력한 지도력을 발휘할 것이다."

예나 지금이나 죽의 장막 너머를 예측하기란 쉽지 않다. 중국이란 나라의 불가예측성, 불투명성, 불가해성 때문이다. 단언컨대, 역사와 민주주의에 대한 관점 자체가 다르다.

중국 출신의 망명 작가 위제餘傑의 논지가 유용하다.

"시 주석을 비롯한 하방 세대는 사고가 형성되는 시절에 너무나 효과적으로 옌안延安 정신을 주입받아 이에 따른 세계관을 형성했기 때문에 민주주의를 전혀 이해하지도, 공감하지도 못한다. 마오쩌둥주의만이 체계적이고, 포괄적이며, 이해할 수 있는 사상으로 시진핑이 유일하게 접근할 수 있었던 사상이다."◆

2018년 3월 17일, 시 주석은 중국 헌법전에 손을 얹고 선서했다. 문제는 법치가 아니라 인치인데도.

◆ 케리 브라운 지음, 도지영 옮김, 『CEO 시진핑』(시그마북스, 2017).

'중국 자본주의'의 탄생 이야기

『붉은 황제의 민주주의 : 시진핑의 꿈과 중국식 사회주의의 본질』
가토 요시카즈 지음, 정승욱 옮김, 한울, 2018
『중국인 이야기 7』
김명호, 한길사, 2017

　중국이 공식적으로 번역한 우리식 표현은 '건국'이 아니라 '수립'이라는 것도 흥미롭다.

　독일 사람들이 통일 과정에서 사용한 농담이 하나 있다고 한다.

　"독일 사람 카를 마르크스의 유산을 동서독은 어떻게 분배 했지?"

　"서독은 『자본론』을, 동독은 『공산당 선언』을 가져갔어."

　마르크스의 어머니가 이렇게 불평했단다.

　"우리 아들이 자본에 대한 책을 쓰는 대신 자본을 모았다면 얼마나 좋았을까."

　『자본론』의 영어판은 1887년에 나왔는데, 1890년에 미국에 서 베스트셀러가 되었다. 5000권이 금방 팔렸다. 도서업자들이 『자본론』을 '자본을 모으는 방법을 알려 주는 책'으로 광고했 기 때문이다.♦

　일본의 중국 전문가인 가토 요시카즈의 『붉은 황제의 민주

♦ 마크 스쿠젠 지음, 박수철 옮김, 『거장의 귀환 : 위기의 시장경제 경제학 거장에게 길을 묻다』(바다출판사, 2008).

주의』와, 시대의 이야기꾼 김명호 선생의 『중국인 이야기 7』은 중국의 최고 지도자 시진핑 주석의 부친인 시중쉰에 대한 이야기이다. 김명호 선생의 책이 훨씬 리얼하고 상세하다.

시중쉰은 산시성의 농촌에서 태어나 12세 때 공산주의 청년당에 참여하고, 14세에 중국공산당에 입당하여 농민운동에 참가했다. 그런데 1962년 시중쉰이 제작에 관여한 소설 『류즈단』에 '반당' 낙인이 찍히는 바람에 마오쩌둥은 시중쉰에 대해 사상 검사를 하기로 결정했다.

이후 정치적으로 부활한 1978년까지 16년간 시중쉰은 실질적으로 연금 생활을 하게 된다.

가토에 따르면 "시중쉰을 구한 이는 저우언라이였다. 저우언라이는 시중쉰을 정적으로 간주하면 안 된다고 당 중앙에 진언해 복권시켰고, 그의 생활환경까지 마련해 주는 등 힘을 썼다. 그리고 1977년 말 인사를 담당하는 중앙조직부 부장 후야오방이 시중쉰의 '무죄'를 입증하고, 시중쉰을 광둥성으로 파견했다."

『중국인 이야기 7』에 따르면, 1996년 12월 24일 푸젠성 부주석 시진핑은 25년 전 베이징 교회에서 있었던 부자상봉을 얘기하며 감회에 젖었다. "아버지는 우리를 보더니, 눈물을 흘렸다. 나는 어떻게 해야 할지 갈피를 잡지 못했다. 얼떨결에 담배한 개비를 권했다. 동시에 나도 한 대 물고 불을 붙였다."

"특구가 좋겠다. 시중쉰은 특구 전문가다. 반세기 전 시중쉰이 만든 산간닝 변구도 처음에는 홍색 특구였다. 이번에는 경제특구를 만들어라. 지원할 돈이 없다. 재주껏 살길을 찾아라."

덩샤오핑이 시중쉰에게 했던 말이다. 경제특구는 이렇게 탄생했고, 중국식 자본주의는 이렇게 시작됐다.

중국이 대만을 침공한다면

『대만은 왜 중국에 맞서는가』
뤼슈렌 지음, 부자오치 옮김, 미디어워치, 2023
『도해 타이완사 : 선사 시대부터 차이잉원 시대까지』
궈팅위·왕핀한·쉬야링·좡젠화 지음, 신효정 옮김, 천쓰위 감수, 글항아리, 2021

"중국은 2025년이면 전면적으로 대만을 침공할 수 있는 능력을 갖출 것이다"(10월 6일 추궈정 대만 국방부장).

"중국이 대만을 공격하면 미국이 방어할 것이냐." "그렇다, 우리는 그렇게 할 책무가 있다"(10월 21일 조 바이든 미국 대통령).

정말로 중국과 대만 사이에 전쟁이 벌어질까. 미국은 자동 개입하게 될까. 그때 승패는? 2020년 5월 17일 영국 일간『타임스』지는 "미국은 태평양에서 중국과의 전쟁에서 질 것이다"라는 제목의 기사를 냈다. 워 게임에 의하면 '미군이 해상에서 중국 인민해방군에 의해 격파당하고, 대만 침공을 막기 위해 고군분투할 것이라 예측'하고 있음을 전했다.

반대되는 기사도 있다. 그해 6월 7일자 미국『포브스』지는 "만약 중국이 대만을 침략한다면 함대는 어떤 식이 될까?"의 기사에서『타임스』지와는 반대되는 관점을 피력했다. 그렇다면 이때 한국의 스탠스는 어떻게 될까. 2005년 한국과 미국 사이에는 '주한미군의 전략적 유연성에 대한 합의'가 이루어졌다. 합의에 따르면 더 이상 주한미군은 '대북 억지력'이 아니라 '동북아신속기동군'이다. 반대 견해가 있을 수 있지만, 이 합의에

132

따르면 주한미군 철수는 더 이상 '종전 선언'에 영향을 받지 않을 수 있다. 하여튼 평택에 주둔 중인 주한미군이 양안 분쟁에 개입하게 됐을 때 한국은 어떻게 되는 것일까. 우리의 국익을 위해, 이 땅에 사는 시민들의 생명과 안전을 위해 주변 국제 정세에 대한 이해가 갈수록 중요해진다. 생각해 보니 통 대만을 공부해 본 적이 없다. 언론 기사도 타이페이발이 아니라 베이징발이나 워싱턴발이다.

두 권의 책에 주목한다. 하나는 자유·보수의 관점에서 대만과 중국의 관계를 다룬 뤼슈롄 전 대만 부총통이 쓴『대만은 왜 중국에 맞서는가』이다. 미국이 주도하는 공통의 가치와 소프트 파워에 기반한 태평양동맹을 제안한다. 정치인 출신답게 주장이 강렬하다. 두 번째는 교과서의 형식을 빌린, 대만 역사에 대한 개설서로 궈팅위 등이 공저한『도해 타이완사』이다. 역사서의 객관성을 유지하려 애썼다. 최부 선생의『표해록』한 대목을 빌려 와 두 권의 책에 대한 논평으로 갈음하고자 한다.

1488년 중국 땅에 표류한 최부 선생에게 지방 관리가 물었다. "그대의 나라는 도대체 무슨 재주가 있기에 수나라와 당나라 병사들을 물리칠 수 있었소?"

"지략이 있는 신하와 용맹한 장수가 병사를 부림에 도로써 하고, 병사가 된 이들도 모두 친한 이를 가까이하며, 윗사람을 위해 목숨을 바쳤소."

과거사, 일본의 미래를 가로막다

『대변동 : 위기, 선택, 변화 — 무엇을 선택하고 어떻게 변화할 것인가』
재레드 다이아몬드 지음, 강주헌 옮김, 김영사, 2019

"우리를 죽이지 않는 것은 예외 없이 우리를 더 강하게 만든다."

프리드리히 니체의 생각이다. 재레드 다이아몬드가 이번에는 위기를 이야기한다. 개인, 국가, 세계의 위기다. 특별히 일곱 개 나라를 선정했다. 핀란드, 일본, 칠레, 인도네시아, 독일, 오스트레일리아, 그리고 자신의 나라 미국까지. 『대변동』은 이야기체로 서술했다. 역사학자들의 전통적 서술 방식으로, 2400년 전 그리스의 헤로도토스와 투키디데스가 개발해 역사학의 근원까지 거슬러 올라가는 방식이다. 요즘의 사회과학 연구에서 자주 사용하는 계량적 접근법과는 뚜렷이 대비된다.

주제 의식은 이렇다. "국가가 중요한 선택적 변화를 시도하도록 자극하려면 위기가 먼저 있어야 하는가 혹은 문제를 예상하고 행동한 적이 있는가?"

때가 때인지라 '일본'편에 주목한다. 저자는 일본의 미래에 대해 낙관한다. 첫째로 든 것은, 일본이 역사적으로 위기를 해결하는 능력을 보여 주었다는 것. 현대사에서만 두 번이나 그랬다. 메이지유신 시기에 선택적 변화를 추구한 일본은 '긴급 계획'으로 서구 열강의 압력을 견뎌 냈다. 쇄국정책을 버렸고, 쇼군 통치와 사무라이 계급과 봉건제도를 포기했다.

그리하여 일본은 독립을 지켰고, 비유럽권으로서는 최초로 국부와 군사력에서 서구 열강과 경쟁할 만한 국가가 되었다. 일본의 과격한 변화는 또 한 번 있었다. 제2차 세계대전 직후다. 이때도 군사 대국이라는 전통과 황제의 신성이라는 믿음까지 버렸고, 민주주의와 새로운 헌법을 채택하며 수출 경제를 발전시키고 되살려 냈다.

"일본의 미래를 낙관하는 또 다른 이유는 과거의 기록에서도 확인할 수 있듯 실패와 패배를 딛고 일어서는 인내심과 역량이다."

하지만 여전히 장애물이 존재한다. 그중 하나가 우리와 관련된 대목. "일본은 전쟁을 시작한 책임을 지금까지도 줄기차게 부정하고 있다. 미국의 속임수에 넘어가 일본이 진주만을 폭격했고, 그 때문에 전쟁이 시작되었다는 게 일본인의 전반적인 인식이다. 오히려 일본은 원자포탄으로 큰 피해를 입었다는 자기 연민에 허우적댈 뿐 원자포탄이 떨어지지 않았다면 더 참혹한 사태가 벌어졌을 가능성에 대해서는 솔직히 논의조차 하지 않는다. 이렇게 역사적 사실을 부인하고 오히려 피해 의식과 자기 연민을 강조하는 태도는 한국이나 중국과의 관계 회복에 악영향을 미치고, 이는 결국 일본에 큰 부담이 될 것이다."

정직한 지적에 공감한다. 그런데, 그렇다면 우리는?

제5부

문학과
예술을
읽다

시인 윤동주의 산문을 훑어보다

『나무가 있다 : 윤동주 산문의 숲에서』
김응교, 아르테, 2019

    시인 윤동주를 좋아하는 이들은 대부분 그의 시만 좋아할 뿐 그가 산문을 썼다는 사실을 잘 알지 못한다. 나도 그랬다. 이 책을 읽기 전까지는.

    "더듬어 돌을 찾아 달을 향하여 죽어라고 팔매질을 하였다. 통쾌痛快! 달은 산산散散히 부서지고 말았다. 그러나 놀랐던 물결이 잦아들 때 오래잖아 달은 도로 살아난 것이 아니냐, 문득 하늘을 쳐다보니 얄미운 달은 머리 위에서 빈정대는 것을.

    나는 곳곳한 나뭇가지를 골라 띠를 째서 줄을 매어 훌륭한 활을 만들었다. 그리고 좀 탄탄한 갈대로 화살을 삼아 무사武士의 마음을 먹고 달을 쏘다"(「달을 쏘다」).

    식민지 시대를 살아간 시인이 해방을 꿈꾸는 것은 위험한 일이었다. 눈에 전혀 보이지 않는 희망이었다. 그래서 그 꿈은 "참혹한 기다림이요, 참혹한 절규"였다. '잔혹한 낙관주의' Cruel Optimism다. 본래 멜리사 그레그가 썼던 '잔혹한 낙관주의'는 잔혹한 환경에서도 거짓 환상에 속아 낙관하며 살아가는 현대인의 비극을 표현한 용어였다. 김응교는 이 개념을 끌고 와 윤동주의 산문을 해석했다. 본래의 의미와는 정반대로 "식민지 시대에 오지 않는 희망을 걸며, 잔혹하게 기다리는 상황"을 '잔혹한 낙관주의'라 이름 붙였다. "고통에서 사랑을, 어둠에서 빛을 탄생시키는 터널 끝의 낙관주의가 윤동주 산문의 자화상"(이어령)이 됐다.

빅터 프랭클의 『죽음의 수용소에서』◆가 떠올랐다. "3월 30일에는 전쟁이 끝날 거야." 제2차 세계대전이 한창인 1944년 어느 날 아우슈비츠 수용소에서 어느 유태인이 함께 갇혀 있던 이들에게 말했다. "누가 그래?" "꿈에서 하느님의 예언을 들었어."

3월 29일이 되자 유태인은 갑자기 시름시름 앓기 시작하더니 급기야 30일에는 의식을 잃었고, 31일 사망했다. 직접 사인은 발진티푸스였다. 하지만 먼 원인은 '희망의 상실'이었다. '잔혹한 낙관주의'의 또 다른 버전이라 할 수 있을 것이다.

"봄이 가고, 여름이 가고, 가을, 코스모스가 홀홀히 떨어지는 날 우주의 마지막은 아닙니다. 단풍의 세계가 있고 ― 履霜而堅氷至(리상이견빙지) ― 서리를 밟거든 얼음이 굳어질 것을 각오하라가 아니라 우리는 서릿발에 끼친 낙엽을 밟으면서 멀리 봄이 올 것을 믿습니다"(「화원에 꽃이 핀다」).

산문가 윤동주는 말합니다. "순간순간, 하루하루를 충실하게 살아갈 때 분명히 봄이 올 것이라고. 그는 '잔혹한 낙관주의'를 거듭 말합니다"(김응교, 『나무가 있다』). 아름답고 고마운 책.

◆ 빅터 프랭클 지음, 이시형 옮김, 『죽음의 수용소에서』(청아출판사, 2020).

그때의 감동을 다시

『부자의 그림일기』
오세영, 거북이북스, 2018

"오늘을 포기하는 것은 내일을 포기하는 것이다.

끊임없이 그린다. 천천히 쉼 없이 그린다.

부득이한 일이 있더라도 손에서 종이와 펜을 놓지 않는다.

도망가지 않는다"(오세영).

1995년일 것이다.『부자의 그림일기』초판을 만난 것이. 당시 누구나 그러했듯 나 또한 충격에 빠졌다. 1990년 12월에 발표되었다가 함께 실린「고샅을 지키는 아이」.

작품은 모두가 떠나 버린 산골 마을을 지키는 아이와 강아지의 이야기이다. "우리도 뜹시다, 여보. 더 늦기 전에 올러갑시다. 농사짓넌 만큼만 일하면 워디 간들 세 식구 풀칠이야 못허겄슈?" "엄마, 우리도 이사가? 유정이네랑 주성이네처럼 이사갈꺼 서울루?" "…", 다시 엄마의 재촉. "아무러면 이만이야 못 허겄슈?", 이번엔 아빠의 한숨 어린 담배 연기…. 단편의 끝은 공감각적이다. "별 많은 산골 마을에. 멍. 샛물에 달 뜨는 산골 마을에. 멍멍. 친구를 부르는 강아지 짖는 소리만이. 텅 빈 고샅을 뛰어다닌다. 멍멍멍."

얼마나 아팠던지. 지금도 고통이 선명하게 기억난다. 출판사로 연락을 했다. 출판사 대표를 만나고, 책을 사서 여기저기 나눠 주고, 그러곤 핑계로 대표께 작가를 좀 만나게 해달라고 떼를 썼다. 그렇게 해서 선생을 만났다. 내 딴에는 신경 쓴다고 제법 폼 나는 가게로 모셨다. 술잔을 권해 드렸다. 불편해하고, 어색해하셨다. 죄송스러웠다. 그 뒤로 작가의 작품이 새로 출간될 때마다, 부지런히 구입했고, 빼놓지 않고 읽었다. 2016년 5월, 선생은 세상을 떠났다. 그러다가 『부자의 그림일기』 소장판이 출간됐다. 초판과 개정판에는 없던 새 작품이 가슴을 아프게 했다. 「고흐와 담배」다. 만화 평론가 박인하 교수의 글이다. "마음으로 바라본 세계를 완벽하게 재현한 그림. 작가는 마지막까지 스스로를 밀어붙여 완벽한 그림을 추구하려 했다. 완벽한 그림의 세계는 늘 손에 잡힐 듯 바로 눈앞에 있었다. 그 길에 도달하지 못한 작가는 죄의식과 처절함, 자책과 분노로 자신을 파괴했다.

「고흐와 담배」는 죄의식으로 자책하는 이전 만화와는 다르다. 자의식 과잉의 상태에서 벗어나, 뒤틀리고 일그러진 감옥에서의 탈출에 성공한다. 아버지가 바라본 두벌매기한 논과 반 고흐의 그림을 일치시키며 마침내 해답을 찾는다."

충청도 사람 특유의 말투로 남긴 그의 메시지.

"눈은 껍데기일 뿐인겨. 겉으로 보지 말구 속으로 봐. 그러면 안 보이는 게 없는겨."

한국 예술사의 장인이셨다.

『시녀 이야기』를 그래픽 노블로 만나다

『시녀 이야기 그래픽 노블』
마거릿 애트우드 지음, 르네 놀트 그림, 진서희 옮김, 황금가지, 2019

　책을 읽고 나서 '충격적'이라는 표현을 써본 적이 별로 없는 것 같다. 그래픽 노블은 더욱 그러했던 것 같다.

　긴 소설을 짧은 스토리로, 활자를 그림으로 요약해서 보여 준다는 것은 얼마나 고마운 일인가. 그래픽 노블은 시각적이라 이해하기 쉽고, 요약적이라 간소하며 감정의 흐름에서 빨리 빠 져나올 수 있다. 그런데 이 책은 내가 평소에 지니고 있던 그래 픽 노블에 대한 접근과 통속적인 관념을 과격하게 타파했다. 상 당히 충격적이었다.

　이 책은 2019 부커상 수상 작가 마거릿 애트우드의 대표작 『시녀 이야기』를 원작으로 한다. 2019년 부커상은 『시녀 이야 기』의 후속작인 『증언들』에 주어졌다. 원작자는 남성 중심 사 회를 비판하는 작품들을 통해 페미니즘 작가로 널리 평가받는 다. 동시에, 환경, 인권 등 오늘의 다양한 주제 또한 놓치지 않 는다. 캐나다와 미국 등지의 대학에서 영문학 교수로 일하다 은 퇴했다.

　그림 및 각색을 담당한 르네 놀트는 그래픽 노블 작가다. '강 렬한 색채의 수채 물감과 잉크를 사용한 삽화'로 유명하다. 원 작을 읽지 않아서 그래픽 노블이 어느 정도 요약돼 있고 변용돼 있는지는 잘 모르겠다. 원작은 오래전인 1985년 발표됐다. 지난 30여 년 동안 스테디셀러로 세상 사람들의 사랑을 받아 왔고 최근에는 텔레비전 드라마로까지 제작되어 폭발적인 인기를 모으기도 했다.

그래픽 노블에서 여성은 여성조차 아니다. 그저 자궁이라는 생식 기관을 가진 도구의 수준으로 설정된다. 가부장제 질서와 권력 속에서 이를 당연시하게 살아온 이른바 '한남'으로서 살 떨리는 두려움이었다. 그럴 것이다. 지금까지 그래 왔고 지금도 그러하고 앞으로도 그러할 것이다. 나 또한 이런 폭력적 세계관에서 헤어나지 못한 채, 평생 이렇게 살다 따라갈 것이다.

마치 생리혈을 상징하는 듯한 빨강, 폭력과 권력의 검정, 그리고 음울한, 마치 낡은 흑백영화와 같은 회색 톤에 이르는 컬러는 강렬하고 구성은 탄탄하다. 영화 같기도 하고 단편소설 같기도 하다. 철저히 계산된 조직력이다.

내가 애써 되지도 않는 문장으로 스토리를 설명하기보다는 출판사가 책 표지에 안내한 요약문이 훨씬 뛰어나기에 그 둘을 그대로 인용하는 것으로 대신한다.

"전체주의 사회 속에 갇혀 버린 한 여성의 독백을 통해 성과 권력의 어두운 관계를 파헤친 섬뜩한 디스토피아 소설"(뒤표지), "르네 놀트는 선과 색을 극적으로 탈바꿈시켜 공포와 체념, 자포자기, 실낱같은 희망의 감정을 표현했다"(북리스트).

에밀리 디킨슨의 시상, 정원에서 싹트다

『에밀리 디킨슨, 시인의 정원』
마타 맥다월 지음, 박혜란 옮김, 시금치, 2021

"그것의-이름은-'가을'- / 그것의-색조는-피- / 언덕 위 드러난-동맥- / 길 따라 흐르는-정맥- // 오솔길의-거대한 혈구들- / 그리고 오, 오색 소나기- / 그때 바람이-물동이를 뒤엎고- / 진홍의 비를 쏟는다- // 먼 아래로-모자들을 흩뿌리고- / 붉게 물든 웅덩이들에 모이다가- / 한 송이 장미처럼-소용돌이치고-멀어진다- / 주홍 바퀴들을 몰며-"

19세기를 살았던 미국의 시인 에밀리 디킨슨이 노래한 가을의 정원이다. 시인은 문인이기 이전에 학교에서 식물학을 공부했고 생애 내내 식물과 정원을 사랑했다. 시인이 살아 있을 당시, 새로운 기술이 인쇄술의 동력이 되면서 정원 관련 저술이 활발해졌고 정원 가꾸기는 남녀 모두에게 미국적 취미가 되었다. 시인은 이런 시대적 배경 속에서 시인 헨리 데이비드 소로와 에머슨을 읽었고 자연에 집중함으로써 평범한 삶을 초월하는 이들의 성향을 공유했다. 시인에게 문학의 텃밭은 꽃이요 식물이요 정원이었다.

"성장기의 시인은 똑똑하고 재미있는 타고난 이야기꾼이었다. 사촌들에게 보낸 편지에서 정원을 가족 코미디의 발판으로 하여 리비 숙모를 묘사했다. '나무들이 우뚝 서서 그녀의 부츠 소리를 듣고 있다. 이들이 과일 대신 그릇을 열매 맺을까 걱정이다.'"

한국에서의 저술 작업은 주로 직업적 작가들의 몫이기에, 외국 작가들의 창조력과 구성력에 놀랄 때가 많다. 저자가 그러했다. 저자는 뉴욕식물원에서 조경 디자인을 공부했고 그곳에서 조경사와 원예를 가르치고 있다. 어쩌다 혼자서 차를 몰고 뉴잉글랜드를 가게 됐고 '에밀리 디킨슨 홈스테드' 홍보 책자를 만나게 됐다. 그렇게 우연히 찾은 디킨슨 홈스테드의 모습은 초월적이었고 시인도 작가처럼 정원사였다는 것을 비로소 알게 됐다. 저술의 시작이었다.

책은 계절에 따른 캘린더의 방식으로 진행된다. 사계절의 변화, 마치 봄, 여름, 가을, 겨울과 같은 시인의 한 생애, 그리고 시인의 삶과 계절의 변화를 함께해 온 꽃과 나무들, 여기에다 놀랍도록 적절하게 인용된 시인의 시편들이 꽃밭처럼 우리를 반긴다. 멋지게 소개하고 싶었는데, 어떻게 표현해야 할지 머뭇대다가 뒷날개에서 적절한 표현을 훔쳤다. "이 책은 시인이 살던 19세기의 생기 넘치던 사라진 세계를 상기시키고 21세기의 정원사인 우리에게 더 큰 책임감을 갖도록 해준다"(마타 워너 시카고 로욜라대 교수).

그랬었다. 어린 시절 봄, 여름, 가을 내내 꽃밭을 가꾸고 뒷산을 뛰어다니곤 했었지. 그런 지금은 고작 전원주택이나 꿈꾸는 건 아닌지 부끄럽다. 책은 둘째 딸에게 선물하기로 한다.

세속적 언어로 살아온 삶,
이 아름다운 시를 널리 알려야겠다

『**세상을 받아들이는 방식**』
메리 올리버 지음, 민승남 옮김, 마음산책, 2024

"난 아주 단순한 글을 / 쓰고 싶어, / 사랑에 대해 / 고통에 대해 / 당신이 읽으면서 / 가슴으로 느낄 수 있도록, / 글을 읽는 내내 / 가슴으로 느낄 수 있도록, / 그리하여 내 이야기가 / 당신의 이야기일 수 있도록"(「난 아주 단순한 글을 쓰고 싶어」 중).

2021년 가을 클라우디아 골딘의 『커리어 그리고 가정』◆을 읽다가, 감사의 글 마지막 문장에서 메리 올리버를 만났다. (골딘은 2023년 노벨 경제학상을 수상했다.) 옮긴이 김승진은 올리버의 시를 이렇게 옮겼다.

"그러는 동안, 맑고 푸른 저 높은 하늘에서는 기러기가 / 집으로 돌아오고 있네"(「기러기」 중).

같은 해 11월 출간된 시집 『기러기』◆◆에서 옮긴이 민승남은 또 이렇게도 옮겼다.

"그러는 동안에도 기러기들은 맑고 푸른 하늘을 높이 날아 / 다시 집으로 향하지."

2024년 새해 들어 올리버의 시집 『세상을 받아들이는 방식』

◆ 클라우디아 골딘 지음, 김승진 옮김, 『커리어 그리고 가정 : 평등을 향한 여성들의 기나긴 여정』(생각의힘, 2021).
◆◆ 메리 올리버 지음, 민승남 옮김, 『기러기』(마음산책, 2021).

이 찾아왔다.

"난 형용사를 좋아하진 않지만, 세상은 / 내 마음을 형용사들로 가득 채우지. / 심지어 나는 눈에 보이는 것 너머까지 상상하지"(「상상해 봐」 중).

육십 평생을 가장 세속적인 직업을 선택하고 가장 세속적인 언어로 살아왔다. 그래서 시가 필요하다. 정제된 형용사가 필요하다. 시를 읽어야 한다. 그러곤 내가 읽은 아름다운 시인과 시편을 널리 알려야 한다. 하지만 쉽지 않다. 이렇게 읽는 것조차, 알리는 것조차 버거운 일인데 번역한다는 것, 그것도 시를 번역한다는 것은 얼마나 어려운 일일까. 번역자에 대한 감사의 인사도 남겨 놓아야겠다.

"우리 기쁨에 떠네, 우리 슬픔에 떠네. / 기쁨과 슬픔, 한 몸에 살고 있으니 / 얼마나 멋진 공존인지"(「우리 기쁨에 떠네」 전문).

이전 시집 『기러기』에서는 이렇게 읊었다.

"이 세상에서 살아가려면 / 세 가지를 / 할 수 있어야만 하지. / 유한한 생명을 사랑하기, / 자신의 삶이 그것에 달려 있음을 / 알고 그걸 끌어안기, / 그리고 놓아줄 때가 되면 / 놓아주기"(「블랙워터 숲에서」 중).

이번 시집에선 생의 끝자락을 이렇게 노래했다.

"나 영원히 팔팔함 잃지 않기를, / 나 영원히 무모함 잃지 않기를. // 친구여, 이 몸 재가 되면 / 바다에 뿌려 // 여전히 움직임 즐기면서 / 여전히, 그 무엇보다도, // 세상을 위해 춤출 준비가 되어 / 물거품 속에서 뛰놀게 해주기를"(「기도」 전문).

여전히 성스러운 '시인 공화국'을 꿈꾼다

『마음의 집』
김초혜, 시학, 2024

김초혜 시인이 자신의 시에게 말을 건넨다.

"내 안에 산다 // 내 안에서 / 희로애락, 오욕칠정 / 품고 있
다 // 부화될 날을 기다린다"(「나의 시에게」).

젊은 날, '사랑도 인생도 한판 굿'이라던 시인 김초혜 선생이
시업 60년(인생 80년)을 맞아 신작 시집 『마음의 집』에 시를 부
화했다.

서문 격인 "시인의 말"에서 시인은 한 생을 이렇게 털어놓
는다. "늘 생각한다. / 생각이 창조라고 여기기 때문이다. / 생
각 속에 있는 무한능력이 / 시가 아닐까. / 하루라도 책을 읽지
않거나 / 시를 생각하지 않으면 / 부쩍 늙는 것 같다. / 그래서
읽고 쓴다."

시인은 두 갈래의 인생을 살아간다. 하나는 시인의 길, 다른
하나는 사람의 길. 그래서 시인의 삶은 '성聖과 속俗'이 교차한
다. 속의 팔십, 성의 육십, 우리네 인생길처럼 시인의 길 또한
고갯길이었나 보다. 하지만 깨닫는 자만이 느끼는 미소, '염화
미소'拈華微笑로 팔십 인생을 노래한다.

"열 살의 내가 꿈을 꾸듯 오는구나 / 스무 살의 내가 새봄에
취해서 오는구나 / 서른 살의 내가 피곤에 지쳐 오는구나 / 마
흔 살의 내가 속으로 울고 겉으로는 웃고 오는구나 / 쉰 살의

내가 웃고 오는구나 / 예순 살의 내가 울지도 않고 웃지도 않고 오는구나 / 일흔 살의 내가 고요함과 평정심을 친구 삼아 오는 구나 / 여든 살의 내가 웃으며 가고 있구나"(「고개 고개 넘어」).

문예반을 들락거리던 시절, 고등학교 때까지도 시인을 꿈꾼 적 있다. 제법 시인 흉내를 내가며 '시작 노트'를 끼적인 적도 있다. 그래, 아니었다. 미치지 못했다. 나는 풀꽃에서 우주의 이치를 결코 깨닫지 못하기에.

시인이 시로 시인을 정의했다.

"시인은 박제된 사슴에서도 / 심장의 소리를 들어야 하고 / 매미 알에서 뻐꾸기 울음소리를 / 기러기 알에서도 가을날의 적 막함을 / 풀꽃에서는 우주의 이치를 / 깨달아야 한다고"(「시인」).

시인은 되지 못했지만 여전히 시를 읽는다. 시인이 되지 못 했기에 더더욱 시를 읽는다. 두어 차례 반복해서 읽고 난 다음 두 가지의 열쇠 말이 떠올랐다. 하나는 고졸미古拙美, 둘은 (문 장이 아닌) 말씀. 나만의 느낌일 것이다. 우리네 대부분이 그러 하겠지만 속세에 발을 딛고 '문자 공화국'을 살아가면서도, 여 전히 성스러운 '시인 공화국'(박두진)을 꿈꾼다. 내가 살아가 는 문자 공화국에 마치 잠언과도 같은, 이런 편안한 시를 읽을 수 있다는 것. 시인의 걸음걸이를 따라갈 수 있다는 것. 고마움 이다.

"우리 모두 허기진 마음을 안고 살며, 행복을 갈구한다"

『기러기』
메리 올리버 지음, 민승남 옮김, 마음산책, 2021

"영혼은 쇠처럼 단단할까? / 아니면, 올빼미 부리 속 나방의 날개처럼 / 가냘프고 부서지기 쉬울까?"(「당신이 할 수도 있는 몇 가지 질문들」). 당신의 영혼은 어떠한가요. 그렇다고 강박증적으로 당신을 대하진 마세요. 시인이 위로한다.

"착하지 않아도 돼. / 참회하며 드넓은 사막을 / 무릎으로 건너지 않아도 돼. / 그저 너의 몸이라는 여린 동물이 / 사랑하는 걸 사랑하게 하면 돼. / 너의 절망을 말해 봐, 그럼 나의 절망도 말해 주지. / 그러는 사이에도 세상은 돌아가지"(「기러기」).

인생은 누군가에게는 연극이고 누군가에게는 길이다. 길 위의 여행이 인생이다.

"내가 기억하는 여행자들 중에, / 지도와 함께 슬픔 안고 배에 오르지 않은 이 누굴까? / 이제 사람들은 어딘가로 가는 게 아니라, 죽음이 / 시작되어야만 자신이 있던 곳에서 떠나는 것 같아"(「여행하지 않고」).

삶의 유한성은 인간의 본질이다. 그 유한성을 인정하고 온전히 받아들일 때 구원은 이루어진다.

"우리가 / 영원히 그 의미를 알지 못할 / 구원이 있지. / 이 세상에서 살아가려면 // 세 가지를 / 할 수 있어야만 하지. / 유한한 생명을 사랑하기, / 자신의 삶이 그것에 달려 있음을 // 알고 그걸 끌어안기, / 그리고 놓아줄 때가 되면 / 놓아주기" (「블랙워터 숲에서」).

"죽음이 / 가을의 허기진 곰처럼 찾아오면, / 죽음이 찾아와 그의 지갑에 든 반짝이는 동전을 모두 꺼내 // … 삶이 끝날 때, 나는 / 특별하고 참된 삶을 살았는지에 대해 의심하고 싶지 않아. / 한숨짓거나 겁에 질리거나 따져 대는 나를 발견하고 싶지 않아. // 그저 이 세상에 다녀간 것으로 끝내고 싶지 않아" (「죽음이 찾아오면」).

『기러기』는 메리 올리버가 1963년부터 1992년까지 썼던 142편의 시를 엮은 시선집으로, 전미도서상 수상작이다. 시인은 어느 인터뷰에서 이렇게 말했다. "우리 모두 허기진 마음을 안고 살며, 행복을 갈구한다. 나는 내가 행복한 곳에 머물렀다."

"겨울의 끝자락에서, 작은 새들 / 이제 반쯤 벼려진 기억들 지니고 / 후하기로 소문난 정원들로 떼 지어 돌아가네. / 초록의 세계는 무너지고, 뒤엉킨 정맥 같은 덩굴들 / 조용한 숲 입구에 매달려 있네"(「겨울의 끝자락에서」).

가을에만 시가 잘 읽히는 것은 아니다. 어쩌면 시를 읽기에 가장 좋은 계절은 겨울이다. 시인을 꿈꾸던 어린 시절 유독 겨울방학 때 시집을 몰아서 읽었던 기억이 떠오른다. 오랜만에 발견한 아름다운 번역 시집.

"첫 문장 쓰기가 어렵다고?
그럼 두 번째 문장부터 써라"

『작가라서 : 303명의 거장, 34개의 질문, 그리고 919개의 아이디어』
파리 리뷰 엮음, 김율희 옮김, 다른, 2019

"늘 도입부부터 쓰십니까?"Do You Always Begin at the Beginning.
미국의 저명한 문학잡지 『파리 리뷰』가 303명의 작가들에게
물었다.

"연애와 비슷합니다. 첫 부분이 가장 멋지지요"(메이비스 갤
런트).

"아무 계획 없이 글을 쓰기 시작합니다. 이야기가 나오기를
기다릴 뿐이죠. 어떤 종류의 이야기가 될지, 어떤 일이 일어날
지 정해 두지 않습니다. 그저 기다립니다"(무라카미 하루키).

"소설을 시작할 때 늘 첫 쪽과 마지막 쪽부터 쓰는데, 이 두
쪽은 여러 고초와 많은 변화를 거치는 동안 거의 손상되지 않
고 살아남는 것 같습니다"(저지 코진스키).

"순전히 본능에 따릅니다. 흐름이 딱 알맞다고 느껴질 때, 줄
거리가 마무리를 요청할 때 막을 내립니다. 저는 마지막 대사
를, 그 대사를 제대로 쓰는 것을 무척 좋아합니다"(헤럴드 핀터).

"작가가 이야기가 어디에서 시작되는지 말한다면, 거짓말일
겁니다. 그것을 알 리 없기 때문입니다"(존 그레고리 던).

첫 문장 쓰기의 어려움은 거장들도 마찬가지인 모양이다.
여기에 나도 한마디 보태자면, 기억해 둔 제법 멋진 답장이 하

나 있다. "첫 문장 쓰기가 어렵다고? 그렇다면 두 번째 문장부터 써라."

'작가들과의 인터뷰'를 모은 이 책은 2018년 개정판이다. 책에는 303명의 작가, 34개의 질문, 그리고 919개의 대답이 등장한다. 편집자 니콜 러딕이 책의 핵심을 요약했다.

"작가들과의 인터뷰가 우리에게 알려 주는 점이 있다면, 글을 쓰는 방법은 하나가 아니라는 것입니다. 주제에 접근하는 방법은 하나가 아니며, 작품을 만들고 상상하는 방법도 하나가 아니라는 사실입니다."

그렇다. 작가들의 생각과 글 쓰는 방법이 하나였다면, 이미 세상의 모든 문학은 통속이 되고 말았을 것이다. 당연하지만 핵심이다. 다음 부분도 어설픈 코멘트보다는 번역가 김율희의 설명을 인용하는 게 낫겠다.

역자는 책을 번역하며 '대부분의 작가가 자기 자신을 의심하며 불안해하고 고뇌한다는 사실'을 발견한다. 인간이라면 누구나 완벽함을 꿈꾸지만, 완벽에 이르지 못하는 현실에 좌절하고 마는 것이 숙명.

"우리는 모두 우리가 꿈꾸는 완벽함에 부응할 수 없습니다. 그래서 저는 불가능한 일을 하려다 멋지게 실패한 경험을 바탕으로 작가들을 평가합니다"(윌리엄 포크너). 이런 불완전함을 멋진 실패로 받아들이며 꾸준히 글을 써 나간 사람들이 결국에는 작가가 된단다. 한때는 문학 소년이었기에 절실했다.

자신만의 목소리로 글쓰기

『뉴욕타임스 편집장의 글을 잘 쓰는 법 : 자신의 글을 써보기로 마음먹은
사람들에게』
트리시 홀 지음, 신솔잎 옮김, 더퀘스트, 2021

'의학계의 계관시인'이라 불렸던 올리버 색스는 세상을 뜨
기 2주 전 미국『뉴욕타임스』에「안식일」이라는 제목의 마지
막 글을 남겼다. 이 글은 최성각 선생의『달려라 냇물아』◆와 함
께 내가 가슴으로 읽은 최고의 산문 둘에 속한다. 그때 그 글을
편집했던 편집자가 바로 오늘 소개하는 저자다. 공식적으로는
'Op-Ed'Opposite the Editorial page 책임자인데 풀자면 언론사와 다
른 관점의 개인 논평이나 칼럼을 담당한다.

　"가장 인기가 많았던 기명 칼럼을 떠올려 보면 대체로 지극
히 사적이고 폭로적인 글이다. 삶과 죽음, 가족 관계, 중독과 스
트레스라는 근본적인 주제를 다룬 이야기일 때가 많았다. 작
가이자 신경학자인 그의 글도 그랬다. 그는 말기 암 진단을 받
은 후 자신의 삶에 관한 몇 편의 글을『뉴욕타임스』에 기고했다.
마지막 에세이는 그가 사망하기 2주 전에 나갔다."

　내가 좋아하는 사람들의 사례를 편애할 수밖에 없다.

　"소설가인 모나 심슨의 기명 칼럼 원고를 받은 적이 있었다.
고인이 된 오빠, 스티브 잡스를 추모하는 글이었다. 어렸을 때

◆ 최성각,『달려라 냇물아』(녹색평론사, 2007).

서로 다른 가정으로 입양되었고 성인이 돼서야 다시 만난 두 사람은 이후 무척 가까워졌다. 우리 쪽에서 해야 할 일은 빠르게 팩트 체크만 한 후 온라인에 올리는 것이었다. 월급을 받았다고 해서 훌륭한 원고를 망쳐야 할 이유는 전혀 없다. 오빠의 인간적인 면을 자세하게 서술한 장문의 글은 도무지 눈을 떼기가 어려울 정도였고, 이내 그녀의 글은 잡스가 마지막으로 남긴 말로 끝을 맺었다. '오 와우Oh wow. 오 와우. 오 와우.'"

그랬다. 스티브 잡스가 세상을 뜰 때 남긴 마지막 말은 'Oh wow'였다.

그런 다음 저자는 자기 목소리로 좋은 글을 안내한다.

"자신만의 목소리로 글을 쓰는 것이 무엇보다 중요하다. 이런 조언을 따르기가 쉽지 않다는 것은 잘 알고 있다. '진정해!'라는 조언과 비슷하니까. 열세 살 무렵, 이성의 관심을 받으려고 안달하는 내게 오빠가 한 충고가 글쓰기에서도 통용된다. 오빠는 이렇게 말했다. '그냥 너답게 굴어.' 그 말이 맞다."

오만임을 전제하건대, 최근에 출간된 설득하는 글쓰기에 관한 최고의 책이다(이 책의 원제가 *Writing to Persuade*다). 올리버 색스는 두뇌에서 독서의 영역은 불과 5000년 전에 진화를 시작했다고 했다. 하물며 글쓰기 영역이야. 이 책이 널리 알려지고, 널리 읽히길 기대한다.

모든 것이 적절한 올리버 색스의 에세이

『모든 것은 그 자리에 : 첫사랑부터 마지막 이야기까지』
올리버 색스 지음, 양병찬 옮김, 알마, 2019

　얼마 전, 광화문 서점에 들렀더니, 올리버 색스의 책들을 모아 놓은 코너가 있었다. 반가웠다. 그리고 고마웠다. 색스의 책이 나오기만 하면 나는 무조건 구입한다. 이번 책은 제목부터가 아름답다. 『모든 것은 그 자리에』*Everything in its Place*. 책과 독서와 관련된 부분만을 정리했다.

　"나(색스)는 대체로 학교를 싫어했다. 교실에 앉아서 수업을 들으면, 정보가 한쪽 귀로 들어와 반대쪽 귀로 빠져나가는 것 같았다. 나는 선천적으로 수동적인 게 싫었다. … 내 스스로, 내가 원하는 것을, 내게 가장 알맞은 방법으로 배워야만 했다. 나는 좋은 학생이라기보다 좋은 학습자였다.

　나는 도서관에서 자유를 만끽했다. 수천 권, 수만 권의 책들을 마음대로 들여다보고, 마음대로 거닐고, 특별한 분위기와 다른 독자들과의 조용한 동행을 즐겼다. 그들은 모두 나와 마찬가지로 오로지 '자신만의 것'을 추구했다."

　"나(색스)는 청취자가 아니라 뼛속까지 독자였다. 내가 기억하는 한 나는 고질적인 독자로서, 단락과 페이지의 쪽수나 형태를 거의 자동으로 기억해 뒀다가, 대부분의 내 책에서 특정한 구절이 몇 페이지에 있는지 곧바로 찾아낼 수 있다. 나는 '내 소유의 책', 즉 편제(조판과 편집)가 익숙하고 사랑스럽게 느껴지는 책을 원한다.”

활자를 사랑하고, 읽고 쓰고 말하기가 공화국 시민의 기본 자질이라는 ‘문자 공화국’(로버트 단턴)에 살고 있으면서도 나는 독서에 대해 제대로 고민해 본 적이 없다. 하지만 색스는 달랐다. 특유의 진화론자답게 독서가 어떻게 해서 인간 세상으로 들어오게 됐는지를 친절하게 설명한다. 나는 이 르네상스적 인간의 철저한 수혜자다. 늘 그의 글에 감동한다. 그리고 그리워한다.

“독서란 매우 복잡한 과제로, 수많은 뇌 영역을 호출한다. 그러나 독서는 언어와 다르다. 즉, 언어는 인간의 뇌에 기본적으로 장착되어 있지만, 독서는 그렇지 않다. 왜냐하면 독서는 인간이 진화를 통해 획득한 기술이 아니기 때문이다. 독서는 비교적 최근(아마도 5000년 전)에 진화했으며, 뇌에 시각피질 중 미세한 부분에 의존한다. 우리가 오늘날 시각 단어 형태VWFA라고 부르는 이 부분은 좌뇌의 뒤쪽 근처에 있는 피질 영역의 일부다. 이것은 자연계의 기본 형태를 인식하기 위해 진화했지만, 문자나 단어의 인식을 위해 전용될 수 있다. 그러나 기본 형태와 문자의 인식은 독서의 첫 번째 단계에 불과하다.”

70주년 맞은 영원한 고전

『어린 왕자 : 출간 70주년 기념 갈리마르 에디션』
앙투안 드 생텍쥐페리 지음, 정장진 옮김, 문예출판사, 2019

"사막이 아름다운 건 어딘가에 샘을 감추고 있기 때문이야."
어린 왕자의 말이다. 최근 몇 년 사이 간쑤성 둔황의 막고굴을 자주 오가게 된다. 그곳은 사막이고, 둔황은 오아시스 마을이다. 어느 날 둔황 시장과 만찬 자리에서 인사말을 해야 하는데 잠재워 두었던 이 문장이 스스로 깨어났다. 그래서 내가 둔황을 사랑하는 이유로 이 문장을 차용했다. 물론 저작권은 '어린 왕자'의 것임을 분명히 하면서.

2019년 12월 『어린 왕자』가 새롭게 출간됐다. 『어린 왕자』 출간 70주년을 맞이하여 프랑스 갈리마르 출판사에서 출간한 『어린 왕자의 아름다운 역사』*La Belle Histoire Du Petit Prince*를 번역했다. 몇몇 사실을 새롭게 알게 됐다. 『어린 왕자』의 초판은 1943년 4월 6일 영어판으로 미국에서 출간됐다. 프랑스어판은 1946년이 되어서야 가스통 갈리마르가 하드커버로 출간했다. "20세기 가장 많은 외국어로 번역된 문학작품인 『어린 왕자』는 작가가 프랑스 사람이었는데도 프랑스가 아닌 북미 대륙에서 먼저 출간되어 읽혔"던 것이다.

문학 소년을 꿈꾸던 어린 시절, 『어린 왕자』의 몇몇 문장을 사랑했었다. 이번에 책을 한 장, 두 장 넘겨 가며 다시 그때 문장들을 찾아냈다. "하지만 너의 조그만 별에서는 의자를 몇 발짝 뒤로 물려 놓기만 하면 된다. 그래서 언제나 원할 때면 너는 해가 지는 석양을 바라볼 수 있었어." "'길들인다'는 게 무슨 말이야? 그건 '관계를 맺는다'는 말이야." "너의 장미꽃을 그토록 소중하게 만드는 건 네가 장미꽃을 위해 소비한 시간들이야."

늘상 느끼는 일이지만 어린 시절의 고전을 육십 대가 되어 다시 읽고 그때의 감정을 그대로 복원한다는 것은 참 어려운 일이다. 얼마 전, 『데미안』 탄생 100주년을 맞이한 편저에도 글을 하나 쓴 적 있는데 그때가 그러했다. 초등학교 시절 강소천 선생의 『꿈을 찍는 사진관』◆을 그렇게 좋아했었는데, 10여 년 전 강소천 전집을 구입해 다시 읽어 보니 그때도 그러했다.

『어린 왕자』를 다시 뒤적이며 그때의 감동을 기억해 내려고 하지만 그때와 지금은 분명 다르다. 무엇이 문제일까. "우리는 매번 우리의 가슴속에 사는 순진무구한 사람의 말을 들으려고 하지 않는다. 우리 속에 머물면서 우리가 보아야 할 것들을 소중하게 간직한 어린아이가 고개를 들 때마다 그 아이를 억눌러 버린다"(폴 발레리). 아마도 어린 시절의 내게 스스로 그러한 것일 게다.

◆ 강소천, 『꿈을 찍는 사진관』(교학사, 2006).

임윤찬이 외우다시피 읽은 이 책, 완전히 빠져들게 한다

『단테 신곡 강의』
이마미치 도모노부 지음, 이영미 옮김, 교유서가, 2022

"신이 인간에게 내려 주신 최대의 선물은 자유의지이다"
(단테).

인간은 자유다. 인간은 자유로운 의지를 갖고 있기에 스스로 존엄하다. 자유로운 의지는 예술적 상상력의 텃밭이다. 인간은 가장 기본적 자유인 표현할 권리를 통해 때로는 몸짓으로, 때로는 선율로 자유 의지를 드러낸다.

2022년 6월, 반 클라이번 콩쿠르에서 우승한 당시 18세 피아니스트 임윤찬이 귀국 간담회에서 이렇게 말했다. "단테의 『신곡』은 여러 출판사의 번역본을 모두 구해서 읽었다. 유일하게 전체를 외우다시피 할 만큼 읽은 책이다."

부끄러웠다. 솔직히. 고등학교 시절 '폼을 잡느라' 문고판으로 읽은 적이 있다. 대학 때는 다른 판본으로 '그래, 읽었어.'라는 어쩌면 자기기만의 독서를 거친 적도 있다. 그걸로 아는 척하고 살아왔다.

헤브라이즘의 영육 분리, 헬레니즘의 감성과 이성의 대립, 유불선의 도덕적 현실주의와 초월 사상은 지금의 나를 지배하는 후천적·철학적 기반일 것이다. 하지만 경전이나 고전을 제대로 읽지도, 이해하지도, 깨닫지도, 실천하지도, 묵상하지도 않고 사는 것이 지금 나의 일상일 것이다.

임윤찬의 언질이 죽비가 되었다. 서점에서 이것저것 살피다 때마침 장은수 선생이 추천한 『단테 신곡 강의』를 경전 삼아 읽기로 했다. 이 책은 지금은 세상을 떠난 일본의 세계적인 철학자 이마미치 도모노부 선생이 1997년부터 이듬해까지 약 1년 6개월에 걸쳐 진행한 총 15번의 강의를 기록한 책이다.

경탄으로 시작하여 선생의 강의에 완전히 빠져들었다. 온갖 형광펜으로 하이라이트를 긋고, 낙서하고, 메모하고, 접어 가며 읽었다. 늦은 감이 있지만 '제발 이 책을 좀 많이 읽었으면' 하는 마음에 소개하기로 했다.

선생의 설명이다. "단테의 『신곡』은 천국을 위해 쓴 책이라는 것을, 즉 우리는 단테와 함께 고전문학적 교양으로 지옥을, 오성과 상상력으로 연옥을 편력한 후, 그제야 마침내 빛으로 충만한 천국에서 이성적 정신이 신의 지복으로 초대받는 기쁨을 위한 책이라는 것을 실감해야 한다. 그리고 『신곡』은 그런 기쁨을 알고 있는 상태에서, 지상에 있는 고통스러워하는 사람과 연옥에서 고통받는 영혼을 위해 마음을 다해 기도해야 한다는 것을 말하는, 그리고 천국의 지복을 마음에 품고 다른 사람을 사랑할 때 성취되는, 천상과 지상의 사랑의 교류 노래인 것이다."

2024년 4월 임윤찬이 또 한마디 했다. "심장을 강타하지 않으면 연습이 아니다."

정약용이 '기괴하고 음란하다'고 평한 책

『청나라 귀신요괴전』
원매 지음, 조성환 옮김, 글항아리, 2021

이선민이라는 사람이 있었다. 어느 날 절에 가서 향을 사르다 미녀를 발견했다. 달콤한 말로 꼬드기자 따라왔다. 함께 살게 됐다. 시간이 지나면서 이 씨의 몸이 갈수록 여위어 갔다. 마음속으로 여우임을 눈치챘지만 그녀를 쫓아낼 방법이 없었다. 친구와 상의했다.

"『동의보감』에 여우 퇴치 방법이 나와 있는 걸로 기억하는데, 한번 시험해 보지 않겠는가?"

마침내 함께 베이징 유리창으로 가 그 책을 구해 조선 사람을 찾아 번역하게 하고는 그대로 시행해 보았다. 그러자 그녀는 울면서 떠나갔다.

흥미롭다. 그 옛날 청나라 책에 조선의 『동의보감』이 '여우 퇴치 방법'으로 소개되었다니. 조선의 문인들도 이 책을 읽었고 독후감을 남겼다. 다산 정약용 선생은 '기괴하고, 음란하다'고 비판했고, 이규경 선생은 책에 실린 귀신 퇴치 방법을 소개하기도 했다. 자하 신위 선생은 책을 읽고 일종의 독후감 격으로 시를 40수나 짓기도 했다.

청대의 저명한 시인 원매(1716~97)가 세상을 뜨기 3년 전인 1794년 완성한 책에는 온갖 귀신과 요괴, 괴담이 이승과 저승을 넘나든다. 괴상하고 폭력적이며 난잡한 사건과 귀신들의 이야기 모음집이다. 원제는 『자불어』子不語. 이는 『논어』「술이」述而 편의 "자불어괴력난신"子不語怪力亂神에서 따왔다. '공자님께서는 괴력난신에 대해서 말하지 않았다.'라는 의미다. 그런데 원매는 '괴상한 힘과 어지러운 신'에 대해 이야기한다. 왜 그랬을까.

원매는 서문에서 자신의 창작 의도를 분명히 밝혔다. "문학과 역사 외에는 스스로 즐길 것이 없어 이에 마음을 즐겁게 하고 귀를 놀라게 하는 일, 아무렇게나 말하고 아무렇게나 들은 것을 널리 수집하고 아울러 기록하여 세상에 남겨 두는 것이지, 여기에 미혹되지는 않았다." 총 572편의 이야기가 방대한 두 권의 책에 번역되어 담겼다.

청나라 때 민간의 귀신 이야기가 오늘날 우리에게 어떤 의미를 갖는 걸까. 그저 중국 영화에 등장하는 '강시' 수준의 호기심일까. 미국 디즈니사의 영화 〈백설공주〉나 〈신데렐라〉는 미국 이야기가 아니다. 하지만 디즈니사는 이를 가져다 끊임없이 변주해 가며 새롭게 창작해 낸다. '한류' 붐이다. 시대적 재해석과 융합 능력이 우리의 장점일 수 있다. 한류 콘텐츠가 한국이 원산지일 필요는 없다. 영화 〈설국열차〉의 원작이 뱅자맹 그르망의 그래픽 노블이었듯 콘텐츠는 온 세상에 널려 있다. 책의 기괴한 상상력이 그렇게 활용될 수 있기를 기대하며 번역과 출판에 감사를.

위대한 예술가, 과학자, 의학자

『레오나르도 다빈치 : 그와 함께한 50년』
마틴 켐프 지음, 이상미 옮김, 지에이북스, 2019
『레오나르도 다빈치 : 인간 역사의 가장 위대한 상상력과 창의력』
월터 아이작슨 지음, 신봉아 옮김, 아르테, 2019

1519년 5월 2일, 레오나르도 다빈치가 프랑스 앙부아즈에서 67세로 서거한 직후 제자인 프란체스코 멜치는 이탈리아 피렌체에 있던 레오나르도의 이복형제에게 편지를 보냈다.

"제게는 훌륭한 아버지와도 같았던, 당신의 이복형인 레오나르도 선생님의 부고를 들으셨을 줄 압니다. 스승의 죽음 앞에 제가 느끼는 슬픔은 말로 이루다 표현할 수 없고, 저는 제 손발이 버티는 한 영원한 불행을 느낄 수밖에 없을 것입니다. 이는 스승이 제게 날마다 보여 주신 강렬하고 열정적인 애정을 생각하면 너무나 당연한 일입니다. 세상에 다시없을 그와 같은 사람을 잃었다는 사실에 모두가 슬퍼하고 있습니다. 이제 전능하신 주님께서 그분에게 영원한 휴식을 주셨습니다."

2019년 5월, 앙부아즈에서는 프랑스와 이탈리아 대통령이 참석한 가운데 레오나르도 서거 500주년 공식 행사가 열렸다. 가을에는 루브르 박물관에서 특별전이 열렸고, 이탈리아에서 또한 기념행사가 진행되었다.

레오나르도는 사생아였다. 동성애자였고 채식주의자였으며, 그 당시는 별난 사람으로 취급받았던 왼손잡이였다. 주의력 결핍증으로 쉽게 산만했고, 때로는 이단적이었다. 그리고 천재였다. "레오나르도가 예술과 공학 양쪽에서 모두 아름다움을 발견했으며, 그 둘을 하나로 묶는 능력이 그를 천재로 만들었다"(스티브 잡스). 그렇다. 그는 천재였다. 걷잡을 수 없는 상상력, 뜨거운 호기심, 다양한 분야를 포괄하는 창의성의 소유자였다. "하지만 그의 천재성은 인간적 성격을 띠었고, 개인의 의지와 야심을 통해 완성되었다"(월터 아이작슨).

예술사에서도 레오나르도에게 라이벌은 없다. 독보적이다. 2013년 한 조사 기관이 양적 분석 방식으로 측정한 역사적 유명 인사 통계에서 레오나르도는 20세기 이전 예술가들 중 1위를 했다. 2위가 미켈란젤로였다(마틴 켐프). 두 권의 책이 번역되었다. 하나는 옥스퍼드 대학 예술사학 분야의 명예 교수로 재직 중인 마틴 켐프의 『레오나르도 다빈치 : 그와 함께 한 50년』, 둘째는 천재 전문 저술가 월터 아이작슨의 『레오나르도 다빈치 : 인간 역사의 가장 위대한 상상력과 창의력』.

"우리는 레오나르도의 끈질긴 호기심과 실험 정신을 거울 삼아 우리 자신과 우리 아이들에게 기존 지식을 수용하는 것을 넘어 거기에 의문을 제기하는 자세가 얼마나 중요한지 상기시켜야 한다. 또한 창의적으로 생각하는 법과 어느 시대에나 있는 창조적인 사회 부적응자와 반항아처럼 남과 다르게 생각하는 법을 배워야 한다"(월터 아이작슨).

고흐의 별이 빛나는 밤,
그 '폭발'을 이해하는 방법

『화가 반 고흐 이전의 판 호흐』
그레고리 화이트 스미스, 스티븐 네이페 지음, 최준영 옮김, 민음사, 2016
『코스미그래픽 : 인류가 창조한 우주의 역사』
마이클 벤슨 지음, 지웅배(우주먼지) 옮김, 롤러코스터, 2024

"〈별이 빛나는 밤〉이 그려진 다음 세기에, 과학자들은 잠복성 간질 발작이 뇌 속 전기적 자극의 불꽃놀이와 유사함을 발견할 것이다. 이를 윌리엄 제임스는 '신경 폭풍'이라고 일컬었다. 수백 억 신경세포로 이루어진 뇌 속에서 소수의 간질 신경세포가 촉발하는 신경 방전의 비정상적 폭발이라는 것이다."

스티븐 네이페와 그레고리 화이트 스미스가 공동으로 저술한 문제적 평전『화가 반 고흐 이전의 판 호흐』는 그림 속에서 정신과적 징후를 발견해 낸다(판 호흐는 네덜란드어 발음이다). 책의 이 부분이 마음에 들었다. 신화처럼 나를 사로잡았다. 자주 인용하곤 했다. 왜냐하면 고흐란 인간은 "나는 내가 느끼는 것을 그리고 싶다. 그리고 내가 그리는 것을 느끼고 싶다."던 사람이었으니까. 그렇게 받아들이며 나만의 '고흐 예술관'을 구축하고 살았다.

최근 스스로 벽을 허물어야만 하는 책이 출간됐다.『코스미그래픽 : 인류가 창조한 우주의 역사』다. 오언 깅거리치 하버드 천체물리학센터 교수는 다음과 같이 말했다. "하늘의 아름다움과 신비에 대한 인간의 반응을 시각적으로 표현한 특별한 모음집!"

우주에 대한 그림, 별에 대한 그림이나 사진을 싫어하는 사람이 누가 있을까. 굳이 창조론이나 진화론을 들먹일 필요도 없다. 어디서 와서 어디로 가는지는 인류의 탄생 이래 궁극적 호기심이었을 테니까.

1845년 영국 과학진흥회는 로즈 백작이 관측하고 그림으로 남겼던 나선은하의 이미지를 처음으로 공개했다. 이미지는 얼마 뒤, 프랑스 책에도 실리게 됐고 1889년 반 고흐는 〈별이 빛나는 밤〉을 그렸다. 천문학자들은 이 작품을 '소용돌이 성운을 암시하는 것'으로 받아들인다. 고흐가 정신병원에 입원할 당시 이미지를 접했고 이것이 작품으로 이어졌다는 것이다. 모르겠다. 무언가 상실한 느낌이지만 고흐에 대한 또 다른 해석을 만난다는 건 고마운 일 아니겠는가.

"하지만 아무것도 그것을 거스르지 않는 것을 보아하니 ― 수많은 다른 행성과 별들에도 선과 형태, 그리고 색깔이 존재한다고 가정한다면 ― 우월하고 변화한 조건들의 존재 아래에서도 그림을 그려 나가는 가능성들에 대해 평온함을 유지하는 것은 우리 스스로에게 칭찬할 만한 일로 남아 있을 것이다."◆

그렇다. 평온함이다. 가능한 한 해석들에 대해서도 평온함을 유지해야 한다. 그럼에도 고흐는 신화다.

◆ Isabel Kuhl, *Vincent van Gogh* (Prestel Verlag, 2008)에 수록된 「에밀 베르나르에게보낸 편지」(최서연 번역)에서 인용했다.

모차르트가 남긴 편지의 감동을 만나다

『**모차르트의 편지**』
모차르트 지음, 김유동 옮김, 서커스, 2018

"가장 사랑하는 아빠!"

"저는 시처럼 쓰지는 못합니다. 시인이 아니기 때문이죠. 글귀들을 멋지게 배치해서, 그늘과 빛이 피어 나오게 할 수는 없습니다. 화가가 아니니까요. 손짓과 몸짓으로 기분과 생각을 나타낼 수조차 없습니다. 무용가가 아니니까요. 그래서 내일은 칸나비히 씨 댁에서 아버지의 성명聖名축일과 생신을 축하하며, 피아노를 연주하기로 합니다. … 그럼, 음악적인 축사로 끝 맺겠습니다. 더는 새로운 음악이 탄생할 수 없게 될 그날까지, 아빠가 살아 계시길"(1777년 11월 8일, 독일 만하임에서 W. A. 모차르트가 아버지에게 보낸 편지).

이 책이 번역되기 전, 이 편지의 부분을 어디에선가 읽고 한동안 즐겨 인용했던 적이 있다. 이 책이 번역됐다는 걸 한 해가 더 지나서 알게 됐다. 그래서 부지런히 넘겨 가며, 기억할 만한 편지들을 하이라이트를 하거나 접어 두게 됐다. 책은 일본에서 편역한 책을 바탕으로 번역했다. 빈센트 반 고흐와 동생 빈센트 반 테오 간의 편지는 널리 알려져 있다. 하지만 모차르트의 편지글들은 생각보다 덜 알려져 있는 것 같다. 서양 사람들의 편지 벽이야 되풀이할 필요도 없지만 모차르트의 편지 또한 시대를 넘어 감동을 안기는 멋진 구절들이 종종 발견된다. 즐겨 인용되기를 기대한다. 다음은 누이 난네를에게 보낸 편지의 일부다. 결혼을 앞둔 누나에게 그는 그저 장난기 가득한 동생이었다.

"결혼하면 여러 가지를 알게 되지요, / 지금까지는 반쯤 수수께끼였던 것. / 곧 경험으로 알게 되지요. / 이브가 나중에 카인을 낳은 것은, / 어떤 일을 한 결과인지. / 하지만 누나, 누나는 그런 아내의 책무를 / 마음속으로부터 기뻐하면서 다하겠지요. … / 정말이지, 어려운 일이 아니거든요. / 하지만 모든 일에는 두 가지 면이 있어요. / 부부 생활은 많은 기쁨도 주지만, / 근심 또한 낳아 놓지요. / 그래서 누나의 남편이 시무룩해서, / 누나에게는 전혀 책잡힐 일이 없는데도 / 어두운 얼굴을 하는 일이 있으면, / 남자의 변덕이라고 생각하세요. / 그리고 말하는 거지요. / '여보, 낮에는 당신이 좋으실 대로. / 그리고 / 밤에는 내키는 대로'라고요"(1784년 8월 18일 빈에서, 솔직한 동생 모차르트).

옮긴이의 말을 재인용한다. "독일의 한 오페라 하우스에는 이런 문구가 새겨져 있다. '바흐는 우리에게 신의 언어를 전하고, 베토벤은 신의 열정을 전하고, 모차르트는 신의 환희를 전하기 위해 태어났다.'"

지브리 음악감독과 뇌과학자가 나누는
'음악 이야기'

『그래서 우리는 음악을 듣는다 : 지브리 음악감독과 뇌과학자의 이토록
감각적인 대화』
히사이시 조, 요로 다케시 지음, 이정미 옮김, 현익출판, 2023

"우리는 음악을 들을 때 사실 우리 자신을 듣는다."

철학자 에른스트 블로흐의 말이다. 그래서 그림을 건다는 것
은 '생각을 거는 일'이고, 음악을 듣는다는 것은 '자신(의 생각)
을 듣는 일'이 되겠다.

지브리 스튜디오를 대표하는 음악감독 히사이시 조와 뇌과
학자이자 비판적 지성인 요로 다케시가 대담을 펼쳤다. 히사이
시 조의 음악을 사랑했지만 글도 좋아하게 될 줄은 몰랐다. 2020
년 번역된 『히사이시 조의 음악일기』◆가 생각을 바꿔 놓았다.
추천하고 싶은 책이다. 피가 싫어, 죽은 시체를 해부하는 의사
가 된 요로 다케시 또한 특별한 사람이다. 2003년 번역된 『바
보의 벽』, 2006년에 번역된 『바보의 벽을 넘어서』 또한 좋은
책이다(최근에는 『바보의 벽』으로 재출간된 듯하다).◆◆ 이런 두 사람
이 만나서 대화를 나누었다니. 두 사람의 통찰력을 훔쳐 읽고 싶

◆ 히사이시 조 지음, 박제이 옮김, 손열음 감수, 『히사이시 조의 음악일기』(책세상,
2020).
◆◆ 요로 다케시 지음, 양억관 옮김, 『바보의 벽』(재인, 2003); 이혁재 옮김, 『바보의 벽을
넘어서』(재인, 2006); 양억관 옮김, 『바보의 벽』(재인, 2022).

었다.

"조금 극단적으로 말하면, 살아가는 데에 더 근본적인 것은 눈보다 오히려 귀일 거예요. 의식을 잃은 사람이 의식을 되찾을 때도 청각이 맨 먼저 회복됩니다. 귀가 들리기 시작하고, 그다음으로 눈을 뜨지요. 죽을 때도 아마 마찬가지일 테고요"(요로 다케시).

"아, 『티베트 사자의 서』도 딱 그래요. 죽어 가는 사람의 귓가에 계속 읊어 주지요. 사후 49일 동안 읽어 주고, 그것이 죽음으로 향하는 과정이라고 합니다"(히사이시 조).

"의식이 어떤 형태로 발생하는지는 모르지만, 감각 기관에서 들어온 시각 정보와 청각 정보를 뇌의 신경세포가 전달해서 '내가 무엇을 보고 있다', '내가 무엇을 듣고 있다'라는 의식이 발생하기까지 걸리는 시간이 서로 다르다는 겁니다. … 눈으로 들어오는 정보와 귀로 들어오는 정보를 합쳐서 이해하는 생물은 아마 인간밖에 없을 테니까요. 원래는 별개입니다"(요로 다케시).

"눈이 귀를 이해하기 위해서는 시간이라는 개념을 습득할 필요가 있고, 귀가 눈을 이해하기 위해서는 공간이라는 개념을 형성해야 하지요. 그래서 '시공간'이 언어의 기본이 되었습니다. 언어는 그렇게 생겨난 거예요"(요로 다케시).

음악과 뇌과학의 만남은 이런 식으로 전개된다. 다음 문장으로 끝내는 게 좋겠다.

"사람은 변하는 존재라는 전제를 세우면 지금 이 시간을 아주 소중하게 여길 수 있을 거예요. 내일의 나는 오늘과 다를 겁니다. 달라도 괜찮고요"(히사이시 조).

"고목이지만 잎의 기세가 좋은 나무는, 분명 속이 비어 있습니다"

『호류지를 지탱한 나무 : 1300년을 견딘 나무의 비밀』
니시오카 츠네카즈, 고하라 지로 지음, 한지만 옮김, 집, 2021

"탑(건물)을 짓는 것은 나무를 짜맞추는 것, 나무를 짜맞추는 것은 나무의 성질을 맞추는 것, 나무의 성질을 맞추는 것은 사람을 맞추는 것, 사람을 맞추는 것은 사람의 마음을 맞추는 것, 사람의 마음을 맞추는 것은 목수에 대한 동량棟樑의 배려…."

이 책에 따르면, 우리의 도편수 혹은 대목장 격인 일본의 미야다이쿠宮大工 사이에 구전되어 오는 이야기라고 한다.

호류지法隆寺 전속 목수 집안의 아들로 태어난 니시오카는 할아버지로부터 엄격한 목수 수업을 받으며 미야다이쿠로 성장했다. 소학교를 졸업할 때 아버지는 공업학교를 가라고 했고, 할아버지는 농업학교를 가라고 했다.

"할아버지는 이상한 것만 시키는 사람이야. 목수가 되려는 내가 왜 거름통을 짊어지고 가지나 호박을 키우며 벼농사를 배워야 하지?" 나중에 알게 된 할아버지의 진심이다. "사람은 흙에서 나와 흙으로 돌아간다. 나무도 흙에서 자라고 흙으로 돌아간다. 건물 역시 흙 위에 세우는 것이지. 흙을 잊어버리면 사람도 나무도 탑도 없다. 흙의 고마움을 모르고서는 진정한 인간도 훌륭한 목수도 될 수 없다."

금당 재건에 사용할 히노키를 보기 위해 니시오카가 타이완에 갔다. 수령 2000년에서 2500년 사이의 히노키가 자라고 있었다. "노목이지만 그중에는 어린나무처럼 가지와 잎의 기세가 좋은 나무도 있었습니다. 그런 나무는 분명 속이 비어 있습니다. 나이에 걸맞은 풍격이 있는 나무는 속까지 꽉 차있었습니다. 나이에 맞는 모양을 한 나무는 껍질에서부터 속까지 충실합니다. 고목인데도 싱싱하고 푸른 잎에 기세가 있는 나무는 반드시 속이 텅텅 비어 있습니다. 나무는 속이 비어 있으면 껍질 부분만 생장시키면 되기 때문에 양분이 외관으로 과도하게 공급되어 어린나무처럼 보이는 게 아닐까요?"

이 부분에서 한참을 멈춰야만 했다. 니시오카는 목수가 아니다. 철학하는 사람이다. 일본의 마음이다. 내가 니시오카에게 반했던 건 이미 25년 전, 당시 첫 번역된 저자의 단독 저서를 만나고서다. 책 제목은 『나무의 마음 나무의 생명』.♦ 이 책은 2013년 『나무에게 배운다』로 재출간됐었다.♦♦ 이번 책은 공저인데 제2장부터 건축학자 고하라 지로가 보충 설명하는 형식이다. 니시오카는 나무를 대할 때 일심으로 경배한다.

"미야다이쿠의 양심으로 다짐컨대, 이 생명을 죽이는 것과 같은 일은 하지 않겠습니다."

그런 다음에야 톱이나 대패를 든다.

♦ 이시오카 츠네카츠 지음, 최성현 옮김, 『나무의 마음 나무의 생명』(삼신각, 1996).
♦♦ 니시오카 츠네카즈 지음, 시오노 요네마쓰 엮음, 최성현 옮김, 『나무에게 배운다 : 비틀린 문명과 삶, 교육을 비추는 니시오카 쓰네카즈의 깊은 지혜와 성찰』(상추쌈, 2013).

중국 건축 이야기, 아름답기 그지없는 책

『세상에서 가장 친절한 중국 건축 이야기 : 돌, 흙, 나무, 사람이 부르는
대자연의 합창곡』
자오광차오·마젠충 지음, 이명화 옮김, 한동수 감수, 다빈치, 2014

"돌, 흙, 나무가 없으면 사람은 살아갈 수 없다. 이 세상에
사람이 없다면 건축 또한 있을 수 없다. 사람은 자연의 요소 안
에서 살고 있으며, 그 점에 감사해야 한다. 돌과 흙은 하나임과
동시에 둘이다. 돌은 세월의 흐름 속에 결국 한 줌의 흙으로 돌
아간다. 반대로 흙은 불에 구워지면 예전에 단단한 돌이었듯이
또다시 돌처럼 단단해진다는 것을 우리에게 일깨워 준다. 그리
고 돌이든 흙이든 결국은 모두 화석으로 변할 것이다."

사족처럼 덧붙이자면 마침내 그 집에 살았던 사람 또한 흙으
로, 돌로 돌아가게 된다.

책이 설명하는, 이 잔잔하고 담담한, 동양철학과 건축의 본
질, 우리의 전통 건축 문화로 연결되는 돌과 흙과 나무와 사람
으로 연결되는 조화롭고 순환론적인 사유 체계가 이 문장을 통
해 제대로 전달될 수 있을까. 그럴 수만 있다면 정말 좋겠다.

얼마 전 감수자 한동수 교수의 특강을 통해 이 책을 알게 됐
다. 퇴근길에 주문해 다음 날 받아 보곤 그대로 읽어 내렸다. 책
은 본래 '우리 집은 자금성에' 시리즈 가운데 한 권으로 2010년
출간됐고 한국에는 2014년 번역됐다. 왜 이토록 아름답고 철학
적인 책이 묻히고 말았을까. 동화책처럼 간단해 보여서였을까.

책은 글도 좋고 그림도 좋다. 글과 그림으로 표현해 낸 동양 건축 문화의 본질은 지극히 아름답다. 더불어 친절하기까지 하다. 저자가 프랑스에서 조형예술을 공부해서일까. 동양의 자연과 정신, 서양의 근대 학문적 방법론이 충실히 묻어난다. 감히 내 식으로 설명하자면 인간은 본래 나무 위에서 살았다. 그러다 팔도 짧고 몸도 무거워 원숭이에게 밀려 땅으로 내려왔다. 하지만 땅은 위험투성이였다. 밤마다 다시 나무로 올라갔다. 그래서 나무 위에 지은 집이 먼저였을 것이다. 그다음엔 구멍을 파고 그 위에 지붕을 씌운, 요즘 설명으로 '반지하' 토굴 같은 데서 살게 됐다. 다시 저자의 설명을 끌어오자면 집에 대한 중국의 단어는 소혈巢穴이다. 글자의 순서가 소가 먼저고 혈이 나중이다. 나무 위의 집이 먼저고 인공 동굴이 나중이라는 의미라는 것.

"옛사람들은 줄곧 돌과 흙 그리고 나무 안에서 생활했다. 설령 황제라 하더라도 단지 가장 좋은 돌과 흙, 나무 안에 살았을 뿐이다. 사람들은 땅에 심어 거둔 재료로 기둥을 세우고 지붕을 올려 햇빛이 비치고 시원한 바람이 부는 공간을 만들었다. 따뜻함과 안전 그리고 행복은 언제나 땅에서 거둔 재료 안에 있었다."

우리 박물관이나 미술관이 이 책을 모델 삼았으면 좋겠다. 아름답기 그지없는 책.

제6부

과학,
생태,
환경,
미래를
읽다

"생태문명 전환의 열쇠는 정치"

『근대문명에서 생태문명으로 : 에콜로지와 민주주의에 관한 에세이』
김종철, 녹색평론사, 2019

"지금 인류 사회가 직면한 진짜 위기는 환경 위기가 아니라 정치의 위기이다"(호세 무히카 우루과이 전 대통령).

『녹색평론』의, 시대의 사상가 김종철 선생이 바라는 바는 "지금이라도 우리가 우리의 삶의 방식을 영구적인 지속이 가능한 방식, 즉 자연과 인간 사이의 물질적 대사가 원활하게 이루어지는 '순환적' 방식으로 갈 수 있는 길을 탐구하고, 가능한 한, 모든 노력을 기울여 그 방향으로 전환하려고 하는 것"이다. 그러나 "아무리 순환적 삶의 질서의 회복과 흙의 문화의 중요성을 강조한다 하더라도, 현실적으로 그러한 사회로 방향전환을 하자면, 우리의 집단적 삶의 운명을 최종적으로 결정하는 의사 결정 과정, 즉 '정치'가 합리적으로 돌아가야 한다는 전제 조건이 충족되지 않으면 안 된다." 그래서 결국은 민주주의다. 민주주의의 실천 여부에 달린다.

그리스 출신의 정치철학자 코르넬리우스 카스토리아디스에 의하면, 민주주의 성립의 기본 전제는 '자주적 인간의 자율 혹은 자치에의 의지'이다. 그런데 우리는 오랫동안 오로지 경제 성장과 이윤 획득이 최고의 가치로 군림하는 풍토에 길들여진 나머지 인간에게 가장 소중한 가치가 '자유인'의 '자율적·자치적 삶'이라는 것을 망각해 왔다. "그리하여 이 사회는 '민주주의가 밥 먹여 주느냐'라는 천박한 언술에 의해서 오랫동안 지배되어 왔다. 그러나 우리는 이제라도 민주주의가 없으면 밥도 못 먹는다는 사실을 분명히 깨달아야 한다." 그래서 '생태 문명'의 전제는 민주주의가 되어야 하는 것이다.

책은 부제가 설명하듯 '에콜로지와 민주주의에 관한 에세이'다. 그럼에도 주제 중 특별히 민주주의 부문에 주목한다. 시인 김해자는 「여기가 광화문이다」에서 "대통령 하나 갈아치우자고 우리는 여기에 모이지 않았다."고 일갈했다. 그렇다. 대통령을 탄핵하고, 합헌적으로 선거가 진행되고, 주기적인 정권 교체가 이루어지는 것만으로는 결코 민주주의라 할 수 없다. 역시 문제는 근본이다. 그 근본이란 정치적 인간의 본질, "질문할 줄 아는 습관과 능력"이다. 그래서 선생은 "아테네인들의 민주주의가 자유인으로 살고자 하는 열망 이외에 세계와 인간 존재, 그리고 공동체의 존재 방식에 대해서 끊임없이 사색하고 질문을 던졌던 그리스인들의 '철학적 습관'과 더불어 탄생했다라는 사실에 주목"하자고 한다. 그렇게 해서 우린 '생태 문명'의 문을 열어젖혀야 한다.

"미래로 통하는 문門이 닫히는 순간, 우리들의 모든 지식은 파멸할 것이다"(단테, 『신곡』, 지옥편).

"에코백과 텀블러를 쓰는 정도로는 부족하다"

『지속 불가능 자본주의 : 기후 위기 시대의 자본론』
사이토 고헤이 지음, 김영현 옮김, 다다서재, 2021

2019년 덴마크의 코펜하겐시는 누구나 따먹어도 되는 '공공 과일나무'를 심기로 했다. 시를 도시 과수원으로 만든 것이다. 이는 정치경제학적인 해석이 가능하다. 도시에서 채소와 과실을 재배하는 것은 굶주린 사람에게 식량을 공급할 뿐 아니라 시민들에게 농업과 환경을 향한 관심을 고취한다. 가령 누구도 배기가스로 범벅이 된 과일을 먹고 싶지는 않을 테니, 대기오염을 줄이기 위해 자전거도로를 늘리려 들 것이다. 이런 움직임은 시민들이 자동차 사회에 저항하여 도로라는 '커먼'Common의 풍요를 스스로 되찾기 위해 딛는 첫걸음이 된다.

일본의 신진 마르크스주의 학자가 '인신세의 자본론'을 썼다. 세계적인 마르크스 엥겔스 전집MEGA 편집위원으로도 활동 중이다. 노벨상을 받은 파울 크뤼천은 지구가 새로운 지질시대에 접어들었다며 'Anthropocene'라 이름 붙였다. '인류세'라 바꾸는 경우가 많지만, 저자는 이를 '인신세'人新世라 옮긴다. 인신세는 "자본주의가 만들어 낸 인공물, 즉 부하와 모순이 지구를 뒤덮은 시대"다.

마르크스는 자본주의를 비판했다. 해결책은 무한한 생산력과 무한한 풍요를 통한 불평등한 분배의 해결이었을까. 마르크스는 만년에 「자술리치에게 보낸 편지」에서 "(자본주의의) 위기는 자본주의 제도가 소멸함으로써 종결되거나, 근대사회가 가장 고대적인 유형의 더욱 고차원적인 형태인 집단적 생산 및 영유로 복귀함으로써 종결될 것이다."라고 적었다. 저자는 바로 이 부분에 주목한다. "'인신세'의 위기와 맞서야 하는 우리는 만년기 마르크스의 자본주의 비판에 대한 통찰을 더욱 발전시켜서 미완성인 『자본』을 '탈성장 코뮤니즘'의 이론으로 이어받는, 대담하고 새로운 해석에 바로 지금 도전해야 한다."는 것이다.

저자는 "마르크스로 탈성장을 논하다니 제정신이냐. 이런 비판이 사방에서 쇄도할 것을 각오하고도" 이 책을 쓰기 시작했다. "마르크스 연구의 최신 성과를 발판 삼아 기후 위기와 자본주의의 관계를 분석하는 와중에 만년의 마르크스가 탈성장 코뮤니즘에 도달했으며, 그것이야말로 '인신세'의 위기를 뛰어넘기 위한 최선의 길이라고 확신했기 때문이다."

시민의 할 일은? "에코백과 텀블러를 쓰는 정도로는 부족하다." 여기 '3.5퍼센트'라는 수치가 있다. 하버드 대학의 정치학자 에리카 체노웨스의 연구진에 따르면 '3.5퍼센트'의 사람들이 비폭력적인 방법으로 들고일어나 진심으로 저항하면 반드시 사회에 큰 변화가 일어난다고 한다.

전 지구적 재앙은 인류에게 무엇을 남길까

『신의 화살 : 작은 바이러스는 어떻게 우리의 모든 것을 바꿨는가』
니컬러스 A. 크리스타키스 지음, 홍한결 옮김, 윌북, 2021
『둠 : 재앙의 정치학 — 전 지구적 재앙은 인류에게 무엇을 남기는가』
니얼 퍼거슨 지음, 홍기빈 옮김, 21세기북스, 2021

"인류의 큰 적은 단 셋뿐이니 열병, 기아, 전쟁이다. 그중 단연코 가장 크고 무시무시한 적은 열병이다"(윌리엄 오슬러, 1896).

열병 혹은 역병 혹은 전염병이 인류와 떨어져 산 적은 단 하루도 없었다. 재난 또한 유사 이전부터 동반자였다. 늘 인재라 탓하지만 사실 자연적 재난과 인공적 재난이라는 식의 분명한 이분법이라 성립하기 어렵다. 더구나 병원균으로 인해 신체에 전염이 벌어질 경우 '정신의 전염과 파괴적인 상호작용'을 맺곤 했다. 전염병은 공포를 낳는다. 그리하여 '생물학적 팬데믹과 정보 팬데믹이라는 이중의 팬데믹 현상'이 나타난다. 전염병과 재난은 이토록 복합적이다. 그런데도 우리는 역병을 마른 하늘에 날벼락 대하듯 한다. 나아가 "한 사람의 죽음은 비극이지만, 100만 명의 죽음은 통계 수치일 뿐이다"(리어나도 라이언스, 1947)라는 말로 인류사적 비극을 모른 체한다.

격리 제도나 사회적 거리 두기는 오늘날의 발명품이 아니다. 14세기 유럽에 흑사병이 반복되자 도시국가들은 확산을 저지하기 위해 여러 정책을 마련했다. 첫째, 바다와 육지에 격리 시설을 마련하고 국경을 통제한다. 베니스 제국이 항구에 도착한 선원들을 일정 기간 동안 '라자레토'(일정 기간 선원들을 배에 그대로 머물게 하거나 근처의 작은 섬을 격리 장소로 활용하던 방식)에 의무적으로 격리시켰던 것과 같은. 둘째, 각종 모임을 금지하고 사회적 거리 두기를 시행한다. 셋째, 확진자들을 건강한 이들로부터 격리시키는 봉쇄정책과 사망자에 대한 특별한 매장. 넷째, 선박이나 대상들에게 페스트 환자가 없음을 증명하는 건강 증명서 등을 발급하기도 했다. 다섯째, 피렌체는 흑사병으로 생계가 막막해진 이들에게 식품 등을 무상 지급했는데, 여기에는 부조 목적 이외에 부랑자로 돌아다니며 전파하는 것을 막겠다는 목적도 있었다.

어디로 가는 것인가. 인류라는 종의 근본적 위기인가 아니면 일상적 전염병인가. 구조적 경기 침체인가 아니면 악성 인플레이션인가. 광란의 2020년대인가 아니면 볼셰비즘과 파시즘의 재림인가. 묵상하고 예측할 일이다.

"팬데믹 기간 동안에는 사람들이 종교적 성찰에 젖어 드는 경향을 보이지만, 끝난 다음에는 삶의 기쁨을 외치며 리스크를 무릅쓰는 태도가 늘어난다."

두 권의 책이 상상력을 자극한다. 니컬러스 A. 크리스타키스의『신의 화살』, 니얼 퍼거슨의『둠 : 재앙의 정치학』이다. 특별히 바로바로 번역 출간해 준 번역자와 출판사에 경의를 남긴다. 퍼거슨의 책에는 한국의 31번 확진자 사례가 도표로 들어가 있다.

코로나 위기는 '약한 고리 위기', "상상력을 펼칠 때"

『코로나 이후의 세상 : 트위터 팔로워 총 490만 명, 글로벌 인플루언서 9인 팬데믹 대담』

말콤 글래드웰, 파리드 자카리아, 모하메드 엘 에리언, 서맨사 파워, 니얼 퍼거슨, 카라 스위셔, 데이비드 브룩스, 이안 브레머 ,빅터 가오, 러디어드 그리피스 지음, 이승연 옮김, 모던아카이브, 2021

"위드 코로나with COVID는 백신을 맞아 안심한 채 일상 회복이라는 선택지를 고르는 상황이 아닙니다. 위드아웃without 코로나에 실패해 어쩔 수 없이 바이러스와 같이 지내야 하는 상황입니다. 우리가 선택한 게 아니라, 바이러스가 선택한 겁니다."

오명돈 신종감염병 중앙임상위원회 위원장(서울대학교 의대 감염내과 교수)의 말이다. 곰곰이 되씹어 볼수록 정직한 표현인 것 같아 두렵다. 코로나 이후의 세상에 대한 책들은 이미 여럿이다. 경제적 변화에 대한 책들은 넘쳐 난다. 늘 그러하듯이 책 읽기라는 게 내 생각과 일치하면 공감하는 것이고 마찰을 일으키면 불편해지는 법이다. 관련 책이 한 권 더해졌다. 이번엔 캐나다의 '멍크 다이얼로그'다. '멍크 디베이트'로 이미 우리 사회에도 충분히 알려진 대화체다.

대담자 말콤 글래드웰의 분석은 순간적인 당김이 있다. "축구는 약한 고리weak-link 스포츠입니다. 축구팀은 가장 뒤처진 선수의 기량에 따라 경기력이 좌우됩니다. 농구는 강한 고리strong-link 스포츠죠. 농구팀을 더 잘하게 하려면 국보급 스타를 영입하면 됩니다. 제가 생각하기에 서구 사회는 오랫동안 강한 고리 스포츠를 해왔습니다. … (코로나) 위기는 전형적으로 약한 고리 위기죠.”

옮긴이의 생각이 책의 본체일 때도 있다.「옮긴이의 글」에서 균형을 찾았다. 옮긴이가 "코로나 사태와 격리가 지구 생활자들에게 주는 교훈"이라는 부제를 달고 있는, 프랑스 학자 브뤼노 라투르의 최근작『나는 어디에 있는가』♦의 일부를 인용했다.

"아마도 옛 세계에서라면 앞으로 전진하고 최종점을 향해 길을 나아간다는 것은 하나의 의미를 가졌으리라. 그러나 우리가 새로운 세계 속으로 이동했다면 … 이때 가장 중요한 움직임은 바로 사방으로 흩어질 수 있음이다. 우리에게 그럴 시간이 있기만 하다면 말이다. … 마스크를 쓴 채 앞으로 향하고 있는 우리는, 최대한 흩어져야만 한다." 흩어지자는 것이다. 분산하자는 것이다.

그 전에 대담자 파리드 자카리아는 이렇게 말했다. "제 생각에 우리 인간은 근본적으로 사회적 동물입니다. 아리스토텔레스가 옳았습니다. 우리는 함께 어울려 살고 싶어 합니다. … 삶은 계속될 테니까요. 그러니까 저는 그런 점에서는 결국 낙관론자네요. 가끔 사람들은 모든 게 변할 거라고 믿습니다. 글쎄요, 인류가 함께 모여 축하하고, 사랑하고, 슬퍼하고, 동지애를 나누려는 열망, 그것만큼은 변하지 않을 겁니다." 미래를 예측하는 것은 점성술이 아니다. 상상력의 총체다.

♦ 브뤼노 라투르 지음, 김예령 옮김,『나는 어디에 있는가? : 코로나 사태와 격리가 지구 생활자들에게 주는 교훈』(이음, 2021).

합성 생물학과 인공지능 파도, 인간은 감당할 수 있을까?

『더 커밍 웨이브』
무스타파 술레이만 지음, 이정미 옮김, 마이클 바스카 정리, 한즈미디어,
2024

인간 세상의 모든 것은 '생명 시스템'과 '인간의 지능'에 달려 있다. 그런데 이 둘 모두 엄청난 파고에 휩싸이고 있다. 물결은 인공지능AI과 합성 생물학synthetic bio, 두 가지 핵심 기술로 정의된다.

먼저 합성 생물학. 디엔에이DNA 가닥이 연산을 수행하고 인공 세포가 작동하는 생체 기계와 생체 컴퓨터의 시대가 열렸다. 기계가 살아 움직이는 곳, 합성 생명체의 시대다.

둘째는 인공지능. 2012년『더 커밍 웨이브』의 저자 무스타파 술래이만은 런던에 있는 딥마인드의 사무실에서 인공지능을 훈련시키고 있었다. 처음에는 학습이 불가능한 것처럼 보일 정도로 형편없었다. 그러던 가을 어느 날, 브레이크아웃이라는 게임을 학습하고 있는 알고리즘의 훈련 과정을 반복해 시청하고 있었다. 알고리즘은 시행착오를 거치면서 공을 앞뒤로 튕기며 벽돌을 가로로 한 줄씩 깨뜨리는 방법을 학습했다. 그러던 중 놀라운 일이 벌어졌다. 벽돌을 가로 열로 한 줄씩 깨뜨리는 대신 벽돌의 세로 열 하나를 공략하기 시작한 것이다. 마치 핀볼 기계에서나 볼 수 있는 광란의 공처럼 벽돌 세트 전체를 거

침없이 깨뜨렸다. 열성적인 게이머에게는 낯설지 않은 전략이었지만, 뻔한 전략과는 거리가 먼 놀라운 전략이었다. 저자는 알고리즘이 새로운 것을 '스스로' 학습하는 것을 지켜보았고 경악을 금치 못했다.

2016년 3월 서울에서 알파고와 이세돌의 바둑 대국이 열렸다. 온 세상에 인공지능을 널리 알린 사변이었다. 그런데 이미 인공지능은 '초지능'의 단계에 이르렀는지도 모른다. 오픈 AI 공동 설립자이자 수석 과학자인 일리야 수츠케버는 이세돌과의 두 번째 대국에서 알파고가 둔 제37수를 지적한다. 당시 해설자들은 알파고가 실수했다고 생각했다. 하지만 알파고는 바둑의 역사에서 누구도 본 적 없는 승리의 수를 둔 것이었다. 그는 '그 정도의 통찰력이 모든 분야에 걸쳐서 있다고 상상해 보라'고 말한다.

인간은 AI와 합성 생물학을 통제할 수 있을까. 그래, 그렇다 치자. 인간의 통제를 벗어나는 AI와 합성 생물체에 대한 문제를 극복하고 나면 그다음은 어떻게 될까. 더 똑똑한 AI, 더 기계적인 생물체가 존재하는 세상에서 인간의 정신적·육체적 존엄은 유지될 수 있을까. 인간이라는 존재의 존엄성은 어떻게 정의될 수 있을까. 과학기술의 변화를 따라가기가 쉽지 않다. 이런 때일수록 더 읽고 탐구해야 한다. 한 권의 책, 한 권의 과학 잡지가 도움이 된다.

진화가 인간의 음경 뼈를 없앴다?

『은밀한 몸 : 물어보기도 민망한 은밀한 궁금증』
옐 아들러 지음, 배명자 옮김, 북레시피, 2019

"독일 축구 국가대표팀 감독이 경기 중 아무 생각 없이 바지 속에 손을 넣었다. 그리고 손을 다시 꺼내 냄새를 맡았다. 장면을 중계 카메라가 시청자들에게 전달했고, 몇몇 선수들은 기자들 앞에서 이 일을 평가해야 하는 곤란을 겪었다. 다들 재밌어했다. 완전히 몰입한, 긴장된 상황에서, 이 행동은 확실히 감독에게 큰 안정을 주었다. 그가 손으로 만졌던 물건이 맘에 들었고, 냄새 역시 흡족함을 주었던 것 같다. 순수 테스토스테론! 그렇다, 그와 그의 선수들이 경기장에서 벌인 원시적 전투를 그는 그렇게 승리로 이끌 수 있었다."

감독의 행위는 사실 무척 인간적이다. 지금까지 단 한 번도 신체 구멍이나 주름 어딘가에 손가락을 넣었다가 냄새를 맡아보지 않은 사람이 과연 있을까? 신체 구멍에서 나는 냄새는 때때로 향기롭지만, 또한 우엑 소리가 절로 나기도 한다. 배꼽 아래면 특히 더 그렇다. 그러면 즉시 속으로 묻게 된다. "냄새가 좋지 않은데, 뭐가 문제지?"

독일의 피부 및 비뇨기과 전문의 옐 아들러에게 '터부는 일용할 양식'이다. 저자는 "오랫동안 홀로 괴로워하고 부끄러워하고 그래서 침묵하는 사람들, 내밀한 곳에 생긴 종기, 가려운 엉덩이, 성병 의심, 침대에서의 문제, 몸에서 나는 냄새, 방귀,

변비, 과도하게 많은 털, 무좀 등"과 같은 터부를 말할 용기, 그것을 북돋아 주기 위해 이 책을 썼다.

새삼 느끼지만 우리는 우리의 몸에 대해 얼마나 무지한가. 이를테면 이런 부분. 다른 포유동물들에게는 아직도 음경 뼈가 남아 있다. 그런데 인간은? "애석하게도 진화는 음경 뼈를 없애 버렸다. 그리하여 발기부전 주제가 높이 떠올랐다." 음경 뼈가 왜 사라졌을까?

"놀라지 마시라, 음경 뼈는 일부일처제 때문에 사라졌다! 오늘날 남성은 경쟁자가 끼어들기 전에 서둘러 여성에게 임신시키기 위해 늘 발기된 상태로 준비하고 있지 않아도 된다. 짝짓기 기회가 흔치 않기 때문에 기회가 생길 때마다 즉시 이용해야 하고, 시간 압박 아래에서 정확히 성공해야 했던 시절에는 음경 뼈가 특히 중요했다. 또한, 우리 조상의 음경 뼈는 호스 모양의 요도가 손상되지 않게 보호해 주었다. … 일부일처 덕분에 성병 전염도 드물다. 일부다처라면 성병이 금세 퍼져 부족 전체를 위험하게 했을 터이다. 이런 위험을 피하는 대신에, 오늘날의 뼈 없는 음경은 필요할 때마다 오로지 혼자 힘으로 딱딱해져야 한다."

독일 의학과학서 분야 1위였다는데 선뜻 이해가 된다.

세계 최고 과학자들이 쓴 글 26편, 과학과 인문학의 거리를 좁히다

『큐리어스』
리처드 도킨스, 데이비드 M. 버스 지음, 존 브록만 엮음, 이한음 옮김,
페이지2, 2024

이반 파블로프가 1936년 여든일곱 살의 나이로 세상을 떠나기 직전 「러시아의 젊은 학도에게 남기는 유산」이라는 글을 남겼고 이 글은 『파블로프의 마지막 유언』이라는 책으로 출판됐다. 책의 마지막은 이런 경고로 끝맺는다.

"과학은 개인에게 평생을 바치라고 요구한다는 것을 명심하라. 당신의 목숨이 두 개라도 부족할 것이다. 부디 자신의 연구와 탐구에 열정을 다해 매진하기를."

그래서일까. 이런 과학자들의 세계를 들여다보는 일은 두려운 일이다. 시인 위스턴 오든이 적당한 표현을 남겼다. "과학자들 사이에 있으면, 마치 길을 잃어 귀족들이 가득한 방에 잘못 들어간 초라한 목사처럼 느껴진다."

과학자들은 무언가에 '호기심'을 가질 것이고 우리는 이런 과학자들에 대해 '호기심'을 갖는다. 이번 책은 세계 최고의 과학자들이 쓴 26편의 글을 싣고 있다. 이들은 수식과 기호가 아닌 문자를 통해 "한때 가공할 정도로 넓었던 과학과 인문학의 거리를 좁히고 있다. 냉철한 머리와 따뜻한 가슴에서 나온 이 글들은 각자의 삶을 담고 있으며 쉽게 읽힌다."

이 책을 편집한 존 브록만이 원고를 청탁하며 저자들에게 출발점으로 삼을 수 있는 질문들을 제시했다.

"어렸을 때 과학자의 삶을 추구하도록 이끈 어떤 사건이 있었나요? 현재의 연구 분야에 관심을 갖도록 하고 지금과 같은 인물이 되도록 자극을 준 계기가 무엇인가요? 부모님, 친구들, 선생님은 어땠나요? 전환점, 실행, 영향, 깨달음, 사건, 어려움, 갈등, 실수라고 할 만한 것들이 있었을까요?"

영국의 이론 물리학자이자 미국 애리조나 주립대학교 비욘드 연구소의 소장인 폴 데이비스의 글은 모범 답안으로 끝을 맺는다.

"대다수 과학자들이 그렇듯이, 나는 지금도 경외감을 갖고 세상을 바라본다. 그리고 스스로 묻는다. '저건 대체 무엇일까?' 언젠가는 알게 될 것이다."

MIT 인공지능 연구소의 교수로 있는 로드니 브룩스의 글은 고개를 끄덕이게 한다.

"내 삶을 돌이켜보면, 내 야심이 나선을 그리며 점점 하강하고 있다는 것이 뚜렷이 드러난다. 여덟 살 때 나는 사람들과 지적 게임을 잘할 수 있는 기계장치를 만들고 싶어 했다. 30대에 나는 곤충의 행동을 모방하는 쪽으로 목표를 바꾸었다. 그런데 지금은 벌레의 비밀을 파헤치고 있으니까."

과학 번역 책을 읽을 때면 특별히 번역자에게 감사 인사를 남겨야 한다. 사실 이들의 선택이 가장 강력한 추천이다. 이한음 선생이 대표적이다.

"나는 낙관주의자가 아니라 가능주의자입니다"

『지금 다시 계몽 : 이성, 과학, 휴머니즘, 그리고 진보를 말하다』
스티븐 핑커 지음, 김한영 옮김, 사이언스북스, 2021

계몽이란 무엇인가? 이 질문을 제목으로 한 1784년의 에세이에서 이마누엘 칸트는 이렇게 답했다. 계몽은 "인류가 스스로 초래한 미성숙" 상태나 종교적 권위나 정치적 권위의 "도그마와 인습"에 "나태하고 소심하게" 복종하는 상태에서 탈출하는 것이다. 그래서 계몽주의의 모토는 "감히 알려고 하라!"가 된다. 이럴 때 기본적으로 필요한 것은 사상과 표현의 자유다.

"후세가 그들의 통찰을 확대해서 자신의 지식을 늘리고 자신의 오류를 바로잡는 것을 앞선 시대가 미리 가로막아서는 안 된다. 그렇게 한다면 인간 본성에 대한 범죄가 될 것이다. 인간의 진정한 운명은 바로 그런 진보에 있기 때문이다."

시대가 어느 시댄데 생뚱맞은 '계몽'인가. "우리가 이성과 동정심을 사용해서 인류의 번영에 이바지할 수 있다는 계몽주의의 원리는 너무 뻔하고 고리타분하고 시대에 뒤떨어지게 들린다."

하지만 스티븐 핑커가 이 책을 쓴 이유는 그렇지 않다는 것을 깨달았기 때문이다. 계몽주의의 핵심 원리인 이성, 과학, 휴머니즘, 진보라는 이상이 흔들리고 있다. 세상은 지금 자칫 이성보다는 극단적 이원론과 포퓰리즘 나아가 인종주의, 전체주의가, 과학보다는 허무주의 혹은 미신과 점성술이, 휴머니즘보다는 극단적 자기애나 자기부정, 배타적 적대 의식이 판을 치는 것처럼 보인다. 계몽과 진보에 대한 믿음이 사그라들고 있다. 그래서 핑커가 21세기의 언어와 증거로 계몽주의 사상의 대변자로 나섰다.

책은 1부에서는 개념을, 2부에서는 생명, 건강, 평화, 테러리즘 등 구체적 영역에서 진보의 유효성을 증명한다. 예를 들자면, 계몽주의가 시작되었을 당시 세계에서 가장 부유한 지역에서도 아동 가운데 3분의 1이 다섯 번째 생일을 맞기 전에 사망했다. 오늘날 사망률은 가장 빈곤한 지역에서도 6퍼센트로 떨어졌다. 이런 식으로 최근 이론과 학문적 추세인 빅 데이터를 통해 검증한다. 핑커 책이 그래 왔듯, 이 또한 벽돌 책이라 두께와 무게가 두렵다면 3부에 집중할 필요가 있다. 계몽주의의 핵심 가치인 '이성', '과학', '휴머니즘'을, 의외의 적들이라 할 수 있는 성난 포퓰리스트와 종교적 근본주의자, 더하여 주류 지식 문화의 분파들에게서 개념들을 강력하게 옹호한다.

핑커에게 물었다. "당신이 가장 좋아하는 이름은 낙관주의자입니까?" "나는 낙관주의자가 아닙니다. 나는 아주 진지한 가능주의자possibilist입니다"(한스 로슬링). 나도 가능주의자가 되고 싶다.

제7부

인생을
읽다

빅데이터가 말한다
: 성공하려면 평판을 이용하라

『성공의 공식 포뮬러』
앨버트 라슬로 바라바시 지음, 홍지수 옮김, 한국경제신문, 2019

"세이모SAMO는 바보와 멍청이들을 구제한다."

뉴욕 맨해튼 뒷골목 어느 집 문에 누군가 대문자로 휘갈겨 썼다. 해괴한 낙서임에는 틀림이 없지만, 이는 1977년 맨해튼 전역에 갑자기 나타나기 시작한 시적인 말장난이었다. "세이모는 면책 조항이다."라는 선언도 있었다. 세이모를 탄생시킨 두 예술가는 알 디아즈와 장-미셸 바스키아.

세이모는 두 사람이 피워 댔던 대마초를 지칭했던 일종의 속어. 그러더니 1979년에 최종적인 선언이 나왔다. "세이모는 죽었다."

그리고 세이모는 정말로 죽었다. 진짜로 죽은 게 아니라 예술적인 협업을 하던 두 사람이 각자 제 갈 길을 가면서 끝이 났다.

두 사람은 똑같은 시기·장소에서 경력을 쌓기 시작했고, 그들의 작품 세계는 비슷했다. 하지만 디아즈는 잊혔고, 바스키아는 생전은 물론 사후에도 엄청난 성공을 거두었다. 이유는 무엇일까. 여기에서 성공의 공식을 찾아내야 한다. 바로 연결망이다. 예술 세계는 '성공의 제1공식'을 그대로 보여 준다. "성과는 성공의 원동력이지만, 성과를 측정할 수 없을 때는 연결망이 성공의 원동력이다." 그랬다. 디아즈는 외톨이였던 반면, 바스키아는 뻔뻔스러울 정도로 많은 사람들과 인맥을 쌓았다. 그렇게 해서 바스키아는 2년 만에 집도 절도 없는 10대에서 A급 예술가로 변신했다. 디아즈는 여전히 언더그라운드 거리 예술 활동을 이어 갔다.

간단하다. 예술계에서 성공하려면 공생 관계를 잘 이용해야 한다. 성공은 본질적으로 선순환 구조로, 갤러리들은 거물급 예술가들을 내세워 자신도 유명해지고 거물급 예술가들은 평판이 높은 갤러리에서 자기 작품을 선보임으로써 명성을 얻는다.

저자 앨버트 라슬로 바라바시는 헝가리 출신으로 복잡계 네트워크 이론의 창시자. 우리에게는 『링크』*Linked*라는 책으로 이미 익숙하다. 이번엔 빅 데이터로 성공의 방정식을 풀어냈다. 나머지 공식 넷은 이렇다. "성과를 내는 데는 한계가 있지만, 성공은 무한하다"(제2공식). "과거의 성공×적합성＝미래의 성공"(제3공식). "팀이 성공하려면 다양성과 균형이 필요하지만, 팀이 성과를 올리면 오직 한 사람만이 공을 독차지한다"(제4공식). "부단히 노력하면 성공은 언제든 찾아올 가능성이 있다"(제5공식).

설득력 있는 사례, 재치 있는 문장들, 핵심을 포착해 내는 탁월한 감식안, 즐거운 책이다. 휴가용 책으로 딱 제격.

아마존 거인 제프 베조스가 직접 밝힌 성공 원칙

『베조스 레터 : 제프 베조스가 아마존 주주 서한에서 밝힌 일과 성공의 14가지 원칙』
스티브 앤더슨 지음, 한정훈 옮김, 리더스북, 2019

"항상 그랬듯이 1997년 베조스 레터 사본을 첨부합니다. 언제나 첫날의 마음가짐을 잊지 않겠습니다"(2018년 레터).

아마존 설립자인 제프 베조스는 1997년 이래 매년 주주들에게 서한을 보낸다. 1997년 레터에는 첫날의 마음을 잊지 않겠다는 다짐, 고객의 기대를 넘어서는 서비스를 제공하겠다는 약속, 스타트업의 열정으로 첨단 제품을 개발하겠다는 계획 등이 담겨 있었다. 그런데 흥미롭게도 다음 해인 1998년, 베조스는 서한의 마지막 문장에서 1997년의 첫 번째 서한을 다시 언급했다. 그리고 그다음 해에도 나아가 2018년에도, 베조스의 서한은 항상 첫 번째 편지로 돌아간다. 우리식 표현을 빌리자면 '초발심'이다.

베조스에게 '데이원'의 진정한 의미는 무엇일까? 흥미로운 것은 데이원이 실제 날짜를 의미하는 것이 아니라 '개념'이라는 데 있다. 베조스에게 데이원은 리더십의 원칙이다. 그렇다고 비즈니스의 단계나 전략은 아니다. 데이원은 모든 결정을 내릴 때 가져야 할 사고방식이다. 그렇다면 베조스에게 '데이투'는?

"정체 상태입니다. 그다음에는 서서히 퇴보하다가 매우 괴롭고 고통스러운 쇠락으로 이어지고 결국 죽음에 이르게 됩니다. 그래서 우리는 항상 데이원입니다"(2016년 레터).

바로 이 지점에 베조스의 전략적 고민이 자리한다. "데이투로 빠져드는 걸 어떻게 막을 것인가? 어떤 기술과 전략이 필요한가? 회사가 엄청나게 커진 상황에서도 어떻게 하면 첫날의 에너지를 유지할 수 있을까?"

경영 컨설턴트인 저자가 1997년에서 2018년 사이에 작성된 21통의 베조스 레터를 분석했다. 21년 동안 아마존의 운영 방식, 그리고 아마존의 경이적인 성장을 이끈 요인에 대해 베조스가 어떻게 말했는지 14가지 원칙으로 정리했다. 2002년 편지에서 베조스는 평범해 보이는 한 문장을 통해 아마존 성장의 핵심 요소가 된 기업 경영 원칙을 요약했다.

"주인은 세입자와는 다릅니다. … 저는 주택을 임대해 준 한 부부의 사례를 알고 있습니다. 세입자 가족은 크리스마스트리를 나무 스탠드에 올려놓는 대신에 단단한 나무 바닥에 못으로 박았습니다. 제 생각에 이들은 정말 형편없는 세입자입니다. 주인이라면 그렇게 근시안적인 행동은 하지 않을 테니까요"(2003년 레터).

"틀리고, 실수해라!"

『틀려도 좋다 : 스마트한 뇌 사용설명서』
헤닝 벡 지음, 장혜경 옮김, 알에이치코리아, 2019

애플사의 로고를 기억할 것이다. 흰 바탕에 검은 색깔의 베어 먹은 사과이다. 하지만 어느 쪽을 베었을까? 오른쪽일까? 왼쪽일까? 사과에 잎이 달렸을까? 미국 캘리포니아 대학에서 조사를 해봤더니 로고를 정확하게 그린 사람은 85명 중 단 1명에 불과했다. 부제가 재밌다. "스마트한 뇌 사용설명서", 본제는 독일의 심리학자 헤닝 백의 『틀려도 좋다』.

인간의 망각에는 다 이유가 있다. "첫째는 그 정보들이 너무 비슷비슷해서 뇌의 정보 필터가 걸러 내어 버리기 때문이고, 둘째는 너무 중요해서 일단 막무가내로 무의식에 넣어 두었다가 나중에 유연하게 다른 정보와 결합하기 위해서이다." 하지만 정보가 과도하게 쏟아지면 뇌는 제 기능을 발휘하지 못한다. 내용에 관심을 기울일 수 없게 된다. 때문에 그저 정보가 달라지는 방식(벨 소리, 진동, 화면 커서 등)밖에는 인식하지 못한다. 해결 방법은 생각보다 간단하다.

"오직 휴식! 뇌를 쉬게 하여 생각할 시간을 주어야 한다."

결정과 선택의 차이에 대한 설명 또한 흥미롭다.

"우리 뇌는 불확실한 환경에서도 결정을 잘 내릴 수 있다. 그리고 감정과 사실이 조화를 이룰 때 우리는 그 결정에 가장 책임을 잘 질 수 있다. … 하지만 때로 그것이 그리 간단하지 않을 때가 있다. 결정을 내리는 것보다 훨씬 더 간단한 일, 즉 선택을 해야 하는 순간이 그때이다."

인간은 선택지가 많을 때 올바른 선택을 하지 못하는 약점을 갖는다. 전문용어로 '선택 과부하'choice overload다. 미국의 세제 업체 P&G는 2000년 초반 샴푸 종류를 26종에서 15종으로 줄였다. 그랬더니 10퍼센트의 매출 신장 효과가 나타났다. 비교의 부담을 덜어 주자 매출이 오른 것이다. 그렇다면 주변과 사물을 단순화하는 것 또한 스마트한 뇌 사용법이 된다.

책은 뇌와 관련된 인간의 실수를 나열한다. 결론적으로 인간은 실수하는 동물이 되고 만다. "어쨌든 모든 실수는 완벽과 무실책에 가치를 두지 않는 뇌의 특성 탓에 생긴다. 완벽을 지향하는 뇌는 적응력을 잃을 것이기 때문이다. 우리가 일상에서 저지르는 작은 실수들은 뇌가 그런 오류를 항상 고려한다는 사실을 입증한다. 실수가 없었다면 변화도 없었을 것이다. … 실수만이 우리를 기계보다 우월한 존재로 만든다. 두려워하지 마라. 실수는 우리 편이다. 실수를 저질러 새로운 아이디어를 얻어라. 틀리고 실수해라. 실수야말로 당신이 가장 잘할 수 있는 특기이니까 말이다."

당신은 지금, '읽고' 있다고 생각하십니까?

『읽지 못하는 사람들 : 우리의 인간다움을 완성하는 읽기와 뇌과학의 세계』
매슈 루버리 지음, 장혜인 옮김, 더퀘스트, 2024

"나는 읽어야 한다. 내 삶의 대부분은 독서다."

올리버 색스의 말이다. 물론 그에게 미칠 순 없다. 하지만 나 또한 읽어야 한다. 내 삶의 일부분 또한 독서다. 조지 로버트 기싱이 말했다. "읽지 못한다는 것은 내게 항상 공포였다." 노안이 되어 가는 지금, 어두침침한 곳에서 책을 읽을 수 없거나, 의약품 설명서의 작은 글씨를 만날 때면 나 또한 이런 유의 공포에 시달리기도 한다.

도대체 읽는다는 것은 무엇일까. 우리는 읽기라는 말을 쉽게 사용하고 모든 사람이 기본적으로 같은 방식으로 읽는다고 가정한다. 하지만 "이 책의 핵심 전제는 '읽기'라는 단일한 활동은 없다는 것"이다. 노란색 물감으로 달을 칠하는 화가가 있다. 하지만 구름을 칠해 달에 아무런 색깔을 입히지 않고도 달을 드러내는 방법도 있다.

저자는 난독증, 과독증, 실독증부터 공감각, 환각, 치매에 이르기까지, 다양한 신경질환 때문에 활자를 접할 때 문제를 겪는 신경다양적 독자들의 증언을 통해 읽기가 무엇인지를 드러내 보인다. "비전형적인 읽기 방식을 한데 모아 읽기가 우리가 알고 있는 것보다 훨씬 다채로운 현상"임을 밝히려 했다. "읽기가 언어기호를 해독하고 이해하고 해석하는 것으로 한정된 과정이라고 보는 좁은 관점을 넘어, 사람들이 텍스트와 만나는 다양한 방법으로서 읽기를 더 넓게 정의해야 한다."는 것이 저자의 입장이다.

이 책에 따르면 자폐증이면서 세 살이 되기 전부터 읽기 시작한 리안 홀리데이 윌리는 읽은 내용을 이해하지는 못해도 읽기를 즐길 수 있는 이유에 대해 『정상인 척하기』라는 책에서 이렇게 설명한다.

"나는 흰 종이에 깔끔하게 인쇄된 검은 글씨에서 실로 위안을 얻었다. 리듬감 있는 패턴과 왼쪽에서 오른쪽, 위에서 아래로 시선을 옮기는 흐름을 좋아했다. 구두점에서는 멈춰야 하고, 쉼표나 새 단락 앞에서는 쉬어야 하는 그 규칙이 마음에 들었다. 단어들이 내 혀끝에서 소리 나고, 입의 여러 부분을 움직이게 하는 방식이 마음에 들었다."

발가락으로 책을 읽는 사람도 있다. 글을 읽으며 미각을 느끼는 사람도 있다. 어떤 사람은 '감옥'이라는 단어를 보면 베이컨 맛을 느끼기도 한다. 이렇듯 읽기를 정의하기란 쉽지 않다. 그래서 문해력 연구자인 제임스 맥스웰은 "읽기를 정의하는 것보다 읽기에 관한 책 한 권을 쓰는 편이 더 쉬울 것이다."라고 했다.

"우리는 읽기를 만족스럽게 정의하지 못했지만 신기하게도 계속 읽는다."◆

◆ 알베르토 망겔 지음, 정명진 옮김, 『독서의 역사』(세종서적, 2020).

"당신의 한 문장은 무엇인가요?"

『최고의 선택을 위한 최고의 질문 : 당신의 인생을 업그레이드 하기 위해
지금 물어야 할 것들』
워런 버거 지음, 이경남 옮김, 21세기북스, 2021

    "당신의 한 문장은 무엇인가?"

    스스로를 한 문장으로 표현해 보라는 이 질문은 저널리스트
이자 미 하원의원이었던 클레어 부스 루스가 존 F. 케네디 대통
령에게 했던 것이다. 루스는 케네디에게 "위대한 인물은 하나
의 문장"이라고 부연했다. 뚜렷하고 강력한 목적을 가진 리더
는 한 줄로 요약할 수 있다는 의미다. 이를테면 '링컨은 미합중
국을 수호하고 노예를 해방시켰다.'라는 식이다. 어떻게 나를
한 문장으로 표현할 수 있을까.

    "내 문장(개인의 사명 선언문이라고 해도 좋다)이 무엇인지 궁금
하면 이렇게 물어 보라. 나는 무엇으로 기억되고 싶은가? 내게
가장 중요한 것은 무엇인가? 나는 어떤 변화를 만들고 싶은가?"
때론 질문은 상대방에게 던지는 것만은 아니다. 질문은 나 자
신에게도 던질 수 있다. 루스의 질문처럼 스스로에게 질문을
던지고 스스로가 답할 수 있을 때 삶의 비전은 더 강력해질 수
있다.

    "어떻게 하면 좋은 질문을 할 수 있나요." 질문 학자인 저자
가 받는 가장 보편적인 질문이다. "아인슈타인이나 소크라테스
를 찾을 것이 아니라 4살짜리 여자아이에게 배우세요." 이 또

래 여자아이는 '질문의 달인'이다. 하루에만 100개에서 300개에 이르는 질문을 쏟아 낸다. 남자아이보다 훨씬 더 많은 질문을 던진다. 이들의 질문 행위가 놀이처럼 비칠 수도 있지만, 사실 그것은 복잡하고 고차원적인 사고의 과정이다. 질문하려면 자신이 모른다는 사실을 알아야 하고 그 모른다는 사실을 해결하기 위해 무언가를 시도할 만큼 똑똑해야 한다. 질문은 호기심에서 출발한다. 신경학자 차란 란가나스는 호기심을 가리켜 '어떤 근질거림 같은' 상태라고 말한다. 호기심은 곧잘 질문이라는 행동으로 이어지는데 그것은 근질거리는 곳을 긁는 식으로 해결된다. 4살짜리 아이는 그만하라고 할 때까지 긁어 댄다. 아이들은 우리가 바보처럼 보일까 두려워 묻지 못하는 그런 기초적인 질문도 거침없이 "왜요?"라고 묻는다. 질문을 통해 아이는 쑥쑥 자라는 것이다.

이미 소크라테스에서 비롯됐듯 '안다는 것은 자기가 뭘 모르는지를 아는 것이다.' 아는 것과 모르는 것을 구분할 줄 알아야 한다. 모르는 것에 대해선 당연히 불안과 호기심을 가져야 한다. 그리고 이를 해소하려면 질문을 던질 줄 알아야 한다. 질문이 곧 버릇없음이던 시절이 있었다. 말 많음이 공산당이던 시절도 있었다. 한국 사회가 한 단계 높아지기 위해서는 좀 더 질문이 많아져야 한다. 좀 더 공격적인 질문이 가해져야 한다. 수많은 질문과 대답이 오가야만 한다.

"자기가 천재라고 생각하는 사람, 손?"

『히든 해빗 : 재능, IQ, 그릿, 운, 환경에 숨어 있는 천재의 비밀』
크레이그 라이트 지음, 이경식 옮김, 청림출판, 2021

르네상스 시대, 예술가들의 '위대한' 전기 작가 조르조 바사리는 레오나르도 다빈치의 천재성을 이렇게 적었다. "때로는 한 사람의 몸에 그렇게나 멋진 아름다움과 우아함과 능력이 동시에 아낌없이 부여되는 초자연적인 일이 일어나기도 한다. 그의 행동 하나하나가 모두 너무도 성스럽다. 그래서 그는 다른 모든 사람 앞에 서며, 또 신에 의해서 부여받은 천재성을 갖춘 존재로서의 자기 자신을 분명하게 드러낸다."

보통 사람은 "천재를 향한 동경"(조지 엘리엇)을 가지고 산다. 왜냐하면 "재능 있는 사람은 아무도 맞힐 수 없는 과녁을 맞히고, 천재성을 가진 사람은 아무도 보지 못하는 과녁을 맞히"(쇼펜하우어)기 때문이다. 저자 크레이그 라이트는 예일 대학교에서 '천재 강좌'Exploring the nature of Genius라는 인문학 프로그램을 운영 중이다. 약력으로만 보면 저자가 천재인 듯한데, 이스트만 음대에서 피아노와 음악사 전공으로 학사 학위를, 시카고 대학교에서 인문학 박사를, 하버드 대학교에서 음악학 박사를 받았고, 예일 대학교에서 음대 학장을 역임했고 미국 예술과학 아카데미 회원이다.

저자는 개강 날이면 웃음과 토론을 유발하기 위한 질문을 먼저 던진다. "자기가 천재라고 생각하는 사람은?" 적지 않은 학생이 쭈뼛거리며 손을 든다. "아직 천재는 아니지만 앞으로 천재가 되고 싶은 사람은?" 대략 4분의 3 정도가 자신 있게 손을 든다.

종강일에 다시 질문을 던진다. "지금도 여전히 천재가 되고 싶은 사람은?" 전체의 4분의 1만이 손을 든다. 이때쯤 한 학생이 나서서 정리를 해준다. "학기 초에는 천재가 되고 싶다고 생각했지만 지금은 확신이 서지 않습니다. 너무도 많은 천재가 집착적이고 자기중심적인 괴짜들이라서 말입니다. 솔직히 말해서 이런 사람들은, 친구나 기숙사 룸메이트가 되면 좋겠다 싶은 그런 유형이 아니라서요."

마이클 샌델의 『정의란 무엇인가』◆를 떠올린다. 왜 그 강의가 하버드 최고의 인기 강의이고, 한국에서도 베스트셀러가 되었을까. 미국식 강의, 미국식 저서, 미국식 대중 교양서의 특징이 이 책에 온전히 살아 있다. 사실 천재라면 이 책을 읽을 필요가 없다. 범인이라면 이 책을 읽어야 한다. 지크문트 프로이트가 자녀들과 버섯을 따러 갔다. 신기하게 생긴 버섯을 발견했다. "애들아 이것 좀 봐."라고 말하지 않았다. 그는 모자를 벗어 조심스레 버섯을 덮었다. 그러곤 아이들이 직접 모자를 들어 올려 비밀을 발견하게 했다. 과거와 현재의 천재들에 대한 최고의 사례집이다. 강력하게 추천하고 싶은.

◆ 마이클 샌델 지음, 김명철 옮김, 김선욱 감수, 『정의란 무엇인가』(와이즈베리, 2014).

가면 증후군, 우리 안에 숨은 잠재력의 징표

『히든 포텐셜 : 성공을 이루는 숨은 잠재력의 과학』
애덤 그랜트 지음, 홍지수 옮김, 한국경제신문, 2024

"꿈을 꼭 붙들라. 꿈이 사라지면, 삶은 날개가 부러져 날지 못하는 새가 된다"(랭스턴 휴즈, 미국의 시인).

펜실베이니아 대학교 와튼스쿨의 조직심리학 교수인 애덤 그랜트의 성공 철학은 바로 이런 것이다. 『히든 포텐셜』은 특별히 '가면 증후군'에 대해 이야기한다. '가면 증후군'은 다음과 같은 모순을 가진다.

1. 다른 사람이 여러분을 믿는다.

2. 여러분은 여러분 자신을 믿지 않는다.

3. 그러나 여러분은 다른 사람이 아니라 여러분 자신을 믿는다.

저자가 묻는다. "여러분이 자기 자신에 대해 의구심을 품으면 여러분 자신이 여러분에 대해 내리는 낮은 평가에 대해서도 의구심을 품어야 하지 않는가?" 흥미로운 모순이다. 저자는 '가면 증후군'이야말로 숨은 잠재력의 징표라고 믿는다. '다른 사람들이 여러분을 과대평가한다는 느낌이 들지만 여러분이 여러분을 과소평가했을 가능성이 훨씬 크다.'는 것.

얼마 전 유학 중인 둘째에게 새 학기를 맞아 편지를 보냈다. "사랑하는 세연에게, 아빠를 비롯해 온 세상 사람들은 너무도 잘 안다. 하지만 세연이만 모른다. 세연이가 얼마나 뛰어나고,

사랑스러운지를…. 세연이는 단 한 번도 포기한 적이 없다. 멈춘 적도 없다. 후퇴한 적도 없다. 꾸준히 앞으로 나아간 적만 있을 뿐이다. 그러니.”

잠재력을 어떻게 찾아내고 어떻게 극복하고 어떻게 세상을 향한 창문을 활짝 열어젖힐 수 있을까.

대중을 향해 실용과 교양을 이야기하는 미국식 저술의 특징들이 있는데 이 책이야말로 전형이다. 학술적 연구 성과와 논문들을 대중의 눈높이에 맞춰 버무린다. 학문은 강단만의 것이 아니다. 어릴 적부터 훈련된 치열하고 탄탄한 구조와 글쓰기가 함께한다. 말하기야 디엔에이 속에 들어 있지만 글쓰기는 아직까지 우리의 유전인자 속에 들어온 적이 없다. 그래서 글쓰기는 더욱 중요하다. 사례연구야말로 미국식 저술의 장점이다. 저자들은 대부분 ‘사례 채집꾼들’이다. 감사의 말에서 단서를 발견했다.

“그들은 각각의 사례마다 독창성을 불어넣었고” “이 책의 연구 논문과 사례들을 깊이 파고들어” “사례들을 추적해 거대한 임시 구조물을 제시해” “큰 아이디어와 사례에 생명을 불어넣고”….

감사의 글 대부분은 이렇듯 사례와 연관되어 있다. 경영대학원 교수라 특히 그러하겠지만 책은 미국적 성공관, 미국적 학술관, 미국적 저술 세계의 특장을 온전히 담아내고 있다.

남 신경 쓰느라
자기 인생을 살아가기 힘든 사람들에게

『유쾌하게 나이 드는 법 58』
로저 로젠블랫 지음, 권진욱 옮김, 나무생각, 2021

"브룩 애스터(미국 사교계의 거물) : 윈스턴 경, 당신이 만약 제 남편이었다면, 나는 기쁜 마음으로 당신이 마시는 커피에 독을 넣었을 겁니다.

처칠 : 부인, 내가 만약 당신 남편이었다면, 나는 그걸 마셔야겠죠."

물론 위트는 중요하다. 하지만 내게서 나온 말은 내게로 돌아오는 법. 위트 또한 그러하다. "언젠가 때가 되면 당신에게 내심 두려움을 느꼈던 사람들이 바로 당신이 던졌던 그 위트로 당신을 불리하게 만들 날이 올 것이다." 그래서 탄생한 제14법칙이 '함부로 위트를 자랑하지 말라'이다.

나이가 들면 저절로 지혜로워지고 경륜이 풍부해질까. 나로서는 쉽게 동의하기 어렵다. 내가 살아온 내 자신의 한계를 너무나도 절실하게 느끼기에 이런 명제에 동의할 수 없다. 지혜를 빌려와야 한다. 새록새록 자극하고 새로운 깨달음을 얻어가야 한다. 다른 나라도 그러하지만 특히 한국 사회에는 남을 지나치게 의식하는 사람들이 많은 것 같다. 남을 신경 쓰느라 자기 인생을 살아가기 힘들다. 지나치게 유행과 흐름에 민감하다. 자칫 자존감이 흐트러진다. 그런 이들을 위한 지혜다.

"하지만 장담하건대, 당신 생각을 하고 있는 사람은 아무도 없다. 그들은 자신만을 생각하고 있다. 바로 당신이 당신 자신만을 생각하고 있는 것처럼"(제2법칙 '당신만 생각하고 있는 사람은 아무도 없다').

제15법칙은 지독하게 현실적이다. '미덕을 좇되 그것에 목숨을 걸지는 말라'는 내용이 인용할 만한 가치가 있다. "그렇다면 어떤 사람이 배신할 가능성이 많은가? 첫째, 자신이 과소평가받고 있다고 느끼고, 이 점에 대해서 스스로 떠벌리고 다니는 인간들이다. 둘째, 지위 고하를 막론하고 자신이 그 자리에 어울리지 않는다고 생각하여 자신을 드러내길 두려워하는 사람이다. 셋째, 신문에 칼럼을 쓰는 작자들. 넷째, 뭔가 바라는 것이 있는 사람들. 다섯째, 관광지 안내서를 뒤적거리고 벤츠 자동차 전시장에서 눈요기나 하며 대부분의 시간을 보내는 종자들. 여섯째, 이름에 모음이 하나라도 들어가는 사람들. 마지막으로 일곱째, 그러니까 모든 인간들." 부정하고 싶을 것이다. 그래도 사람을 믿고 싶을 터이니. 하지만 이 또한 현실인 것을 어떡하나.

미국의 작가이자 하버드 대학교 교수 출신에 언론사 칼럼니스트로 일해 온 로저 로젠블랫이 '나이 들어가는 데 필요한 법칙'을 58개로 정리했다. 물론 모든 법칙에 동의할 순 없다. 하지만 이 중에서 몇 개라도 건질 수 있다면 성공이다. 지혜와 통찰력이 흥미로운 책.

좋은 불안

『당신의 불안은 죄가 없다 : 걱정 많고 불안한 당신을 위한 뇌과학 처방전』
웬디 스즈키 지음, 안젤라 센 옮김, 21세기북스, 2024

불안은 삶의 일부다. "최근 추정에 따르면, 전체 인구의 90 퍼센트 정도가 일상생활에서 불안을 느끼며 그로 인해 영향을 받는다."

불행하게도 "우리의 뇌는 구석기시대와 비교해서 생물학적 진화를 이루지 못했다." 이에 반해 우리가 지금 살아가는 세상은 감당하기 어려울 정도로 어지럽다.

불안을 어떻게 다뤄야 할까. 퓰리처상 수상 작가 리처드 포드가 있다. 그는 난독증이 있었다. 당연히 책을 읽기가 힘들었다. 천천히, 가까스로 읽을 수밖에 없었다. 그런데도 그는 훌륭한 작가가 됐다. 어떻게 가능했을까. 난독증과 함께 생활하고 난 수십 년 후 그는 깨달았다. 천천히 읽어야 했기 때문에 오히려 언어의 리듬과 운율을 훨씬 더 깊이 느낄 수 있었다는 것을, 그런 언어에 대한 세심한 관심이 결국은 그를 수상 작가로 만들었다는 것을.

그는 고통받았을 것이다. 때로는 좌절했을 것이다. 하지만 그는 난독증이라는 평생의 불안을 올바른 마인드 셋으로 극복해 냈다. 그러곤 그 불안을 통해 창의성과 상상력에 불을 지폈다.

번역서들의 제목이야말로 직역이 불가능한 대표적인 영역이겠지만 이 책의 원제도 한번 살필 필요가 있다. *Good Anxiety :*

*Harnessing the Power of the Most Misunderstood Emotion*이다. 직역하자면 "좋은 불안: 가장 오해하기 쉬운 감정의 힘 활용하기"다.

신경과학 및 심리학 교수이자 대중 과학 커뮤니케이터인 웬디 스즈키 교수는 '불안의 순기능'에 주목한다. "불안에 대한 뇌과학적 이해를 바탕으로 불안을 '좋은' 방향으로, 그 순기능을 최대한 활용하여 자기 보호와 자기 돌봄을 넘어 생산적이고 창의적인 방향으로 나아가는 방법을 제시한다"(옮긴이의 말).

사실 불안을 유발하는 스트레스 자체를 없앨 수는 없는 일. 그렇다면 불안에 대한 우리의 반응을 어떻게 '최적화'할 수 있느냐이다. 네 가지 방법이 있을 것이다.

첫째, 불안을 초래하는 상황 자체를 피하는 방법. 둘째, 불안을 더 잘 견딜 수 있는 방식으로 현재 상황에 변화를 주는 방법. 셋째, 불안을 유발하는 상황에서 주의를 돌려 다른 곳으로 향하게 하는 방법. 넷째, 적극적이고 의식적으로 자신의 사고방식이나 태도를 재평가하고 재구성하는 방법 등이다. 네 가지 중에서 책의 방향성이 어느 쪽인지는 제목만으로도 짐작이 갈 것이다. 불안에 대한 일종의 처방전이자 치료서로 제공되는 책.

"아빠, 삶의 목적은 말이죠, 죽음이에요"

『왜 살아야 하는가 : 삶과 죽음이라는 문제 앞에 선 사상가 10인의 대답』
미하엘 하우스켈러 지음, 김재경 옮김, 추수밭, 2021

독일 출신 철학자로 영국에서 철학을 가르치고 있는 미하엘 하우스켈러가 10살짜리 아들에게 물었다. "삶의 목적이 무엇이라고 생각하니?" 삶의 목적에 관해서는 생각할 필요도 없는 나이였다. 하지만 아들은 망설임 없이 엄청난 확신을 가지고 즉각 대답했다. "아빠, 삶의 목적은 말이죠. 죽음이에요." "왜 그렇게 생각하니?" "무엇이든 결국에는 죽으니까요." 그러면서 덧붙였다. "하지만 아빠, 죽음의 의미는 삶이에요. 죽음 없이는 삶도 있을 수 없으니까요."

철학자의 아들이라 그랬을까. 아들은 '궁극의 의문'에 대해 자기 생각을 답할 줄 알았다. 이때 궁극의 의문이란 삶과 죽음의 의미를 다루는 의문을 말한다. 이는 "우리 존재의 핵심을 파고드는 가장 근원적인 질문이라는 점에서 궁극적일 뿐만 아니라 가장 답하기 어려운 질문이라는 점에서도 궁극적이다." 저자의 아들뿐만 아니라 세상을 살다간 수많은 선지자들이 의문에 답하기 위해 노력했다. 그중에는 가장 위대한 작가들과 철학자들도 포함된다. 책은 그런 선지자들이 남긴 저작에서 삶의 의미와 죽음 사이의 관계를 둘러싼 여러 개념과 목소리와 이미지를 엮어 가며 그들의 대답이 어땠는지를 탐구한다.

분석의 대상은 아르투어 쇼펜하우어에서 알베르 카뮈에 이르기까지 10명의 대가다. 이 중 레프 톨스토이를 분석한 한 대목을 가져와 보자. 톨스토이의 마지막 소설은 1899년에 출간된 『부활』이다. 노년의 톨스토이가 보기에 의미 있는 삶, 살 만한 가치가 있는 삶에 이르는 열쇠는 보편적 사랑이었다. 톨스토이에게 있어 보편적 사랑이란 공감이자 연민이자 용서다. 인류가 맺고 있는 형제자매 관계를 경험을 통해 실제적으로 인식한 사랑이다. 하지만 대문호에게도 여전히 죽음이라는 존재는 풀리지 않는 의문이었다. 소설 끝 부분에 네흘류도프가 친분을 쌓은 죄수 중 하나가 죽음을 맞이하자 케케묵은 존재론적 고민이 다시 빳빳하게 고개를 치켜든다. "네흘류도프는 생각했다. '그는 왜 고통을 겪어야 했을까? 그는 왜 살아야 했을까? 이제는 이해할까? 하지만 답은 없는 것 같았다. 죽음 말고는 아무것도 없는 것 같았다. 네흘류도프는 현기증을 느꼈다.'"

선방의 스님이 아니더라도 누구나 화두 삼아야 할 존재의 근원에 대한 질문을 우리는 늘 잊고 산다. 책은 궁극적 질문과 답변을 찾아가는 방편이자 순례 길이다. 생각보다 쉽고 생각보다 즐거운 책이다. 다음은 책머리 부분에 적힌 저자의 명제다.

"삶이 살 만한 가치가 있는가는 삶을 사는 사람에게 달려 있다."

"죽음보다는 추한 삶을 더 두려워해야 한다"

『아직 오지 않은 날들을 위하여 : 세계적 지성이 전하는 나이듦의 새로운
태도』
파스칼 브뤼크네르 지음, 이세진 옮김, 인플루엔셜, 2021

2018년 69세의 어떤 네덜란드인이 서류상의 나이를 고쳐
달라며 나라를 상대로 소송을 제기했다. 자기가 느끼는 나이는
49세인데 공식 기록상의 나이 때문에 일과 연애에서 차별을 받
는다는 이유였다. 베르톨트 브레히트가 그랬던가. "죽음보다는
추한 삶을 더 두려워해야 한다."라고.

　체코의 오페라 〈마크로풀로스 사건〉이 있다. 16세기에 태어
난 가수 에밀리아 마크로풀로스는 마법사가 준 불로장생의 영
약을 마셨다. 300년이 지났지만 여전히 그대로인 그녀는 더 이
상 늙지도, 죽지도 않는 삶에 싫증이 난다. 자식들, 친구들은 모
두 한참 전 떠나갔다. 에밀리아는 노래한다. "당신들은 다 죽을
거야. 운이 좋기도 하지. … 오, 주여, 어둠의 문을 열어 주소서,
제가 그 문으로 사라질 수 있도록." 그럴 것이다. '죽음이라는
지평이 없는 삶은 기나긴 악몽'일 것이니.

　프랑스를 대표하는 세계적 지성 파스칼 브뤼크네르는 사실
1948년생이다. 하지만 이 책은 '50세 이후, 젊지 않지만 늙지
도 않은, 아직은 욕구가 들끓는 이 중간 시기'를 살펴본다. 왜
하필 이 시기냐고, 가장 문제적 시기이기 때문이다.

　"이 시기에는 인간 조건의 중대한 문제들이 날카롭게 부상

한다. 오래 살고 싶은가, 치열하게 살고 싶은가? 다시 시작할 것인가, 방향을 꺾을 것인가? 재혼 혹은 재취업을 하면 어떨까? 존재의 피로와 황혼의 우울을 피하려면 어떻게 해야 할까? 크나큰 기쁨과 슬픔을 어떻게 감당할까? 회한이나 싫증을 느끼고도 여전히 인생을 잘 흘러가게 하는 힘은 무엇인가?"

서양 사람들에게 인생이라는 여정의 뿌리, 천신만고 끝에 고향 섬으로 돌아갔으나 끝내 불행해진 오디세우스를 떠올려보자. 그리스의 위대한 시인 콘스탄티노스 카바피스는 오디세우스가 이타카에 최대한 늦게 도착하기를 소망했다.

"그러나 그대는 여행을 속히 마치지 마시오. / 여행은 오래 지속될수록 좋고 / 그대는 늙은 뒤에 / 비로소 그대의 섬에 도착하는 것이 낫소. / 길 위에서 그대는 이미 풍요로워졌으니."

길은 인생이다. 우리는 길 위의 여행자다. 우리는 좀 더 철학적 삶을 고민해야 한다. 강력하게 추천하고 싶은 책.

자신의 장례식에 참석할 이들에게
편지 한 통 남기다

『죽음의 에티켓 : 나 자신과 사랑하는 이의 죽음에 대한 모든 것』
롤란트 슐츠 지음, 노선정 옮김, 스노우폭스북스, 2019

가족들과 이별이 시작된 건 한참 전이다. (양)아버지께서 맨 먼저 돌아가셨다. 다음으로 (친)아버지께서 세상을 떠나셨다. 얼마 전에는 동생이 나를 앞질러 세상을 떴다. 언젠가는 내 차례가 오리라는 것을 안다. 그럼에도 나는 여전히 죽음이라는 본질을 회피하려 든다. "인간은 평생 자신이 반드시 죽는다는 걸 부인하기 위해 노력한다. 그리고 바로 그 이후로 생각하는 존재가 되었다"(롤란트 슐츠). 그럴지도 모르겠다. 그럼에도 여전히 인간은 죽음에 대해 침묵한다.

2018년에 졸저『상속 설계』◆를 출간하면서, 첫 문장을 "나는 죽었다."로 시작했다. 내가 죽었다는 것을 전제로, 벌어지는 여러 가지 법적 분쟁 상황을 가상했던 것이다. 나는 한 챕터로 마무리했었는데, 『죽음의 에티켓』은 250쪽짜리 한 권의 책으로 구체화했다. 죽음의 실제 과정을 단계별로, 보편적으로, 인간학으로 철저하게 정리해 낸 훌륭한 책이다. 내 죽음을 상상할 때가 있다. 이런 죽음이었으면 할 때도 있다. 황동규 선생의『풍장』◆◆ 같은 모습이다.

◆ 최재천, 『최재천 변호사의 상속 설계 : 인생의 마지막 설계』(폴리테이아, 2018).

"바람을 이불처럼 덮고 / 화장도 해탈도 없이 / 이불 여미듯 바람을 여미고 / 마지막으로 몸의 피가 다 마를 때까지 / 바람과 놀게 해다오." 아이들의 외증조할아버지께서는 당신의 아버지와의 이별을 슬퍼한 나머지 집 안 부엌에 '풍장'을 치렀다는 이야기를 어른들에게 전해들은 적이 있다. 물론 내가 말하는 풍장은 그 정도는 아니다. 내가 사랑하는 '바람' 그 자체다.

"목련꽃 지는 모습 지저분하다고 말하지 말라 / 순백의 눈도 녹으면 질척거리는 것을 / 지는 모습까지 아름답기를 바라는가"(복효근의 「목련 후기」). 그렇다면, 아름다운 죽음이란 없는 것일까. 저명한 의사이자 작가인 아툴 가완디의 말이다. "아름다운 죽음은 없다. 그러나 인간다운 죽음은 있을 수 있다." 대학에서 성직 후보생들에게 사회윤리학을 가르쳐 온 또 다른 저자 박충구 선생은 죽음을 이해하고 준비하기 위한 열세 가지 질문을 『인간의 마지막 권리』◆로 정리했다. 죽음에 대한 평화로운 성찰록이다. 시공을 넘나드는 인용이 대단히 적절하다. 그래서 인용이 잦다.

프랑스 철학자 자크 데리다는 췌장암으로 세상을 떠나기 전 자신의 장례식에 참석할 이들에게 편지 한 통을 남겼다. 장례식 날 데리다의 아들이 그 편지를 읽었다. 데리다는 편지 마지막을 이렇게 마무리한다.

"내가 어디에 있든지 나는 그대들을 향하여 미소를 짓고 그대들을 축복하고 그대들을 사랑할 것입니다."

◆◆ 황동규, 『풍장』(문학과지성사, 1999).
◆ 박충구, 『인간의 마지막 권리 : 죽음을 이해하고 준비하기 위한 13가지 물음』(동녘, 2019).

당신이 죽음을 앞두었다면

『죽을 때 후회하는 스물다섯 가지 : 1000명의 죽음을 지켜본 호스피스 전문의가 말하는』
오츠 슈이치 지음, 황소연 옮김, 21세기북스, 2024
『내가 원하는 삶을 살았더라면 : 생의 마지막 순간에 남긴 값진 교훈 죽을 때 가장 후회하는 5가지』
브로니 웨어 지음, 유윤한 옮김, 피플트리, 2013

'인간'이라는 이름으로 살다간 사람이 1000억 명을 조금 넘는다는 통계가 있다. 이들 중 죽을 때 '결코 후회하지 않은 삶을 살다간 사람'은 과연 몇이나 될까.

두 권의 책을 안내한다. 먼저는 일본의 호스피스 전문의가 쓴 『죽을 때 후회하는 스물다섯 가지』. 이 책이 번역된 게 2009년, 그동안 이 책의 메시지를 수많은 강연에서, 여러 글에서 인용하곤 했다. 때마침 새로운 판본으로 출간되어 소개할 수 있는 계기가 마련됐다. 그간의 인용에 조금이라도 빚을 갚는 기분으로 집어 들었다. 과연 일본 사람들은 죽을 때 무엇을 후회할까. 정리한 25가지 중 다섯 가지만 나열한다. 이것만으로도 충분한 가치가 있다.

"첫 번째 후회는 사랑하는 사람에게 고맙다는 말을 많이 했더라면. 두 번째 후회는 진짜 하고 싶은 일을 했더라면. 세 번째 후회는 조금만 더 겸손했더라면. 네 번째 후회는 친절을 베풀었더라면. 다섯 번째 후회는 나쁜 짓을 하지 않았더라면 ….."

다음은 오스트레일리아에서 태어나 영국에서 호스피스 간

병인으로 일해 온 작가가 쓴 『내가 원하는 삶을 살았더라면』.
영국 사람들이 죽을 때 가장 후회하는 다섯 가지가 있다.

"첫째, 다른 사람이 아닌, 내가 원하는 삶을 살았더라면. 둘
째, 내가 그렇게 열심히 일하지 않았더라면. 셋째, 내 감정을 표
현할 용기가 있었더라면. 넷째, 친구들과 계속 연락하고 지냈
더라면. 다섯째, 나 자신에게 더 많은 행복을 허락했더라면."

그렇다면 미국 사람들은 죽을 때 무엇을 가장 후회할까. 미
국에서 목사로 일하며 수천 명의 임종 환자들과 영적 대화를
나눈 한인 이민자 2세 준 박 목사가 미국 시엔엔CNN에 출연하
여 들려준 이야기다(『중앙일보』 2023/09/21).

"이들이 공통적으로 얘기하는 주제는 '후회'입니다. 대부분
의 후회는 내가 원하는 것이 아니라 다른 사람들이 원하는 것만
했다는 것"이지요.

그렇다면 한국 사람들은 죽을 때 무엇을 가장 후회할까. 국
내에 이 주제만으로 정리한 책은 아직까지는 없어 보인다. 하지
만 내 삶과 내 주변의 삶에 비추어볼 때, 우리 사회에서 과연 후
회 없는 삶은 가능할까. 일단은 누군가가 이 주제를 한번 정리
해서 출간했으면 좋겠다. 다른 나라 사람들의 죽기 전 후회와
한국 사람들의 죽기 전 후회를 한번 폭넓게 비교해 봤으면 좋
겠다. 그리고 그 후회가 어떤 문화적 기반에 자리하는지, 어떻
게 하면 그 후회를 줄일 수 있는지 다 함께 고민했으면 좋겠다.
인간은 존엄하고 인생은 아름다워야 하기 때문에.

우리는 왜 죽고, 또 어떻게 죽는가?

『우리는 왜 죽는가 : 노화, 수명, 죽음에 관한 새로운 과학』
벤키 라마크리슈난 지음, 강병철 옮김, 김영사, 2024

빛바랜 책을 하나 꺼냈다. 맨 뒷장에는 "1995년 4월 7일 지하철 2호선, 정말 유익한 책!"이라 적혀 있다. 의료사고 전문 변호사로 일하던 젊은 시절, 의료 관련 책이라면 뭐든지 읽었다. 어떤 문장에 홀렸던 기억이 새롭다. "나이가 많아 죽는 사람은 이 세상에 아무도 없다. 무슨 엉뚱한 말이냐고 하겠지만 이것은 사실이다. … 결국 모든 사람은 미 FDA와 WHO가 밝힌 질환에 의해 죽을 뿐, 늙었다는 이유 하나만으로 숨을 거두지는 않는다는 말이다." 그 책은 지금은 세상을 떠난 예일 대학교 의대 교수 셔윈 B. 눌랜드의 『우리는 어떻게 죽는가』*How We Die*이다.

거의 30년 뒤 새롭게 집어든 책은 『우리는 왜 죽는가』*Why We Die*이다. 저자는 인도 태생으로 물리학으로 박사를 했고 나중에는 생물학을 공부했으며, 2009년 노벨 화학상을 공동 수상한 분자생물학 분야의 대가 벤키 라마크리슈난이다.

일단 나 같은 사회과학도가 읽기에는 쉽진 않다. 학창 시절 수학과 과학 공부를 게을리했던 것이 늘 후회스럽다. 이건 반쪽짜리 공부도, 4분의 1쪽짜리 학생도 못 되는 일이었다. 하지만 읽어야 한다. 노화와 항노화에 대한 지식은 우리 시대의 기본이다. '어떻게 죽는지', '왜 죽는지'를 이해해야 한다. 생물

공부하는 기분으로 꾸역꾸역 읽었다.

사람은 죽는다. 죽음이야말로 인간에겐 최고의 평등 기제이기도 하다. 그런데도 우리는 죽음을 쉽사리 받아들일 수 없다. "죽음에 이토록 집착하는 성향은 인간에게만 있는 것 같다. 우리 종이 이렇게 종말에 강박적으로 매달리는 이유는 우연히 뇌와 의식이 진화하고 언어가 발달해 두려움을 서로에게 전파하기 때문이다."

죽음에 대한 대처 전략은 크게 네 가지가 있다. 철학자 스티븐 케이브의 분류다. "플랜 A는 영원히, 또는 최대한 오래 살려고 노력하는 것이다. 플랜 B는 죽은 뒤에 육체가 다시 태어나는 것이다. 플랜 C는 육체가 썩고 부활할 수 없더라도 우리의 정수는 영원히 죽지 않는 영혼으로 이어진다고 생각하는 것이다. 플랜 D는 우리가 남긴 작품이나 기념물이나 생물학적 자손, 즉 우리의 유산을 통해 계속 살아간다는 생각이다." 당신은 어느 플랜을 선택하겠는가.

생물학의 발전은 항노화 산업의 기초를 제공함과 동시에 건강과 장수의 비결로 꼽혔던 조언을 철저히 검증했다. '잘 먹고, 잘 자고, 적당히 운동하는 것'이다. 더 조언하자면 이렇다.

"진짜 음식을 먹어라. 너무 많이 먹지 말라. 대부분 식물성으로 먹어라."

더 나은 인생을 위한 '그만두기'의 기술

『그릿 GRIT : IQ, 재능, 환경을 뛰어넘는 열정적 끈기의 힘』
앤절라 더크워스 지음, 김미정 옮김, 비즈니스북스, 2022
『퀴팅 : 더 나은 인생을 위한 그만두기의 기술 』
줄리아 켈러 지음, 박지선 옮김, 다산북스, 2024

그릿GRIT이 있다. 'IQ, 재능, 환경을 뛰어넘는 열정적 끈기의 힘'이다. 다들 성공을 꿈꾸기에 그릿은 찬양되어야 마땅하다. "그릿을 미덕으로 여기는 것은 종교개혁의 유산입니다. 아메리칸드림의 일부이기도 하고요"(애덤 그랜트).

하지만 현실은 그릿만으로 이루어지지 않는 일이 더 많을 수 있다. 책에서 필즈상 수상자 허준이 교수를 만난다. 그의 말이다. "의도와 의지력은 매우 과대평가되었다. 그런 것들로 이룰 수 있는 일은 거의 없다."

그릿의 반대편에 퀴팅QUITTING이 있다. '더 나은 인생을 위한 그만두기'다. 퀴팅은 성공학에 대한 지배적인 견해에 어긋난다. "지배적인 견해에서는 퀴팅을 비뚤어진 일탈이자 일반적인 범주를 약간 벗어나는 비열한 짓으로 본다."

린지 크라우스가 2021년 『뉴욕타임스』 에세이에 이렇게 썼다. "미국인은 대체로 퀴팅을 악마화하고 그릿을 가치 있는 것으로 여긴다. 지난 10년 동안 이에 관한 책이 쏟아지며 자녀에게 허상에 불과한 자질인 그릿을 주입하도록 부모를 부추겼다."

퀴팅에 대한 오해를 벗겨 내야 한다.

먼저 퀴팅은 포기나 실패가 아니다.

"멈추기로 선택하는 것과 그만두기 사이에는 차이가 있습니다. 그만두기라는 말에는 헐뜯는 느낌이 많아요. 우리는 그만두기를 실패와 동일시합니다. 꼭 그런 게 아닌데도 말입니다. 위험하거나 건강에 좋지 않기 때문에 중단할 때도 있습니다. 하지만 우리는 결과를 매우 중요하게 여깁니다. 그리고 '못 버티기 때문에' 그만둔다고 생각하죠"(크리스틴 디펜바흐).

퀴팅은 철학적 삶이다. 야구 선수 샌디 쿠팩스의 전기를 집필한 제인 리비는 메이저리그를 떠나기로 한 에이스 좌완 투수의 결정에 대해 이렇게 썼다.

"퀴팅은 상상력과 해방의 행위다. 퀴팅을 위해서는 자기 존재를 온전하게 이해하고 그 온전한 존재가 대중에게 알려진 존재만큼 중요하다는 것을 이해하는 능력이 필요하다."

퀴팅은 소극적 저항이 아니다.

"미켈란젤로가 대리석 덩어리에 접근하듯이 나만의 항해와 프로젝트에 접근해야 한다. 그 과정에서 적극적으로 배우고 조정하며, 필요한 경우 이전 목표를 버리고 방향을 완전히 바꾸는 것까지 감수해야 한다"(데이비드 엡스타인).

이래서 퀴팅은 "효율적으로 사용해야 할 자원이며 패배가 아니라 결정이고 전환점이다."

'평균의 종말' 시대,
수많은 다크호스를 인터뷰하다

『다크호스 : 성공의 표준 공식을 깨는 비범한 승자들의 원칙』
토드 로즈, 오기 오가스 지음, 정미나 옮김, 21세기북스, 2019

1831년 출간된 영국 소설 『젊은 공작』에는 경마에서 돈을 벌었다가 '전혀 예상도 하지 못했던 말'이 우승하는 바람에 큰 돈을 잃는 대목이 있다. 이후 '다크호스'Dark Horse는 표준적 개념에 따른 승자와는 거리가 있어서 주목을 받지 못했던 '뜻밖의 승자'를 지칭한다.

수잔 로저스는 보스턴 버클리 음대 교수다. 수잔은 14세에 암으로 어머니를 잃었다. 세 명의 남동생을 챙기는 소녀 가장이 되었다. 아버지가 재혼한 후에는 싸움이 일상이 됐다. 고등학교를 중퇴하고 21세의 남자 친구와 결혼했다. "도망치고 싶은 생각뿐이었어요. 결혼을 하면 집에서 독립도 하고 나보다 나이 많은 남자의 보호도 받을 수 있을 것 같았어요." 남편은 의처증 환자였다. 수잔이 음악에 관심을 갖는 것까지도 질투했다. "록스타의 거시기나 크게 그려서 빨지 그래?" 이때가 수잔의 터닝 포인트였다.

다시는 집으로 돌아가지 않았다. 1978년 수잔은 전문 음향 기사가 되는 방법을 찾아보기로 마음먹었다. 가장 큰 단점은 음악 엔지니어링 분야는 남성의 전유물이었다는 점. 수잔은 자신의 '개개인성'을 지침 삼아 비전통적인 가능성에 주목했다. 먼저 음향예술대학교의 접수 계원으로 취직했다. 좋은 성적, 좋은 학교라는 엘리트 코스를 밟아 가는, 표준화 계약의 관점에서 보면 무모한 결정이었다. 나이 스물넷에, 레코드사의 정규직 정비 기사가 됐다.

"누군가가 그랬죠. 음악계에서 성공하는 일은 고속도로 갓길에서 엄지손가락을 내밀고 서서 차를 태워 주길 마냥 기다리는 것과 같다고요. 저는 엄지손가락만 내밀고 가만히 서있었던 적이 없어요. 걸어갔어요. 우두커니 서서 태워 주길 기다리는 자세는 아무도 좋아하지 않아요."

『평균의 종말』◆의 저자인 토드 로즈와 오기 오가스는 하버드 교육대학원 개개인학 연구소에서 '다크호스 프로젝트'를 총괄하면서 수많은 다크호스들을 인터뷰했다. 이들은 본질상 이례적인 경로를 따라 우수성을 획득했다. 다들 그러하듯, 다크호스들에게는 시스템에 저항하려는 충동 등의 공통적인 성격이 분명히 있을 것이라고 지레짐작하기 쉽다. 조사한 바로는 전혀 그렇지 않았다. 성격도 태도도 사회 경제적 배경도 다 달랐다. 하지만 하나의 공통점이 있다면 이는 '충족감을 느끼며 산다'는 것이었다. 표준화 시대에는 우수성을 얻기 위해 힘쓰면 충족감이 따라왔다. 하지만 다크호스들은 충족감을 추구하면서 그 결과로 우수한 경지에 이르렀다. 개인화된 성공이란 충족감과 우수성을 모두 누리는 삶이다.

◆ 토드 로즈 지음, 정미나 옮김, 이우일 감수, 『평균의 종말 : 평균이라는 허상은 어떻게 교육을 속여왔나』(21세기북스, 2021).

"알고 보니 나는 유아기를 살고 있었던 것이다"

『어른이라는 진지한 농담 : 격식에 얽매이지 않고 품위를 지키는 27가지 방법』
알렉산더 폰 쇤부르크 지음, 이상희 옮김, 추수밭, 2021

아서 왕 이야기에 나오는 한 대목. 마녀의 말이다. "누구는 우리가 아름다워지거나 사랑받거나 존중받기를 원한다고 말하고, 또 누구는 우리가 부자가 되어 편한 삶을 살고 싶어 한다고 말하지요. 다 틀린 말이에요." 그렇다면 진정 여성이 원하는 것은 무엇일까. 중세 영어로 쓰인 가장 유명한 판본을 그대로 인용하면 "whate wemen desyren moste specialle"한 것은 무엇일까. "우리가 무엇보다 가장 원하는 것은 자기 결정권 sovereynté이에요."

자기 결정권은 삶을 스스로 결정할 권리. 예나 지금이나 자기 결정권이야말로 인간 존엄의 근본이다. 스스로 정보를 수집하고 스스로 학습하고 스스로 판단하고 스스로 결정하고 스스로 책임지는 원리야말로 민주주의의 원리요 시장주의의 원리요 근대 민법의 기본 원리다. 자기 결정 원리는 자기 책임의 원리로 이어진다. 그래서 시민으로서, 시장 참여자로서 권리와 책임은 결코 가벼울 수 없는 것이다. 존중받기 위해서는 존중해야 하고 존중받을 수 있도록 의사와 행동을 결정해야 한다. 여성이건 남성이건 어리건 나이 들었건 이 근본원리는 황금률이다.

어린 시절, 나이가 들면 마치 광고나 드라마에 나오는 중년처럼 품위 있을 거라 생각했다. 하지만 웬걸, 중후해지기는커녕 덕성과 품위는 역진 중이다. 그래서 늘 부끄럽기만 하다. 책에는 품위를 지키는 스물일곱 가지 훈계가 적혀 있다. 스물여덟 가지가 아닌 스물일곱 가지 덕을 다루는 까닭은, '1＋2＋4 ＋7＋14'처럼 약수들의 합으로 이뤄진 28은 이른바 완벽한 숫자인데, 완벽함은 비현실적이기 때문이고, 숫자 27은 완벽에 조금 못 미쳤다는 바로 그 이유에서다. 덕성은 '현명함', '유머', '열린 마음' 순으로 이어지는데 다 읽을 여유가 없다면 꽂히는 단어 편을 펼치면 된다. '충동적'이기에 23장 '극기'편을 폈더니 "스스로를 대세에 가두지 말고 스스로에 대해 직접 결정하라."고 말을 건넨다.

　"자제력이 부족한 자는 늘 자기중심적이기 때문이다. 나와 내 욕망을 앞세우는 편이 더 쉽고, 이기적인 선택이 훨씬 편하기 마련이다. 당장의 욕구에 몰두하는 자는 저도 모르게 타인의 욕구, 친구, 가족, 동료를 시야에서 놓치게 된다. 그리고 언젠가는 주변 사람들의 욕구를 전혀 알아채지 못하는 순간이 온다. 아리스토텔레스는 자제하지 못하는 성인의 태도를 두고 "아이의 잘못"이라는 말을 사용한다. 요컨대 그런 행동은 '어서 젖 줘!'라고 외치는 단계에 머물러 있음을 입증할 뿐이다." 알고 보니 나는 유아기를 살고 있었던 것이다. 오호 통재라.

목숨까지 위협하는 '셀피',
왜 우린 위험한 '셀카'를 찍을까

『셀피 : 자존감, 나르시시즘, 완벽주의 시대를 살아가는 법』
윌 스토 지음, 이현경 옮김, 글항아리, 2021

"탄자니아에서 뚱뚱하다는 것은 지위를 나타냅니다. 그러다 살이 빠지면 사람들은 부정적인 말을 하게 되지요." 연구차 아프리카에 머무르곤 했던 어느 교수의 이야기다. 하지만 살이 빠진 채로 영국으로 돌아오면 사람들은 "어머나, 너 정말 근사해졌다! 살 많이 뺐구나!"라고 말한다. 자라 온 환경에서 벗어나 자기 자신에 대해 생각하기란 이토록 힘든 일이다.

여기 두 가지 키워드가 있다. 하나는 '자아', 다른 하나는 '문화'다. 사실 둘은 전혀 다르다. (아프리카에서는 뚱뚱하게, 영국에서는 날씬하게) 완벽해지고 싶은 것은 '자아'다. 실제로 '완벽한' 것이 무엇인지 말해 주는 것은 '문화'다. 하지만 경로를 쫓아갈수록 이 둘은 처음에 생각했던 것만큼 크게 다르지는 않다.

책은 '셀피'라는 트렌디한 제목을 달고 있다. 하지만 실제는 대단히 깊고 방대한 분석틀이다. "우리를 만드는 데 영향을 준 것들에 대한 야심찬 연구다"(『USA 투데이』). 저술 방법론이 지극히 서양적이다. 첫째는 문제의식. 질문의 크기가 해답의 크기를 결정한다고 했던가. 저자의 질문이 지극히 현실적이며 한편 트렌디하다. "어떻게 우리 사회는 이토록 자아에 사로잡히게 되었을까?"라는 의문이 출발점이다. '자아'의 형성 과정을 찾아 나서고 '문화'를 비교하며 개인과 사회, 유전자와 환경의 상호 관계를 분석한다. 둘째는 종적 접근으로, 역사를 거슬러 올라가 아테네와 중국의 제자백가 시절까지 탐색하며 오늘에 이른다. 셋째는 횡적 접근으로, 마치 오디세이의 '여정'처럼 '자아'와 '문화'에 대한 우리 시대의 현상과 연구의 현장을 답사한다. 전통적으로 몸매를 왜곡하여 인식하는 문제는 주로 여성 자아만의 문제라 생각했다. 하지만 섭식 장애는 더 이상 여성 자아만의 문제가 아니다. 신체 이형 장애 또한 남성들에게도 흔히 나타난다. 과거에는 소수의 엘리트 운동선수만이 스테로이드를 사용했는데 오늘날에는 400만 명에 이르는 미국인, 그중에서도 주로 남성들이 근육강화제를 복용한다. 신체 이미지 불만족도는 심각하게 증가하고 있고 우리는 신체적으로 완벽해야 한다는 압박감을 느끼며 산다. 우리는 이런 완벽주의 시대를 살아가고 있으며 완벽주의는 목숨까지 앗아가기도 한다.

"낮이든 밤이든, 변함없는 사실은 당신 안에 왕국이 있다는 것이다. '나는 사랑스러워, 사랑스러워, 사랑스러워!' 이 말을 세 번 연속 뱉으면 당신의 사랑스러운 자아가 마법처럼 자라날 것이다"(다이애나 루먼스). 자아는 무성해야만 좋은 것인가.

'학예사'이던 시절이 가고
'큐레이터'의 시대가 왔다

『한번쯤, 큐레이터』
정명희, 사회평론아카데미, 2021

박물관 큐레이터가 유물 수장고에 들어갈 때는 스카프나 넥타이를 매서는 안 된다. 통이 넓은 바지나 스커트, 굽이 높은 신발도 신을 수 없다. 유물에 닿을까 넘어질까 염려해서다. 정식 매뉴얼은 아니지만 불문율이다.

"신입 시절 선배들은 수장고 작업이 있거나 벽부 진열장 안에 들어가 유물을 교체할 때면 일단 바지 밑단을 양말 안에 접어 넣었다. 처음 그 모습을 보았을 때는 뭔가 성스러운 의식을 진행하는 듯한 진지한 표정이 우스꽝스러웠다."

저자 정명희는 국립중앙박물관 큐레이터다. 큐레이터가 풀어놓는 큐레이터는 어떤 직업일까. 한번쯤 큐레이터로 살아 본다는 것은 어떤 기분일까. 대체 큐레이터는 무슨 생각을 하며 살까.

"큐레이터는 유물 앞에 서있을 이를 상상한다. 서두를 일 없는 여유로운 걸음도, 빠른 보폭의 발소리도 떠올려 본다. 프롤로그와 에필로그, 그 누구도 같을 수 없는 인생의 스토리에서 어떤 큐레이팅을 하고 있을지 상상해 본다."

우리는 큐레이터를 상상하지만 큐레이터는 유물 앞에 서있는 우리를 상상한단다. 기억한단다. 그래서 유물을 매개로 큐레이터와 관람객의 대화는 이루어지고, 이번엔 종이책을 통해 큐레이터와 독자의 대화가 시작된다.

청양 장곡사에는 고려 시대에 제작된 금동약사여래좌상이 있다. 불상 안에서 발견된 10미터가 넘는 발원문에는 1000여 명이 넘는 사람들의 바람이 빼곡하게 적혀 있다. 고려 건국 1100주년을 기념하는 〈대고려, 그 찬란한 도전〉을 준비할 때 장곡사에 세 번을 찾아갔다. "스님의 방에서 무릎을 꿇고 한참을 앉아 있었다. 해야 할 노력을 다했으나 뭔가 미진한 듯했다. 학술지에 논문을 투고하려고 모아 둔 게재료를 대웅전에 연등을 올리는 데 썼다. '더 많은 사람이 고려 시대 약사불을 만날 기회를 주십시오, 좋은 순간을 혼자만 보는 것은 너무 아쉽습니다.' 의지할 곳이 없는 마음에 저절로 기도가 나왔다." 승인이 떨어졌을 땐 날아갈 듯했다. 이번엔 돈 문제였다. 발원문을 펼칠 10미터가 넘는 장을 짜야 했으니.

준비를 거쳐 2018년 겨울, 특별전이 열렸다. 전시 기간 동안 17만 명이 넘는 관람객이 찾았다. 그간 박물관이 개최한 한국 문화재 전시 중 가장 많은 관람객이었다.

'학예사'이던 시절이 가고 '큐레이터'의 시대가 왔다. 제법 꿈꾸는 직업이 되고 있다. 박물관 큐레이터와 갤러리 큐레이터는 결이 상당히 다를 게다. 공공 박물관 큐레이터를 꿈꾸는 이들을 위한 정갈한 안내서.

노동, 인간의 존엄 자체이자 궁극의 질문

『가짜 노동 : 스스로 만드는 번아웃의 세계』
데니스 뇌르마르크, 아네르스 포그 옌센 지음, 이수영 옮김, 자음과모음, 2022
『진짜 노동 : 적게 일해도 되는 사회, 적게 일해야 하는 사회』
데니스 뇌르마르크 지음, 손화수 옮김, 자음과모음, 2024

키 22미터, 몸무게는 50톤이나 되는 거대한 인간이 35초에 한 번씩 망치질을 한다. 서울 새문안로 흥국생명 사옥 앞의 조형물로, 미국의 설치미술가 조너선 보롭스키의 〈망치질하는 사람〉Hammering Man이다. 크기는 다르지만 같은 제목을 단 작가의 작품들은 오늘도 세계 11곳의 도시에서 허공을 향해 망치질 중이다. 흥미로운 건 서울의 작품이 가장 크고 힘이 센 데다 망치질 속도 또한 빠르다는 것. 망치질 속도는 설치 당시인 2002년만 하더라도 1분 17초 만에 한 번씩이었다. 길 가던 시민들이 속도를 좀 더 빠르게 해달라고 요청을 해왔다. 2008년경 작가의 본래 의도와는 다르게 빠르게 조정해야 했다. 여전히 OECD 국가들 중 가장 장시간 노동을 자랑하고 그럼에도 '빨리빨리'를 외치는 현실을 대변하는 우리 시대의 노동자상이다.

카를 마르크스와 프리드리히 엥겔스는 『독일 이데올로기』에서 "아침에는 사냥하고 오후에는 낚시하고 저녁에는 가축을 기르고 저녁 식사 후에는 토론하는 사회, 그러면서도 전문적인 사냥꾼, 낚시꾼, 목동 혹은 평론가가 될 필요는 없는 사회"를 꿈꾸었다. 우리는 과연 그런 노동 '해방'의 시대, 노동과 노동을 통한, 노동으로부터의 자유를 누리며 살아가고 있는가.

먼저 롤란드 파울센이 '텅 빈 노동'empty labor를 규정했다. 빈 둥거리기, 시간 늘리기, 일 늘리기, 일 꾸며내기. 이것만으로는 '텅 빈 노동'과 '진짜 노동'을 온전히 설명하기 어려웠다. 덴마크의 서로 다른 정치 진영 출신인 데니스 뇌르마르크와 아네르스 포그 옌센이 "전혀 힘들지는 않더라도 잔뜩 스트레스 주는 업무, 누구에게도 설명할 수 없는 업무, 누가 설명해도 이해할 수 없는 업무를 포괄한, '텅 빈 노동'이라는 개념의 대안으로 '가짜 노동'이라는 적당한 용어를 찾아냈다." 불행하게도 '가짜 노동'은 실제로 존재하며 이는 인간에게 시간의 낭비와 좌절감을 불러일으킨다.

2020년 갤럽이 덴마크에서 조사해 봤다. 응답자의 무려 76%가 '어느 정도 가짜 노동에 익숙하다'고 답했다.

"지금까지 우리는 기계가 발명되기 전과 마찬가지로 계속 총력을 기울여 왔다. 어리석었지만 영원히 어리석게 지낼 이유는 없다"(버트런드 러셀). 과연 그러한가. 그렇게 사고하고 그렇게 행동하고 있는가.

『가짜 노동』의 후속편인 『진짜 노동』은 데니스 뇌르마르크의 단독 저작이다. 책의 메시지는 분명하다.

"과감히 알려고 하라"Sapere aude.

이마누엘 칸트에게로 돌아간다. 노동이야말로 인간의 존엄 자체이자 궁극의 질문이어야만 한다.

"노벨상은 운 좋은 사람이 받는 상입니다"

『물리학자는 두뇌를 믿지 않는다 : 운, 재능, 그리고 한 가지 더 필요한 삶의
태도에 관한 이야기』
브라이언 키팅 지음, 마크 에드워즈 그림, 이한음 옮김, 다산초당, 2024

"노벨상을 받았을 때 난 그게 내가 천재란 뜻도, 위대한 물
리학자의 순위에 들었다는 뜻도 아니란 걸 직감했어요. 그건
대체로 딱 맞는 시간에 딱 맞는 장소에 있었기에 그 발견에 기
여한 운 좋은 사람이 받는 상입니다"(애덤 리스, 2011년 노벨 물리
학상).

그저 겸손일까. 그럼에도 우리는 노벨상 수상자는 무언가 있
을 것이고 무언가 다를 것이라고 생각한다.

자칭 '우주론자'이자, 노벨상에 근접했다가 실패한 자신의
경험을 담은 『노벨상을 놓치다』라는 책을 썼고, 〈불가능 속으
로〉라는 팟캐스트 등을 진행하는 브라이언 키팅이 저자다. 우
리 제목으로는 『물리학자는 두뇌를 믿지 않는다』이고, 원제는
*Into the Impossible*이다. 책 내용은 원제에 가깝다.

수상자들은 그저 천재일까. "따라서 우리의 허영, 자기애는
천재 예찬을 부추긴다. 천재를 우리와 아주 동떨어진 존재, 기
적으로 생각할 때만 그 사람 때문에 기분이 상하는 일이 없기
때문이다. … 천재도 먼저 벽돌 쌓는 법을 배운 뒤 건물 짓는 법
을 배우며, 끊임없이 재료를 찾고 그 재료를 써서 꾸준히 자신
을 만들어 간다. 천재의 활동만이 아니라 사람의 모든 활동은

놀라울 만치 복잡하다. 하지만 그 어느 것도 '기적'은 아니다"
(니체).

그런 것 같다. 이런 수상자가 있다. "매일 아침 일어나서 나
는 아직 이해할 수 없는 무언가를 연구하지요. 따라서 매일 나
는 학자인데 아무것도 모르는 사기꾼이 되는 거예요. 그래도 어
쩌겠어요. 아직 이해하지 못한 것을 연구해야 해요"(존 매더,
2006년 노벨 물리학상).

훌륭한 학자들이기에 영감의 파편들이 넘쳐 난다. 그중 하
나다. 장자莊子가 말한 '쓸모없는 것의 쓸모', 한자로는 '무용지
용'無用之用이다.

"우리 물리학자들이 하는 연구의 상당수는 사실 쓸모가 없지
요. 지금까지 이루어진 놀라운 발견 중 대부분이 우리 삶에 아
무런 직접적인 영향도 미치지 않을 거예요. 매일 세계를 조금
더 이해해 간다는 기쁨을 제외하면 말이죠"(셸던 글래쇼, 1979년
노벨 물리학상).

그러다 보면 어느 경지에 이르게 되고 노벨상은 저절로 따라
오나 보다.

"어느 선에 이르면 우리가 안다는 건 증명과 상관없어지는
거죠. 우리의 생각하는 능력, 의식적으로 지각하는 능력에 알고
리즘을 초월하는 뭔가가 있는 게 아닐까요?"(로저 펜로즈, 2020
년 노벨 물리학상).

인간이 인간일 수 있다는 건 스스로의 한계를 자각하는 능력
그리고 그 한계를 뛰어넘으려는 노력 덕분이다.

제8부

혀끝과
발끝에서
삶을
읽다

"좋은 셰프가 되려면, 요리학교에 가지 말고 셰익스피어를 공부하라"

『인생의 맛 모모푸쿠 : 뉴욕을 사로잡은 스타 셰프 데이비드 장이 들려주는 성공하는 문화와 놀랍도록 솔직한 행운의 뒷이야기』
데이비드 장 지음, 이용재 옮김, 푸른숲, 2021

좋은 셰프가 되려면 어떻게 해야 할까. "첫째, 요리는 셰프의 전부가 아니다. 둘째, 요리학교에 가지 마라. 셋째, 대신 셰익스피어를 공부하라." 그러면 어떻게 하라고. "나(데이비드 장)는 대학에서 역사를 전공했는데 『바가바드 기타』◆를 배우고 인생이 바뀌었다. 논리와 괴델의 불완전성 정리도 같은 영향을 미쳤다. 토론 모임에 가입하고 피아노를 배우라. 대학 신문 기자로 일해라. 친구들과 그들의 이야기에 관심을 기울여라."

한인 2세대 교포로 미국에서 가장 유명한 스타 셰프인 저자는 양극성 장애 환자로 정서 조절 장애를 겪고 있다. 14살 때부터 싸구려 와인을 마시기 시작했고 고등학교 때는 동물 마취약을 흡입했다. 대학 시절에는 거의 모든 마약을 섭렵했고 한동안은 발륨과 근육 이완제를 엄청나게 먹어 댔다. 매일 일을 마치고 나면 과음하면서 수면제나 항우울제를 상용했다. 그런데도 스타 셰프가 됐다. 우울과 분노, 격정과 침잠, 온갖 모순된 성격으로 가득 찬, 인간의 위대함과 한계를 동시에 품고 있는

◆ 함석헌 옮김, 『바가바드 기타』(한길사, 2003).

240

지극히 통상적인 그저 한 사람일 뿐이었다.

니체는 '모든 위대한 예술이 아폴로니안과 디오니시안의 짝짓기를 바탕으로 창조된다'고 했다. 그에게 있어 "아폴로니안은 질서와 미, 진실, 완벽을 상징한다. 요리 세계에서는 테이스팅 메뉴다. 반면 디오니시안은 예측과 통제가 불가한 것들, 극단적 쾌락과 고통이다. 돼지 통구이나 삶은 가재가 여기에 속한다. 둘 다 상대방이 있어야 더 잘 즐길 수 있다. … 레스토랑에서 맛보는 질펀한 돼지고기는 잇달아 나오는 테이스팅 메뉴의 끝자락에 등장하므로 더 의미 있다. 요리 세계의 아폴로니안과 디오니시안의 세계를 동시에 보여 주려는 우리의 시도다."

이 부분이 그의 요리 세계를 가장 잘 표현한다고 생각했다. 그래서 세계적인 스타 셰프가 됐다고 확신한다. 음식에도 생각이 담겨야 하고 철학과 역사가 담겨야 한다. 인간의 본질이기 때문이다. 그래서 이 책은 요리책이 아니다. 그저 모순으로 가득 찬 한 인간이라는 종의 분투기일 뿐. 사실 전적으로 동의하는, 한식에 대한 비판적 시각을 담은, 『한식의 품격』◆ 저자인 이용재 선생이 번역했다. 제대로 골랐다고 생각했다.

'슬픈 천재성'을 남기고 떠난 앤서니 보뎅이 저자에게 보낸 이메일도 훌륭한 자료다. "바보가 되자. 사랑을 위해. 너 자신을 위해. 생각을 바꾸면 행복해질지도 몰라. 비록 잠깐이라도 말이지. 전력을 다하거나 눈썰미가 있으면 될 거야. 만나서 반가웠다. 토니." 도통한 사람들끼리 나누는 선문답으로 이해했다.

◆ 이용재, 『한식의 품격 : 맛의 원리와 개념으로 쓰는 본격 한식 비평』(반비, 2017).

"이 책은 우리나라 커피집에 하나씩 배치돼야 한다"

『커피집 : 커피와 함께한 행복한 두 인생』
다이보 가쓰지, 모리미츠 무네오 지음, 윤선해 옮김, 황소자리, 2019

한 잔의 커피에 일생을 바친 두 명의 장인이 있다. 모리미츠 무네오와 다이보 가쓰지. 40여 년간 자가 배전과 융 드립을 경위로 커피를 탐구하고 깊이를 더해 온 커피집 주인장들이다.

업계의 많은 사람들은 둘을 두고 "동쪽의 다이보, 서쪽의 모리미츠"라고까지 부른다. 이들의 대담집, 『커피집』이다. 커피숍도 아니고, 카페도 아닌 커피'집'이다. 처음엔 어색했지만 정겹다. 우리도 통상 찻집, 술집, 국밥집 해왔으니까.

둘의 대화는 커피보다 진하고 향기롭다.

다이보, "신중하게 무언가에 집중하다 보면, 반드시 어떤 발견 비슷한 경험을 하게 되지요."

모리미츠, "'반복하고 반복하기'는 우리처럼 무언가 '만들어 내는' 사람들에게는 중요한 부분입니다. 커피집으로서 자신의 커피를 추구해 나가는 데 있어서 원점은, 호기심과 탐구심이 아닐까요. 타인이 어떤 것을 하는지 궁금해하는 게 아니라 어디까지나 자신의 체험으로 사물을 판단했으면 좋겠습니다."

남의 기준을 차용할 필요는 없다. 참고로 충분하다. 18세기를 살다 간 영국의 시인 에드워드 영은 이렇게 말했다. "우리 모두는 독자적인 인간으로 태어났다. 그런데 복제품으로 죽는 인간이 이토록 많은 이유는 무엇일까?"

개별성이어야 한다. 독자적이어야 한다. 이것이 바로 우리의 존엄성이다.

모리미츠, "그보다는 스스로 체험하면서 좋은 방법을 선택하고, 납득할 만한 방법을 쌓아 가는 것. 그런 작업을 하면 좋겠다고 생각합니다."

다이보, "맛에 있어서 정말 그래야 한다고 생각합니다. 저는 세상에 넘쳐 나는 상식이나 순위, '예' 아니면 '아니요' 두 가지 선택지만 있는 것에 저항합니다. … 커피 역시 만드는 사람에 따라 각자의 해석과 제공하는 맛이 있고, 서로 다른 게 자연스럽다고 여겨집니다. 특히 미각은 아무런 축적이 없어도 인간이 본래 가지고 있는 감각이잖습니까. 자신의 감각을 믿고 그 맛에 흥미를 가지면 경험이 쌓여 생각도 성장하고, 다른 감각도 생겨난다고 생각합니다."

커피보다는 차를, 차보다는 술을 더 가까이하는 인생이었다. 커피를 매일 마시되 온전히 몰입해 본 적은 없었기에 대화는 깊은 맛으로 다가왔다. 대화의 주제는 커피를 매개로 한, 실상은 삶과 철학 이야기.

이후로 커피에 대한 내 생각이 많이 바뀌었다. 번역자의 커피 사랑이 지극했다. 이분이 번역한 다른 커피책도 모두 구입하게 하였으니. 바라건대 이 책이 우리나라 모든 커피집에 하나씩 비치되어 있으면 좋겠다. 진심으로.

우리는 술을 마시기 위해 진화했다

『술에 취한 세계사 : 선사시대부터 현대에 이르기까지 인간과 술이 빚어내는 매혹적인 이야기』
마크 포사이스 지음, 서정아 옮김, 미래의창, 2019
『술 취한 원숭이 : 왜 우리는 술을 마시고 알코올에 탐닉하는가?』
로버트 더들리 지음, 김홍표 옮김, 궁리, 2019
『저급한 술과 상류사회 : 음료의 문화사』
루스 볼 지음, 김승욱 옮김, 루아크, 2019

"미국인은 만나면 술을 마시고 헤어질 때도 마신다. 안면을 틀 때도 마신다. 계약을 할 때도 마신다. 술을 마시면서 싸우다가도 술로써 화해한다." 프레더릭 메리어트의 말이다.

법적으로나 문화적으로나 널리 허용되는 중독성 약물은 딱 세 가지뿐이다. 알코올, 카페인, 담배. 알코올은 세 가지 약물 중에서 가장 오랜 역사를 지니고 있다(루스 볼, 『저급한 술과 상류사회』). 알코올은 원래 눈썹 주변을 장식하는 데 쓰던 화장품 혹은 그것을 만드는 일을 가리키던 말이라고 한다. 아랍에서는 인간사 모든 문제의 원인 혹은 해결책이라는 뜻이 알코올이라는 말에 있다고 하기도 한다(로버트 더들리, 『술 취한 원숭이』).

우리 조상은 1000만 년 전 나무에서 내려왔다. 지나치게 익어서 나무 밑으로 떨어진 맛난 열매를 주우러 내려왔을 가능성도 있다. 인간은 알코올 냄새를 맡을 수 있는 코를 지니게 되었다. 알코올은 인간에게 당분의 위치를 알려 주는 표지판이었다(마크 포사이스, 『술에 취한 세계사』).

2015년 분자진화학자 메튜 캐리건이 인간을 비롯한 영장류 19종의 알코올 탈수소효소 유전자의 서열을 분석했다. 그랬더니 인간과 침팬지 그리고 고릴라의 공통 조상들이 다른 영장류들보다 알코올을 40배나 효율적으로 분해할 수 있도록 진화되었다는 사실을 확인할 수 있었다. 침팬지로부터 인간이 분기하기 전에 이미 인간이 알코올을 분해할 수 있는 탁월한 능력을 가졌다는 사실은 무척이나 흥미롭다.

　　동북 아프리카의 원주민들은 맥주가 담긴 통으로 야생 개코원숭이 무리를 꾀어 원숭이들을 사냥한다. 독일의 동물학자가 만취한 개코원숭이를 관찰했다. 취한 다음 날 아침이 되자 원숭이들은 짜증을 부리고 시무룩해졌다. 원숭이들은 양손으로 아픈 머리를 부여잡고 이루 말할 수 없이 가여운 표정을 지었다. 맥주나 포도주가 제공되자 역겹다는 듯 물리쳤으나 레몬즙은 반겼다. 미국산 원숭이인 거미원숭이는 브랜디를 마시고 취한 이후에 다시는 브랜디에 손도 대지 않았으며 그렇게 해서 원숭이들은 어떤 인간들보다 더 현명함을 보여 주었다.

　　폼페이의 유적지에서 술집도 발굴됐다. 덕분에 낙서가 되살아났다. 술집 주인이 물을 섞은 술을 내놓는다며 퍼붓는 욕설이었다. "저주나 받아라, 주인아. 우리한테는 물을 팔고, 너는 물을 섞지 않은 포도주를 마시다니." 술자리의 안줏감으로 요긴한, 술의 역사와 알코올학을 다룬 책 몇 권이 2019년에 약속이나 한 듯 출간되었다. 흥미롭고 재미있는 책들이다.

세계지도를 바꾼 식물, 차

『초목전쟁 : 영국은 왜 중국 홍차를 훔쳤나』
세라 로즈 지음, 이재황 옮김, 산처럼, 2015

세계지도가 식물(꽃)에 따라 그려졌던 시대가 있었다. 그 시대에 영국과 중국, 두 제국은 두 꽃을 놓고 전쟁에 돌입했다. '양귀비'와 '동백(차)'이었다.

양귀비는 마약인 아편으로 만들어져 18~19세기에 중국에서 널리 이용됐다. 아편은 '명예로운' 영국 동인도회사에 의해 독점적으로 판매됐다. 동백나무는 차나무로 널리 알려져 있다. 청나라는 '차'라는 '액체 보석'을 독점하는 유일한 나라였다.

"동인도회사는 200년 가까이 중국에 아편을 팔고, 그 대금으로 차를 샀다. 반대로 중국은 인도에서 온 상인들로부터 아편을 사고, 차를 팔아 얻은 은을 마약 값으로 지불했다."

영국은 차에 대해 100년 동안이나 외교적 접근을 시도했지만, 중국은 어떠한 비밀도 나눠 주지 않았다. 누가, 어떻게 재배하며 어떤 조건이 필요한지조차 서양 사람들에게는 여전히 미스터리였다. 심지어 차의 이름조차도 수수께끼였다. 작설雀舌·용정龍井·옥녀봉玉女峰. 이것들은 녹차인가, 홍차인가? 녹차나무와 홍차 나무는 같은가 다른가. 동인도회사는 욕심꾸러기 중간상인을 다루기엔 지친 지 오래였고, 화를 돋우는 중국인들과는 이익을 조금도 나누고 싶지 않았다.

영국은 비슷한 차 재배 기후대인 인도에서 차를 생산하고 싶었다. 그러기 위해서는 중국 차나무의 건강한 표본과 수천 톨의 씨앗, 뛰어난 기술자들의 수백 년 묵은 지식을 훔쳐야 했다. 이 임무는 식물 채집자와 원예사, 도둑과 스파이를 겸해야 했는데, 그가 바로 로버트 포천(1812~80)이다.

"나는 중국인 복장으로 여행을 했다. 머리칼을 밀고 멋진 가발을 쓴 뒤 꼬리 머리를 했다. 과거의 일부 중국인들도 매우 자랑스러워했을 차림이었다. 대체로 나는 내가 훌륭한 중국인이 됐다고 생각했다."

포천은 1849년 설날 직전에야 중국 내륙에서 상하이로 돌아왔다.

"저는 씨앗과 어린 묘목을 많이 입수했다는 소식을 전해 드리게 돼서 매우 기쁩니다. 무사히 인도에 도착할 것으로 믿습니다. 이것들은 중국의 여러 지방에서 입수했고, 일부는 유명한 차밭에서 구한 것입니다."

포천이 더없이 귀중한 보물을 훔쳐 갔다는 사실을 중국인들이 깨달았을 무렵에는 자기네가 입은 손실을 구제하기에 이미 여러 해가 지나 있었다. 시행착오를 거쳐 히말라야산맥의 차밭은 포천이 보낸 차나무의 자손을 보유하게 됐다. 그리고 세계 지도를 바꾸어 놓았다. 그는 산업스파이를 넘어 히말라야산 차의 아버지라는 역사적 명예(?)를 획득하게 된 것이다.

"나무에도 맛이 있을까?"

『나무의 맛 : 연기부터 수액까지, 뿌리부터 껍질까지, 나무가 주는 맛과 향』
아르투르 시자르-에를라흐 지음, 김승진 옮김, 마티, 2021

　　아르투르 시자르-에를라흐가 이탈리아 플렌조에 있는 미식
과학대학에서 석사과정을 밟고 있을 때 일이다. 때마침 위스키
와 와인에 대한 글쓰기 과제를 하다가 갑자기 나무통이 궁금해
지기 시작했다. 나무가 살아 있는 물질이니만큼 나무통은 틀림
없이 술에 모종의 맛을 보태게 될 텐데, 그렇다면 익숙한 바닐
라 맛 외에 나무통에서 생성되는 다른 맛들도 있을까? 있다면,
그것들 사이에는 무언가 공통된 '나무 맛'이 존재할까? 생각
을 이어 가다 보니, 나무 혹은 나무의 일부와 닿는 음식이 와인
이나 위스키만이 아니라는 사실을 깨닫게 되었다. 메이플 시럽
이나 차는 아예 나무가 주재료다. 어떤 음식은 나무를 태운 연
기로 훈연해 맛도 내고 오래 보관할 수 있게도 만드는데, 고기,
생선뿐 아니라 초콜릿이나 파스타 중에도 이런 것이 있다. 또
한 맛과 냄새는 연결되어 있으므로 나무의 맛을 논하려면 나무
의 향도 생각해야 한다. 그렇다면, 나무로 만드는 향수도 있지
않을까? 생각의 불씨에 불이 활활 타올랐다. 이 책을 위한 여정
이 시작된 것이다. 쉽게 기억할 만한 흥미로운 한 토막을 소개
한다.

　　"1820년 조니 워커는 스코틀랜드의 작은 마을에서 식료품
점 주인으로 경력을 시작했다. 곧 차와 향료를 잘 블렌딩하는

것으로 이름을 알리게 되었다. 당시 식품점은 인근 농장의 증류소에서 숙성되지 않은 위스키 원액을 들여와 자신이 가지고 있는 낡은 통에서 숙성시켜 판매하곤 했다. 전에 와인부터 셰리까지 모든 것을 담았던 이 통들은 위스키에 특유의 향미를 더해 주었다. 조니 워커도 그런 식품점 주인 중 한 명이었기에 그가 훈연 향이 감도는 위스키를 블렌딩하게 된 데는 차 블렌딩 경험이 크게 영향을 미쳤을 것이다. 지나친 추측이 아니다. 당시에는 수입 차 상당수가 운송 시 보존을 위해 훈연 처리되었기 때문이다. 두 가지 나무 음식 사이의 연결 고리에 대해 이보다 더 흥미로운 이야기가 있을까?"

원제가 *The flavor of wood*인데 'flavor'를 어떻게 번역할지를 놓고 역자가 충분히 고민했을 성싶다. 맛으로 하자니 직설적이고, 풍미나 향취로 하자니 주변적일 것이고 한참을 고민해 봤지만 결국은 '맛'일 수밖에 없었을 것 같다. 읽다 보니 생각보다 나무와 맛(식품)은 여러 방식으로 관계를 맺는다. 나무껍질의 다채롭게 싸한 맛, 나무 화덕 피자가 선사하는 맛, 나무의 잎사귀인 차, 증류주 숙성 오크통의 맛과 향, 나무의 생채기에서 비롯되는 침향, 그리고 나무뿌리의 트러플, 책에는 나오지 않지만 우리나라 솔밭의 송이버섯 등 흥미로운 맛의 기행이다.

중국의 국주 마오타이 이야기

『신이 내린 술 마오타이 : 영혼을 깨우는 마오타이주의 신비와 철학』
왕중추 지음, 예영준·송민정 옮김, 마음의숲, 2019

중국은 (헨리 키신저의 표현을 빌리면) '외로운 대국'이다. 키신저가 문을 두드렸다. 1972년 2월 리처드 닉슨 미국 대통령이 중국을 방문했다. 죽의 장막이 열렸다. 이때 동행했던 미국의 언론인 댄 래더가 있다. 작은 마오타이 잔을 우습게 보고 한잔 쭉 들이켰던 경험을 이렇게 표현했다. "액체의 면도날 같았다."

마오타이는 '국주'國酒다. 국공 내전 당시 홍군의 여전사 리젠전의 회고다. "대장정 도중 마오타이진을 지날 때 그곳에서 생산되는 술을 마시고 피로를 씻어 냈다. 이를 본 저우언라이 동지가 '무슨 술이냐'고 물었다. 하지만 우리는 알 수가 없었다. '모른다'고 대답했다. 그러자 주 동지가 '이게 바로 1915년 샌프란시스코에서 열린 파나마 태평양 만국박람회에서 금상을 받은 마오타이 술'이라고 가르쳐주었다."

1949년 10월 1일, 중화인민공화국 수립을 축하하는 국연國宴이 북경반점에서 열렸다. 행사의 책임자는 저우언라이. 꼼꼼한 그는 요리사부터 메뉴, 술까지 직접 챙겼다. 마오타이주의 맛과 향을 단 하루도 잊지 못하던 그가 개국 국연의 연회주로 마오타이주를 택한 것은 당연했다.

약 30개 공정, 165개 기술 단계, 5년의 숙성 시간을 거쳐 태어나는 마오타이를 제대로 즐기려면 네 단계를 거쳐야 한다. 피어오르는 향기 속의 빛깔을 보는 것이 감상의 첫 단계이다. 장향醬香을 즐기는 것이 두 번째 단계, 향을 즐겼으면 이제 맛을 볼 차례다. '일민이잡삼가'―抿二咂三呵라는 삼단계 법이다. 일민이란, 술잔을 입술에 대고 가볍게 한 모금 마시고는 숨을 내쉬어 술이 입안에서 자연스럽게 흐르게 하는 것이다. 이잡이란, 입술에 대고 가볍게 후루룩 들이마시는 것이다. 삼가란, 입안에 향이 가득 차있을 때 숨을 들이마셨다가 내쉬는 것으로 술향이 비강에서 은은히 뿜어져 나가게 된다. 마지막 단계는 빈 잔을 손에 쥐고 남은 향을 다시 맡는다. 이로써 마오타이주의 감상은 완성된다.

언젠가 국회 외교통일위원장과 함께 구이저우 천민얼 당서기를 예방했을 때의 일화다. 페이톈飛天 마오타이의 특징 중 하나가 병 주둥이에 붉은 띠가 묶여 있는 것, "띠에 적힌 번호가 높을수록 좋은 술이라는데, 오늘 밤 1번 술을 마실 수 있겠습니까", "내일 마오타이 회사에서 확인하시죠." 하며 웃음으로 답했다. 한국 사회에 널리 잘못 알려진 마오타이에 대한 속설 중 하나다. 20번까지의 번호가 그저 품질검사원의 표시일 뿐인데도.

중국 인민의 국민 볶음밥, 그 기원은?

『중화미각 : 짜장면에서 훠궈까지, 역사와 문화로 맛보는 중국 미식 가이드』
권운영 외, 문학동네, 2019

　최치원 선생의 후손이다 보니, 중국 양저우시를 자주 찾게 됐다. 어쩌다 '도시 귀빈'이 되는 영예까지 안게 됐다. 갈 때마다 양주 볶음밥을 먹게 된다. 양주 볶음밥의 기원이 궁금했다. 시작은 아득히 멀리 대운하가 착공되던 수나라 양제 시절까지 거슬러 올라간다. 양제는 대운하를 뚫어 강남까지 배를 띄운다는 원대한 포부를 실천했다. 양제가 좋아했던 달걀 볶음밥이 당시 '강도'江都라 불리던 양주에서 유행했다는 것이다. 황제가 드시던 음식이라 이름마저도 '황금 가루 볶음밥'이란 뜻의 쇄금반碎金飯이라 했다. 그러나 거창한 별칭과는 별개로, 사실 양주 볶음밥은 운하의 뱃사람들이 일용하던 저녁 한 끼 양식이었다. 뱃사람들은 점심에 먹고 남긴 밥을 따뜻하게 데우려고 거기에 달걀과 다진 파, 갖은 조미료를 넣어 뜨거운 기름으로 볶았다. 남긴 밥을 따뜻하고 맛나게 먹기 위한 삶의 지혜가 응축된 요리가 바로 양주 볶음밥이 된 셈이다. 양주 볶음밥은 전형적인 중국 볶음밥이다.

　널리 알려졌듯 양주는 대운하의 시발점이다. 그래서 고대부터 소금 상인들이 판을 치는 물류 중심 도시가 됐다. 천하의 사람과 물산이 양주로 흘러들었던 것처럼 양주 볶음밥에는 산과 바다가 어우러진다. 그래서 나온 말이 "산과 바다의 모든 것이

보이지 않으면 진짜 양주 볶음밥이 아니다."라고 했다.

1989년 중국 소설 연구자들이 창립한 한국중국소설학회가 있다. 올해로써 30년이다. 학회에서 활동하는 인문학자 19명이 중국 역사와 문학 속의 음식 이야기를 풀어냈다. 이들이 연구해 온 '이야기의 힘'이다.

바야흐로 외식업계는 지금 '마라'麻辣 열풍이다. 한자를 자세히 보았다면 뭔가 달랐을 것이다. 마라탕에서 '탕'은 왜 탕湯, 국이 아니고 탕燙, '뜨겁다'일까. "마라탕에서 탕燙은 뜨겁거나 화상을 입는다는 뜻이 아니라 바로 요리법의 한 가지다." 탕이라는 요리법은 잘 자른 원료를 뜨겁게 끓는 탕국에 넣고 데치는 느낌이 들 법한 그런 요리법이다. 그래서 마라탕은 매운 국물을 뜻하는 것이 아니고, 마라 국물을 끓여서 재료를 익혀 먹는 요리라는 뜻으로 볼 수 있다.

중국을 자주 다니다 보니 느낄 때가 있다. 한국의 중식은 이미 중식이 아니라 한식이다. 중국 사람은 한국의 중식에 낯설어한다. 나 또한 중국에 가면 낯선 중식에 매력을 느끼게 되는데 특히, 중국의 다양한 야채 요리, 그리고 두부 요리는 정말 부러울 때가 있다. 고려 시대 때 중국에서 두부를 가져왔듯 이제는 중국에서 야채 요리와 두부 요리법을 가져왔으면 싶다.

마른 몸매의 한 흑인 남성이,
왕 앞에 당당히 섰다

『나의 영국 인문 기행』
서경식 지음, 최재혁 옮김, 반비, 2019

2007년 영국의 노예무역금지법 통과 200주년 기념식이, 엘리자베스 여왕과 토니 블레어 총리 등이 참석한 가운데 런던 웨스트민스터사원에서 열렸다. 그런데 기념식이 한 흑인 남성의 항의로 일시 중단됐다. 일본에 있던 저자 서경식은 텔레비전을 통해 잊을 수 없는 장면을 목격한다. 마른 몸의 그가 엄숙한 분위기의 식장 가운데로 걸어 나와 여왕을 비롯한 단상 위 고위층을 향해 이야기를 시작했다. 결코 격앙된 어조는 아니었다. 바로 경비원에게 제압당하면서도 당당한 발언을 멈추지 않았다. 그가 끌려 나간 후 아무 일도 없었다는 듯 기념식은 담담하게 이어졌다. '그야말로 영국이다.'라고 생각했다.

"그랬던 예전의 대영제국은 지금 유럽연합 탈퇴 문제를 둘러싸고 대혼란의 소용돌이 한복판에 있다. 길었던 몰락 과정의 최종 국면일지도 모른다. 이 과정은 앞으로도 많은 비극과 함께, 숱한 '인문학적 물음'을 만들어 낼 것이다. 그런 질문 자체가 나를 매혹해 마지않는 것이다."

그래서 이번 책은 『나의 영국 인문 기행』이 됐다. 그럼에도 저자의 상징성이 『나의 서양미술 순례』◆에서 비롯되었듯, 독자로서 역시나 끌려가는 쪽은 '미술 순례'다.

"차창에는 평탄한 전원 풍경이 펼쳐진다. 높은 산이 없고 바다가 멀지 않기 때문일 것이다. 넓은 하늘에는 구름이 끝없이 움직인다. 존 컨스터블(1776~1836)이 그린 풍경화 같다. 영국에 올 때마다 나는 항상 컨스터블의 풍경화를 떠올린다. 반대로 컨스터블을 볼 때마다 '이게 바로 영국이지.'라고 생각한다. 내 속에 만들어진 하나의 스테레오타입이라고나 할까."

중학교 때 아버지께서 가져오신 달력에서 컨스터블의 풍경화를 처음 만났다. 그땐 컨스터블의 그림인지 몰랐다. 나 또한 컨스터블의 풍경화가 일종의 '스테레오타입'이 되고 말았다. 컨스터블이 호명되면 당연히 터너가 따라 나와야 한다. 영국을 대표하는 위대한 풍경화가 터너와 컨스터블은 거의 동시대를 살았다. 그렇지만 두 사람의 작품이 주는 인상은 전혀 다르다. "컨스터블을 정靜, 평화, 조화라고 한다면, 터너는 동動, 투쟁, 혼돈이다. 전자를 삶이라고 한다면 후자는 죽음이다." 어째서 이렇게까지 대조적일까 하는 생각이 들 정도다. 저자에게 컨스터블이 '마음에 드는' 화가라면, 터너는 '마음을 술렁이게 하는' 화가다. 그래서 저자는 더욱 터너에게 끌린단다. 하지만 난 아직도 컨스터블이 주는 목가적인 풍경을 그리워한다.

◆ 서경식 지음, 박이엽 옮김, 『나의 서양미술 순례』(창비, 2002).

지식과 정보는 넘치나 지혜는 부족한 시대의 '진짜' 인문 여행기

『홀로 중국을 걷다 : 이욱연의 중국 도시 산책』
이욱연, 창비, 2024

　　중국의 루쉰을 통해 한국 사회에 종을 울려 온, 저자 이욱연이 중국을 걷는다. 홀로 걷는다. 때론 홀로 마신다.

　　"책은 홀로 중국을 걸은 사념의 발걸음을 기록한 것이다. 삶의 위대함과 찬란함을, 삶의 고단함과 비루함을 생각하면서 홀로 걸었다."

　　"베이징의 겨울은 너무 춥다. 이런 겨울을 나려면 독한 술(이과두주)에 솬양러우(양고기 요리)를 먹어야 한다. … 베이징에 가면 지금도 둥라이순에 들른다. 혼자서도 간다."

　　이욱연은 지식인이다. 하지만 그가 걷는 길은 지식의 길이 아니다. 지혜의 길이다.

　　"지식과 정보는 넘치지만, 지혜는 부족한 시대다. 진정한 인문 여행이란 지식을 축적하는 여행길이 아니라 삶을 통찰하는 지혜를 얻는 여행길이다."

　　사실 알고 보면 "지식과 지혜는 하나가 되기는커녕 서로 관련 없을 때가 많다"(윌리엄 코퍼). 이욱연은 동북아시아 사람들이 어떻게 살고 있는지를 역사, 음식, 문학, 영화 등을 뒤져 가며 인문학적으로 탐색한다. 삶의 지혜를 이끌어 낸다.

　　이욱연은 홀로 걸으며 중국을 읽는다. 변검(가면술)의 얼굴이 아닌 진짜 얼굴을 읽는다.

"중국 민중은 늘 힘없고 약한 사람들이었다. 유약자柔弱者의 생존법은 물 같고 풀 같아야 한다는 것을, 물이나 풀처럼 부드럽고 유연하고 견뎌 내고 질겨야 한다는 것을 그들은 숱한 고난의 삶 속에서 터득했다."

그러곤 중국을 안다고 과장하는 누군가에게 넌지시 건넨다. "수면 위로 드러난 규칙이나 규정만 보면서 그것이 전부라는 생각으로 중국을 읽고 중국인을 대하다가는 결국 실패한다."

이욱연은 한국과 중국의 사람들 간에 공감을 이끌어 내기 위해 애쓴다. 2023년 부산의 어느 판사가 노숙인의 범죄에 대해 유죄를 선고하며 책을 한 권 건넸다. 책 사이에는 10만 원권도 한 장 들어 있었다. 이때 판사가 건넨 책은 중국 작가 위화의 소설 『인생』◆이었다.

이욱연은 묻는다.

"이 소설이 위로와 힘이 될 수 있을까? 그런데 이런 중국인의 삶의 철학이 담긴 소설이 부모도 잃고 집도 없이 생의 절반을 노숙으로 산 노년의 한국인에게 국경을 넘어 공감을 주고, 그의 힘든 삶을 위로해 줄 수 있을까?"

마지막으로 하얼빈에 들른 이욱연은 꿈꾼다. 안중근 의사에게서 경험과 지혜를 빌려 온다. "동아시아 평화 없이 한국 평화 없다." 그러곤 멈춘다.

◆ 위화 지음, 백원담 옮김, 『인생』(푸른숲, 2007).

실크로드 둔황과 막고굴에 대한 최고의 안내서

『실크로드 둔황에서 막고굴의 숨은 역사를 보다』
둔황연구원·판진스 지음, 강초아 옮김, 선, 2019

둔황 문화의 흥망성쇠는 실크로드의 번영 및 쇠락과 궤를 같이한다. 한나라 때, 실크로드가 개척되면서 둔황의 번영이 시작됐다. 동양문화와 서양문화가 만나 둔황의 독특한 문화 예술을 형성했다. 하지만 명·청 시대에 이르러서는 둔황에서 과거의 번영을 찾아볼 수 없게 됐다. 이 시기 중국의 주요 수출품은 차와 도자기인데, 항해술의 발달로 항로가 개척되면서 해상 실크로드가 육상 실크로드를 대체한 지 오래였다.

1524년, 명나라는 가욕관嘉峪關을 폐쇄하고 중국과 서역의 통행을 중단했다. 실크로드의 상업 세력도 쇠퇴했다. 둔황은 가욕관 바깥에 고립되었다. 막고굴은 훼손되고 감실에 모래만 들어찼다. 둔황의 모든 것이 침체기였다. 과거에 신도들이 운집했던 사원에서는 향 피우는 연기가 오르지 않게 되었다. 막고굴의 벽화와 불상도 나날이 낡고 망가졌다.

1900년에 장경동이 발견되고 나서 외국의 탐험가들이 연이어 찾아와 대량의 유물을 해외로 빼내 갔다. 그 후로 40년 가까이 현지 조사를 하러 온 중국의 학자들은 없었다. 불가사의였다. 1907년 스타인, 1908년 펠리오가 둔황에서 많은 유물을 훔쳐가면서 세상 사람들이 둔황을 주목했지만 중국학자들은 한 사람도 둔황에 가지 않았다.

그래서 근대의 중국 교육학자인 천인거는 이렇게 탄식했다. "둔황은 중국 학술계에서 상처의 역사다." 나아가 1980년대 어느 외국 학자는 이렇게 말했다. "둔황은 중국에 있지만, 둔황학은 중국 바깥에 있다." 하지만 이제는 아니다. 1976년 문화대혁명이 끝나고 중국에 개혁 개방의 바람이 불었다. 둔황연구소에도 봄이 왔다. 1984년 둔황문물연구소가 확장되어 둔황 연구원으로 승격했다. 더 이상 둔황학은 중국 바깥에 있지 않다.

둔황연구원과 판진스 둔황연구원 명예원장이 편저한『실크로드 둔황에서 막고굴의 숨은 역사를 보다』는 둔황에 대한 최고의 정사正史다. 원제는『막고굴사화』莫高窟史話, 우리말로 풀자면 '막고굴 역사 이야기'쯤 되겠다. 지금까지 출간된 둔황과 막고굴에 대한 최고의 안내서다. 강력하게 추천한다.

2019년 10월 막고굴 맞은편에 있는 둔황연구원을 찾아 자오성량趙聲良 원장과 교류 협력을 논의했다. 다음 해에 서울에서 둔황비천飛天 전시회를 하기로 합의했다. 그리고 2019년 11월 둔황연구원 유림굴 숭쯔전宋子貞 소장 일행이 서울을 찾았다. 이 책을 펼쳐 놓고 몇 가지 궁금한 점에 대해 전문가의 의견을 들을 수 있었다. 기쁨이었다.

유홍준의 새 문화유산답사기
: 중국, 둔황, 실크로드

『나의 문화유산답사기 : 중국편』(전 3권)
유홍준, 창비, 2019/2020

"渭城朝雨浥輕塵(위성의 아침 비, 거리를 적시니)

客舍青青柳色新(객사의 봄버들은 푸르고 푸르네)

勸君更進一杯酒(그대에게 또 한잔 술 권하니)

西出陽關無故人(서쪽 양관 벗어나면 아는 이조차 없다네)."

작년 가을이었다. 양관을 막 벗어난 사막. 날 안내해 주던, 둔황시에서 일하는 여성 공무원 네 명이서 특유의 성조로 시를 합창했다. 왕유의 〈위성곡〉渭城曲이었다. 둔황을 벗어나면 중국의 끝, 양관과 옥문관이 있었다. 실크로드의 시작과 끝이요, 죽음의 땅 사막이었다. 오늘날 옥문관은 여전히 폐허처럼 느껴지지만, 양관은 제법 출입국 관리소 모양을 갖추는 식으로, 관광지로 태어났다. 유홍준 선생도 이 시를 특별히 마음에 들어 하신다. 『나의 문화유산답사기』중국편에서 몇 차례 언급하는 걸 보면.

2014년 여름, 간쑤성 방문단을 만나게 됐다. 초대해 차를 나누었다. 간쑤성과 둔황에 대한 이야기를 나누던 중, 조명을 꺼 어둠을 끌어왔다. 미리 준비해 둔 NHK 다큐멘터리 〈실크로드〉의 주제 음악 중 하나인 키타로의 〈대상들의 행렬〉Caravansary을 함께 감상했다. 절망의 근사치였을 외로움과 고향 땅에 대한 그리움, 신기루처럼 펼쳐지는 사막의 환영幻影. 마치 낙타의 걸음처럼 반복되던 방울 소리의 재생. 그랬다. 둔황에 가고 싶었다. 30년의 꿈이라고 말했었다. 두 달 뒤 중국 문화부의 초청장이 날아왔다. 그해 12월, 명사산 모래 언덕에 눈이 살짝 덮이던 날, 둔황에 다녀왔다. 설산에서 녹아 사막의 땅속을 흘러 둔황의 오아시스에서 솟아나는 물로 만든 바이주 '둔황'에 취했다. 그 뒤로 두 차례 더 다녀왔다. 막고굴, 유림굴, 서천불동굴까지. 둔황 연구원에서 원하는 대로 열어 주고, 지치도록 설명해 줬다. 그런데 늘 그렇듯 묘한 인연이란. 지금 이 글을 보내는 시간은 네 번째 둔황이다. 존경하는 누군가에게서 비슷한 점을 찾아내는 일은 흥미롭다. 책에는 선생도 1984년 당시 〈실크로드〉 다큐멘터리를 시청하며 둔황의 꿈을 키우셨단다. 나 또한 그러했으니. 그냥 덧붙이는 흥미로운 사실 하나. 책에도 나오지만, 막고굴 제249굴 벽화 중 활을 쏘는 사냥꾼은 뒤를 돌아보면서 활을 쏜다. 고구려 고분벽화의 사냥 장면과 같다. 둔황 연구원장과도 이야기를 나눈 적이 있다. 늘 문제의식을 갖던 차에 최근 도상을 하나 더 찾았다. 기원전 1000년 원통형 인장인데, 그림 속 초원 지대 기수 또한 뒤로 화살을 쏜다.◆

◆ 피타 켈레크나 지음, 임웅 옮김, 『말의 세계사』(글항아리, 2019), 123쪽.

리스본에서 찾은 '다정한 구원'

『다정한 구원』
임경선, 미디어창비, 2019

"죽음에 맞설 수 있는 유일한 방법은 사랑이다."

포르투갈어권의 유일한 노벨 문학상 수상 작가인 주제 사라마구Jose Saramago의 문장이다. 여기에 대한 작가의 해제. "죽음을 두려워하지 않을 유일한 방법은 내가 사랑을 하고 있다는 실감뿐이다. 사랑하는 마음이 없다면, 사랑을 믿지 못한다면, 혹은 사랑보다 더 중요한 것이 세상에 존재한다고 생각한다면, 우리는 죽음 앞에 백전백패다. 사랑은 우리를 가장 강하게 만들어 주고 우리의 인생을 의미 있게 해주는 유일한 가치이다."

지난 늦여름, 작가는 아빠를 엄마 곁으로 보내드리고 상실의 슬픔과 사후에 감당할 수밖에 없는 현실적인 문제들로 지쳐 갔다. 때로는 인간에 대한 절망과 환멸의 감정이 작가를 압도했다. 그즈음, 작가는 딸을 보면서 리스본을 떠올렸다. 지금 딸의 나이, 그러니까 정확히 열 살 때 작가는 외교관으로 일하던 아빠를 따라 리스본에서 1년간 살았다. 다른 도시에서는 결코 느낄 수 없는 리스본만의 따스한 햇살과 맑은 하늘이 있었다. 부모님과 작가, 이렇게 세 식구끼리만 지내다 보니 그들의 사랑과 관심을 독차지했던 기쁨도 있었다. 리스본에서의 부모님은 작가가 살아생전에 본 중, 가장 즐겁고 온화하고 아름다운 표정을 짓고 있었다.

"돌이켜 보면 리스본에서 보낸 그 1년만큼 아무런 유보 없이 평온하고 행복했던 적이 내 인생에 있었을까?" 그래서 문득 떠오른, 그 시절 작가가 보고 만지고 느꼈던 경험들을 딸에게 고스란히 물려주고 싶었다. 둘이서 여행길에 올랐다. 그 시절 '엄마와 아빠의 딸'이 이제 '딸의 엄마'가 되어 리스본의 햇살과 바다, 그 행복과 사랑을 나누러.

작가는 리스본에서 엄마, 아빠를 만난다. 어린이 임경선을 만난다. 주제 사라마구를 만난다. 페르난두 페소아를 만난다. 페소아가 그랬다. "포도주나 한 잔 더 주게, 인생은 아무것도 아니니"(「병보다 지독한 병이 있다」).

여행은 때론 꿈과 비슷하기에, 깨어나야 한다. 얼마간의 시간이 흐른 뒤, 작가는 딸을 향해 사랑 노래를 부른다. "엄마 아빠는 그 시절 행복했었구나. / 서투르게나마 나는 사랑받았었구나. / 그리고, 나도 앞으로 내 아이를 힘껏 사랑해 주어야겠다. / 이 이상 무엇을 더 바랄 수 있을까. 이미 이것으로 너무나 충분한 것을. / 그러니까 윤서야. / 이제는 너의 시대야. / 인생의 모든 눈부신 것들을 다 너에게 넘길게."

'다정한 이웃'의 『다정한 구원』.

제9부

교양을
읽다

영어는 어떻게 세계어가 되었을까

『영어의 힘 : 수많은 경쟁과 위협, 몰락의 순간에서 세계 최고의 히트상품이 되기까지』
멜빈 브래그 지음, 김명숙·문안나 옮김, 사이, 2019

　세계어를 향한 아슬아슬한 전쟁에서 영어는 어떻게 패권을 잡을 수 있었을까. 영어라는 언어의, '내면적인 미학이나 구조적인 자질'에서 찾는 이도 있다. 물론 반대 견해가 강력하지만. "한 언어는 단 한 가지 주된 이유로 국제적 언어가 된다. 그것은 그 언어를 사용하는 사람들의 정치적인 힘, 특히 군사적인 힘 때문이다"(데이비드 크리스털). 로마인에게는 육군이, 영국인에게는 해군이 있었다. 라틴어는 로마가톨릭교회를 통해 1500년 동안 제2의 전성기를 맞았다. 영국 영어(로마제국)와 미국 영어(로마가톨릭교회) 사이에는 이와 유사한 관계가 성립된다는 논리다.
　영어는 영국에서 처음 사용된 것이 아니다. 게르만족이 유럽 대륙에 거주할 때부터 사용했던 게르만족의 언어다. 5세기경 게르만족 전사들은 로마제국이 떠난 후 남겨진 폐허를 지키기 위한 용병으로 당시 브리타니아로 불리던 곳에 도착했다. 당연히 그들의 언어와 함께였다. 그곳은 훗날 잉글랜드라고 불리게 된다.
　지옥의 맹렬한 기세로 현장에 도착한 영어. 그것은 강렬한 이미지였다. 파도의 말(배)을 타고 고래의 길(바다)을 달려온 두려움 없는 이교도 전사들이 로마제국의 버려진 변방 식민지인 잉글랜드의 완만한 해안으로 영어를 가져온 것이다. 이것은 1500년 동안, 자주 야만스럽게, 수차례 현실과 대적해 왔던 영어의 전파 이미지다. 이 극적인 '식민지화'는 세월이 흐르는 동안 영어의 주요 특성들 가운데 하나가 되었다.

부족의 독립과 지역적 지배권이 철저하게 지켜지던 잉글랜드에서는 영어가 공용어로 부상하는 데 200~300년이라는 시간이 걸렸다. 운이 좋았지만 교활함도 있었는데 이때부터 영어의 가장 교묘하고 무자비한 특성, 즉 '다른 언어들을 흡수하는 능력'이 생겨나기 시작했다.

잉글랜드에 기독교 시대가 도래하면서 성직자들은 로마에 가서 그림과 책, 성인들의 유물, 그리고 무엇보다도 '문자'writing를 가져왔다. 문자는 영어의 틀을 만들고 개선시키기 시작했다.

알파벳은 라틴어에서 자라 왔는데, 7세기 초 고대영어는 자신만의 고유한 알파벳을 수립하게 되었다. 이는 '지성의 불'을 발견한 것과 같았다.

저자 멜빈 브래그는 BBC 라디오에서 영어의 역사에 대한 교양 프로그램을 여럿 만들었다. 게르만의 한 방언에 불과했던 언어가 어떻게 해서 세계어가 되었을까. 영어 사용자들의 정치적·군사적 파워만큼이나 단어에 대한 그들의 개방성, 유연성, 잡식성에 주목한다. '영어의 힘'은 바로 여기에 있다.

'대통령'에서 '큰 대' 자를 빼는 게 낫지 않을까?

『근대 용어의 탄생 : 역사의 행간에서 찾은 근대문명의 키워드』
윤혜준, 교유서가, 2024

'대통령'이라는 직업이 있다. 한자로 풀자면 큰 대大, 거느릴 통統, 거느릴 영領이다. 헌법적으로 풀자면 "국가의 원수이며, 외국에 대하여 국가를 대표하는"(헌법 제66조 1항) 자리다. 하지만 단어가 주는 느낌보다도 실제 권력적 속성은 훨씬 더 강렬하다.

"'大統領'은 영어의 'president'를 메이지 시대에 일본인들이 옮긴 한자어다." 막부와 천황의 시대를 살아온, 민주주의를 전혀 경험하지 못한 그 시대 사람들의 사고가 투영되어 있는 번역어다. 하지만 왕조 시대가 아닌 지금에도, 국민의 대표자 혹은 위임인에 불과한 자리를 두고 '대'통령이라고 호칭하는 건 괜찮은 걸까. 나야 내각제주의자라서 대통령제 자체에 불편함을 느끼고 살지만, 아직까지 대통령제를 선호하는 입장이라 하더라도 'president'를 대통령으로 호칭하는 건 과연 국민주권이나 민주주의의 관점에서 타당한 칭호일까. 농담처럼 이야기하곤 한다. 대통령에서 '대' 자라도 빼든지, 아니면 대통령을 '대표'나 '의장' 정도로 바꾸는 게 낫지 않을까 하는 게 나의 오랜 지론이다. 번역어가 형식을 만들었고 형식이 민주주의라는 내용까지 지배해 버렸다. 위험한 역사적 변천을 거쳐 온 용어다. 그래서는 아니 되었을 학술적 근거가 있다. 윤혜준 교수의 『근대 용어의 탄생』이다.

라틴어에서 출발한다. "라틴어 'praesident / praesidens'는 한 조직을 대표하는 행위를 뜻하기는 하지만 '다스리는' 통치의 의미가 아니다. 동사 'preaesidere'는 '회의를 주재하다', '의장 자리에 앉다'를 뜻한다. 이 말에서 파생된 'president'가 권위나 권력을 행사하는 역할을 의미할 경우 그것은 '의장'으로서, 선출된 대표자로서 그 역할을 수행하는 사람이라는 의미로 사용되었다. 오늘날에도 이러한 용례가 수없이 많다. 단적인 예를 들면 '유럽의회 의장'도, '유럽연합 정상회의 상임의장'도, '유럽연합 집행위원회 위원장'도 다들 President다." 이렇듯 선출된 유럽연합의 주요 지도자들 모두 President가 들어가지만 어느 누구도 이들을 대통령이라고 번역하지 않는다. 이것이 본래적 어법이다.

미국의 President는 우리가 사용하는 의미인 '대통령'이 아니냐고 되물을 수 있겠다. 하지만 "미국 대통령의 직함을 원문 그대로 번역하자면 (역시나) '아메리카의 주연합United States 의장'"에 불과하다.

대통령을 예로 들어서 그렇지 이 책은 '근대 문명의 키워드'인 말의 역사에 대한 지극히 깊이 있고 학술적인 책이다. 무지를 깨우쳐 주는 고마운 책.

"역사상 가장 널리 보급된 살인 도구"

『AK47 : 매혹적이면서도 가장 잔혹한 도구의 세계사』
래리 캐해너 지음, 유강은 옮김, 이데아, 2019

"나는 내가 만든 AK47 소총이 자랑스럽지만, 테러리스트들이 그 총을 사용하는 것은 유감입니다. 사람들이 사용할 수 있는 기계, 농부의 작업을 돕는 기계, 예컨대 잔디 깎는 기계를 발명했더라면 더 좋았을 겁니다."

제2차 세계대전 당시 소련 농민의 아들이었던 젊은 전차병 미하일 티모페예비치 칼라시니코프는 동쪽으로 진격하는 나치에게 입은 총상에서 회복되는 중이었다. 그는 병상에서 가장 단순한 자동화기를 스케치하기 시작했다.

공식 병기로 채택된 해를 가리키는 '1947년형 칼라시니코프 자동소총'Avtomat Kalashnikova 1947의 약자인 AK47은 제2차 세계대전을 끝내기에는 너무 늦게 실용화되었지만, 이 총의 탄생은 세계 전역에 죽음과 파괴를 퍼뜨리기에는 완벽할 정도로 시기적절했고, 금세기까지도 그런 죽음과 파괴는 지금도 계속 중이다.

소련은 이 소총을 널리 퍼뜨리기 위해 이른바 형제 나라들에 주는 선물이라며 AK 제작 기술을 제공했다. 라이선스 수수료나 기타 비용 없이 AK를 대규모로 생산하도록 허용했다. 총은 저렴하게 대량 생산할 수 있었기에 널리 널리 확산됐다. 북한도 1958년에 기술을 제공받아 실전에 배치했다.

데이비드 해크워스가 『전사의 심정으로』라는 책에서 불도 저로 기지 건설 공사를 하던 중에 땅속에 묻힌 베트콩 병사와 AK를 발견한 이야기를 다음과 같이 적었다. 해크워스는 진흙 속에서 총을 잡아 꺼내 노리쇠를 후퇴시켰다. 그러곤 병사들에게 말했다. "이거 봐. 진짜 보병 화기가 어떻게 작동하는지 보여 주지." 그 말과 함께 그는 소총이 1년 동안 땅속에 묻혀 있던 게 아니라 그날 아침 깨끗하게 닦은 것처럼 30발을 발사했다. "바로 이것이 우리 병사들이 필요로 하고 가질 자격이 있는 총기였다. 병원처럼 깔끔하게 닦지 않으면 막혀 버리는 M16이 아니라." AK47 소총은 M16과의 전투에서 확실한 비교 우위였다.

하지만 돈에서만큼은 전혀 달랐다. M16을 개발한 스토너는 M16 한 자루가 팔릴 때마다 1달러 정도를 받았다. 칼라시니코프는 M16보다 10배 넘게 팔린 자기 발명품에 대해 한 푼도 받지 못했다. 하지만, '조국을 위해 발명한 것이니 조금도 마음 쓰지 않는다'고 했다.

2004년 『플레이보이』는 '세계를 바꾼 50가지 제품'이라는 특집 기사에서 AK47을 4위로 꼽았다. 1위가 컴퓨터. 『로스앤젤레스 타임스』는 AK47을 "역사상 가장 널리 보급된 살인 도구"라 칭했다.

미래를 엿보고 싶은 인간의 욕망은
어디에서 비롯됐을까?

『예측의 역사』
마틴 반 크레벨드 지음, 김하현 옮김, 현암사, 2021

1970년대 말, 유머 감각으로 유명했던 라파엘 에이탄이 이스라엘의 참모총장직을 맡고 있었다. 공군의 군사 작전을 승인해야 했던 그가 책임자에게 물었다. "날씨가 어떨 것 같은가?" "20퍼센트의 확률로 비가 올 것 같습니다." "틀렸어. 비 올 확률은 50퍼센트야. 비가 오거나 안 오거나 둘 중 하나지."

우리 모두는 알고 싶어 한다. 날씨에 맞게 옷을 입고 일정을 조정하기 위해 내일의 날씨와 기온을 알고 싶어 한다. 정치인들은 내년 미·중 관계가 어떨지, 우크라이나에서 전쟁이 일어날 것인지, 만약 일어난다면 국제 정세에 어떤 영향을 미칠지 예측하고자 노력한다. 증권 투자자들은 시장의 향배를 확실히 알 수만 있다면 달이라도 따주려 할 것이다. 농부는 언제 비가 올지, 가뭄이 들지 알고 싶어 한다. 공중보건의들은 코로나19 중환자 수를 예측해야 한다. 이렇듯 미래에 대한 예측은 늘 우리의 삶과 동행한다.

이런 욕구는 어디서 비롯됐을까. "토머스 홉스는 미래를 내다보고자 하는 인간의 이런 욕구가 '끝없는 공포'에서 비롯된다고 했다. '죽음과 빈곤, 그 밖의 다른 재앙에 대한' 공포다. 홉스는 인간의 이 공포가 '잠시라도 멈추는 일이 없고, 불안도 사라지지 않으며, 그저 인간은 잠들 뿐'이라고 말한다. 그게 다가 아니다. 독수리가 프로메테우스의 간을 물어뜯으며 프로메테우스의 정신을 각종 미신 앞에 활짝 열어 놓듯이, 이 공포 또한 매일 인간을 '물어뜯는다.'"

저자 마틴 반 크레벨드는 국제정치사 분야의 세계적 석학이자 히브리 대학교 역사학 교수. 책을 쓰게 된 아이디어가 흥미롭다. 저자의 제자였던 유발 하라리의 책 『호모 데우스』◆를 읽다가였다. '유발 하라리는 어떻게 미래에 벌어질 일을 아는 걸까.'

역사학자답게 '역사적 접근법'을 택했다. 미래를 예측하는 방식들이 언제, 어디서, 왜, 어떻게 시작되었는지를 탐색했다. 샤머니즘과 예언, 해몽, 심령술, 점성술, 숫자점, 외삽법, 변증법, 설문조사, 모델링, 전쟁 게임 등을 순차적으로 살폈다. 예측한다는 것은 유용성 때문이기도 하다. 호기심 충족에 관한 문제이기도 하다. 때론 수단이기도 하지만 미래 예측 그 자체로 하나의 목표이기도 하다. 보다 본질적으로 "미래에 유혹을 느끼는 능력은 인류를 정의하는 특성 중 하나다." 그래서 미래에 무슨 일이 벌어질지를 파악하고 고안한 방법들을 추적한다는 것은 인간의 본성을 들여다보는 일이 된다. 그 제자에 그 스승이다. 교학상장敎學相長이라는 말이 떠오른다. 새해 운세와는 무관한 책.

◆ 유발 하라리 지음, 김명주 옮김, 『호모 데우스 : 미래의 역사』(김영사, 2017).

네트워크가 곧 권력, 본래 그랬다

『광장과 타워 : 프리메이슨에서 페이스북까지, 네트워크와 권력의 역사』
니얼 퍼거슨 지음, 홍기빈 옮김, 21세기북스, 2019

　서부극 〈석양의 건맨 2 : 석양의 무법자〉에는 클린트 이스트우드와 일라이 월릭이, 미국 남북전쟁 중에 남부군이 도둑맞은 황금을 찾아 헤매는 이야기가 나온다. 이들은 황금이 거대한 공동묘지의 비석 아래에 묻혀 있다는 것을 알게 된다. 이스트우드는 월릭의 권총에서 몰래 총알을 빼놓았다. 그런 다음 돌아서서 하는 말.

　"있잖아, 친구. 세상에는 두 가지 종류의 인간이 있어. 총알을 잔뜩 채운 총을 든 인간 그리고 땅을 파는 인간. 자, 땅 파."

　니얼 퍼거슨이 이번엔 네트워크와 권력의 역사를 정리했다. 그래서 책의 중심 주제는 '분산된 여러 네트워크와 여러 위계적 질서 사이의 긴장이 인류의 존재만큼이나 오래된 것이라는 것.'

　고백에 따르면 그는 '그다지 위계적인 인물이 못 되며, 네트워크형 인간에 더 가깝다.' 그래서 '이미 20대 초반에 학계에 남기로 결심했는데, 돈보다는 자유가 훨씬 좋았기 때문'이었다.

　저자가 가장 즐기는 일은 '흥미를 느끼는 주제들에 대해 책을 쓰는 일'이다. 이제 와 보니 그간 저술한 책들에 대한 정보 또한 각종 네트워크를 통해서였고, 그 책들 역시 여러 네트워크에 대한 책이라는 것을 아주 최근에 와서야 이해하게 됐단다.

　"일단 모든 이가 자유롭게 이야기하고 정보 및 아이디어를 교환할 수 있게 된다면 이 세상은 자동적으로 더 좋은 곳이 될 것이라고 저는 생각했습니다." 트위터의 공동 창립자들 중 하나인 에번 윌리엄스는 2017년 5월 이렇게 말했다. "제 생각은 틀렸습니다." 이 지점에서 저자는 자신의 보수주의적 입장을 여지없이 드러낸다. "여러 네트워크들만으로 세상이 무리 없이 굴러갈 것이라고 믿는 것은 무정부 상태를 불러오는 확실한 방법이라는 게 역사의 교훈이다."

그렇다면 대안은 "혁명의 소용돌이가 끝없이 줄줄이 지나가는 세상을 원하지 않는다면, 우리는 이 세계에 모종의 위계적 질서를 강제해야 하며 거기에 정통성을 부여해야만 한다. … 강대국들이 지하드, 사이버 파괴 행위, 그리고 기후 변화 등에 대처하는 것을 공동의 이해로서 인식하여 또 하나의 (빈회의의) 5대 강국 체제와 같은 것을 구성하는 것이다. 이 5대 강국이 과연 19세기의 선배들이 그랬던 것처럼 공동의 명분을 위해 한 번 더 움직일 수 있을지, 이것이야말로 우리 시대의 크나큰 지정학적 질문이다."

결론에 동의하긴 어렵지만 윈스턴 처칠의 말은 유용하다. '과거로 더 멀리 볼수록 미래로도 더 멀리 볼 수 있게 된다.'

당신의 세계관을 교정하는 통계

『팩트풀니스 : 우리가 세상을 오해하는 10가지 이유와 세상이 생각보다
괜찮은 이유』
한스 로슬링, 올라 로슬링, 안나 로슬링 뢴룬드 지음, 이창신 옮김, 김영사,
2020

"지난 20년간 세계 인구에서 극빈층 비율은 어떻게 바뀌었
을까? ① 거의 두 배로 늘었다. ② 거의 같다. ③ 거의 절반으로
줄었다."

2017년 14개국 약 1만 2000명에게 질문을 던졌다. 정답을
맞춘 사람은 세계 평균이 7%. 한국인은 4%였다. 스웨덴과 노
르웨이가 공동 수석인데, 25% 정도였다. 정답은 ③번. 이 문제
말고 열두 문제가 더 있다. 그래서 도합 열세 문제. 인간 평균
정답률은 10%였다. 침팬지는 33%. 부끄럽지만 나는 네 문제를
맞혔다. 『팩트풀니스』Factfulness는 '느낌'을 '사실'로 인식하는 인
간의 비합리적 본능 열 가지를 지적한다. 통계에 관한 베스트
셀러는 유니콘만큼이나 드물다는데, 책은 데이터를 통해 우리
에게 세계관을 교정한다. 인간이 가진 편견에 대한 놀라운 채찍
질이다.

통계학 분야의 세계적인 석학이자 의사이자 공저자인 한스
로슬링은 인도에서 의학을 공부했다. 의대 4학년에 재학 중이
던 1972년 첫 번째 수업은 신장 엑스레이에 관한 내용이었다.
"첫 번째 엑스레이를 보면서 신장암 사진이 분명하다고 생각했

다. 인도 학생 몇몇이 손을 들고 어떻게 진행되고, 치료법은 무엇인지 등을 설명했다. 내가 강의실을 잘못 들어온 게 분명했다. 이들은 전문의가 틀림없었다.

강의실을 나가면서 옆 사람에게 원래 4학년 수업을 들으려 했다고 말했다. '4학년 맞아요.' 그들은 이마에 카스트 표시를 새기고, 이국적 야자수가 자라는 곳에서 살고 있다. 그런 사람들이 어떻게 나보다 더 많은 걸 알고 있을까?"

"나는 이때의 경험을 세계관을 바꿔야 했던 인생 최초의 순간으로 기억한다. 그 전까지는 스웨덴 출신이라는 이유로 내가 우월하다고 생각했다. 서양이 최고이고 그 외는 절대 서양을 따라올 수 없으리라 여겼다."

저자는 '개발도상국'이라는 말에 무례하게 반응한다. '개발도상국'과 '선진국'이라는 이분법 대신 소득수준에 따른, 네 단계 명명법을 제안한다.

1단계는 하루 1달러의 수입뿐이다. 5명의 자녀가 걸어서 1시간 거리에 있는 더러운 진흙 구덩이에서 물을 길어 오기 위해 하나뿐인 플라스틱 양동이를 들고 맨발로 몇 시간씩 왔다 갔다 해야 한다. 10억 인구가 이런 식으로 산다. 2단계는 하루 4달러를 벌며 30억 명. 3단계는 16달러를 벌고 20억 명. 4단계는 32달러를 넘는다. 10억 인구.

저자는 '간극 본능'이라는 용어를 가져온다. 인간에게는 이분법적 사고를 추구하는 강력하고 극적인 본능이 있다는 것.

오늘의 세계, 그리고 그리스도교 이해하기

『불가사의한 그리스도교』
오사와 마사치, 하시즈메 다이사부로 지음, 고훈석 옮김, 북&월드, 2023

단언해도 된다. 그리스도교에 대한 이해 없이 유럽 근현대 사상의 본질에 대한 이해는 없다. 종교적 차원을 떠나, 오늘의 세계를 이해하기 위해서라면 그리스도교에 대한 탐구는 멈출 수 없는 숙제다.

『불가사의한 그리스도교』는 일본 특유의 저술 방식인, 전문가 두 사람의 대담 방식이다. 대담의 목표는 이렇다.

"서점에 가면 그리스도교 입문서는 산더미처럼 쌓여 있습니다. 하지만 별로 도움이 안 되죠. '신앙의 입장'은 뒤로 숨긴 채, 어쩐지 강요하는 듯이 아무렇지 않게 이야기를 풀어 나갑니다. 아니면 이 정도는 쉽지 하며 성서학 수준의 지식을 가르치려 합니다. 사람들이 가장 알고 싶어 하는 중요한 핵심은 없는 채 말이에요. 근본적인 의문은 싹 피하는 거예요. … '신앙의 입장'을 존중하면서도 자유롭게 들락거리며 '사회학적인' 논의를 나눴습니다"(하시즈메 다이사부로). 우리만 그런 줄 알았더니 일본도 그렇다.

한 대목만 추려 내보자.

"하시즈메 : 그리스도교의 우위에 대해서는 여러 이야기가 있는데요. … 그 가운데서 그리스도교 신도가 자유로이 법을 만들 수 있다는 점이 가장 근본적인 이유라고 생각합니다.

오사와 다마치 : 율법은 없는 거나 마찬가지니까요.

하시즈메 : 종교법(유대법이든, 이슬람법이든)의 전통에서는 법을 만드는 주체는 신입니다. God가 법을 만드는 거예요. 인간도 법을 만들 수야 있지만 신의 법을 만들 수 없으며 인간이 만든 법은 신의 법보다 하위의 법입니다. … 이처럼 그리스도교 신자가 자유롭게 법을 만들 수 있는 건 그리스도 교회가 원래 법률을 만들지 않았기 때문입니다. 초기 교회는 다만 로마제국의 임의 단체였기 때문에 힘이 없어서 법을 만들 수 없었습니다."

"하시즈메 : 자연과학이 왜 그리스도교, 특히 프로테스탄트에서 나왔을까요? 그건, 아까 말씀하신 것처럼 우선 인간의 이성에 대한 신뢰가 두터워졌기 때문입니다. 또 하나 중요한 건 세계를 신이 창조했다고 확고하게 믿었기 때문입니다. 이 두 가지가 자연과학을 이끄는 두 바퀴가 된 거예요."

책은 하시즈메가 묻고 오사와가 답하는 방식이다. 발췌하다 보니 하시즈메 쪽으로 치우쳤다. 사실 이 책은 신학적으로도 만만치 않을 뿐만 아니라 사회과학적 관점, 특히 현대 문명과 그리스도교와의 관련성에 대해서는 특별한 구조를 드러낸다. 작년 봄 출간된 책이지만, 최근 몇 년 사이 읽은 그리스도교 관련 책 중에서는 (대중서 측면에서) 단연 압권이다.

"미래는 현재와 매우 닮았다. 단지 더 길 뿐이다"

『불변의 법칙 : 절대 변하지 않는 것들에 대한 23가지 이야기』
모건 하우절 지음, 이수경 옮김, 서삼독, 2024

제2차 세계대전 중 노르망디상륙작전이 시작되기 전날 밤, 프랭클린 루스벨트 미국 대통령은 아내 엘리너에게 어떤 결과를 맞이할지 알 수 없는 지금 기분이 어떠냐고 물었다. 그녀가 대답했다. "나이 예순에 아직도 불확실성이 끔찍하게 싫다는 게 참 우습지 않아요?"

그렇다. 그때도 그랬지만 지금도 그렇다. 우리 모두는 불확실성을 끔찍하게 싫어한다. 그래서 어떻게든 예측 가능성을 높이려 하고, 역사와 경험에서 교훈을 얻으려 하고, 어떤 때는 엉뚱하게도 무속에 기대기까지 한다.

철학자 볼테르는 "역사가 반복되는 것이 아니라 인간의 행동이 반복되는 것"이라 했다. 우리 시대의 역사학자 니얼 퍼거슨은 "지금까지 죽은 사람의 수는 살아 있는 사람보다 열네 배나 많다. 그처럼 엄청나게 많은 이들이 축적해 놓은 경험을 무시하는 것은 위험을 자초하는 것과 매한가지다."

그렇다면 이러한 경험과 반복 속에서 어떤 '불변의 법칙'을 찾아낼 수 있을까. '변하지 않는 것은 변한다는 것이다.'야말로 진리다. 그런데 이 진리를 거스르는, 변하는 것들 속에서 변하지 않는 것들을 추려 내어 법칙으로 정리해 낼 수 있을까. 이 책은 절대 변하지 않는 것들에 대한 23가지 법칙을 이야기한다.

다음은 저자의 의도다. "십여 년 전 나는 역사를 더 많이 공부하고 예측 자료를 덜 읽겠다는 목표를 세웠다. 그 결정은 내 인생에 놀라운 변화를 가져왔다. 아이러니하게도 역사를 알면 알수록 미래에 대한 불안감이 줄어들었다. 불확실한 앞날을 예측하려는 어설픈 시도를 멈추고, 대신 결코 변하지 않는 것들에 집중하면 보이지 않던 것들이 보이기 시작한다. 이것은 세월이 흘러도 여전히 유의미한 불변의 법칙이다."

누군가의 추천으로 책을 읽었는데, 내 손에 들린 책이 벌써 81쇄. 1쇄가 2월 마지막 날이었는데도. 그야말로 베스트셀러다. 무슨 매력을 담고 있을까. 책은 전형적인 미국식 베스트셀러의 특징을 담고 있다. 풍성한 사례 그리고 동서.고금을 넘나드는 생각과 이야기들의 재배치. 거기다 베스트셀러 작가로서의 명성까지. 그래서 책을 읽다 보면 여러 생각의 단서들을 만날 수 있고, 이미 알고 있는 뻔한 생각들을 다시 한번 확인할 수도 있다. 굳이 추천한다면 직장인들의 여름 휴가철 독서로 적절할 것 같다. 책을 한 줄로 요약하라면 이 정도 문장이 되겠다. 그리고 어쩌면 이것이 진리일 것이다.

"미래는 현재와 매우 닮았다. 단지 더 길 뿐이다"(야구 선수 댄 퀴즌베리).

인간은 '내일'을 창조해 냈다

『시간의 지배자 : 사피엔스를 지구의 정복자로 만든 예지의 과학』
토머스 서든도프, 조너선 레드쇼, 애덤 벌리 지음, 조은영 옮김, 디플롯, 2024

"다른 동물들도 사람처럼 서로 만나면 인사한다. 침팬지는 '안녕'hello이라고 말하는 듯한 소리를 내기도 하고 심지어 포옹을 하거나 뽀뽀도 한다. 그러나 제인 구달이 지적한 것처럼 이들이 '잘 가'goodbye라고 말하는 법은 없다. 인간은 나와 당신이 서로 다른 길을 가고 있다는 것을 인정하고, 각자의 길이 내일 다시 교차할지도 모른다는 기대감으로 작별 인사를 나누는 유일한 동물인지도 모른다."

인간은 '내일'을 창조해 냈다. 인간만이 '내일'을 생각할 줄 안다. 내일이 있다는 것을 알기에 내일을 두려워하기도, 내일을 준비하기도 한다. 그래서 문명이 시작됐고 종교가 탄생했을 것이다. 내일도 당장 먹고살아야 하고, 죽음 이후의 내일 또한 불안하고 궁금했기에. 내일을 예측해야만 살아남을 수 있었기에.

"인간의 정신은 사실상 일종의 타임머신이다. 이 타임머신을 타고 우리는 과거에 있었던 일을 한 번 더 경험하고, 비슷한 일을 겪은 적이 없어도 미래를 상상한다."

내일을 생각할 줄 아는 능력, 이것이 바로 '예지력'이다.

"고대 그리스신화에서 티탄 이아페토스의 아들 프로메테우스는 신에게서 불을 훔쳐다 주면서 인간에게 다른 동물과 구별되는 능력을 선사했다. 그는 우리에게 문화, 경작, 수학, 의학,

기술 그리고 문자를 가져다주었다. 프로메테우스는 '예지력'이라는 뜻이다."

그렇다면 다른 동물과 구분되는 인간만의 특성인 예지력은 과연 어떻게 생겨났을까. 어떻게 발달했을까. 어떻게 작동하고 있을까. 시간이 지나면서 어떻게 진화했을까. 그리고 예지력의 기능은 무엇일까. 그래서 이 책은 단순한 과학 서적이 아니다. 철학책이고, 심리학책이고, 뇌과학책이기도 하다.

어쩌면 원제인 '내일의 창조'The Invention of Tomorrow가 더 정확하다는 느낌이 들었다. 제목 자체로야 '시간의 지배자'가 편안하지만. 인지과학자인 저자들은 "과거와 미래의 세계에 정신적으로 몰입하는 능력(예지력)이 우리를 철학적이고 기술적이고 사유하는 종으로 만드는 이유라는 것을 생생하고 설득력 있게 논증해 낸다"(스티븐 핑커).

그래서 책의 흐름은 '예지력'을 둘러싼 방대한 이야기다. 저자들은 '예지력의 본질에 대해 더 많은 것을 알아내기에 지금만한 때는 없다.'고 한다. 왜냐하면, '우리 종이, 지구의 미래를 바꾸게 하는 가장 큰 힘이 바로 이 능력이기 때문'이라는 것이다.

지극히 아름답고 떨림이 있는 철학책

『철학이 있다면 무너지지 않는다 : 2500년 철학자의 말들로 벼려낸 인생의 기술』
하임 샤피라 지음, 정지현 옮김, 디플롯, 2024

말년의 요한 볼프강 폰 괴테가 친구에게 토로했다.

"지금까지 살아온 인생에 한 치의 후회도 없지만 나 자신에게 거짓말을 하지 않기 위해서는 내 인생이 온통 고통과 괴로움뿐이었음을 인정해야 할 것이다. 75년이라는 세월 동안 진정한 기쁨을 누린 시간은 고작 4주도 안 되는 것 같다. 나에게 인생은 마치 산비탈에서 굴러 떨어지는 거대한 돌과 같아서, 그 돌이 저 아래 바닥에 닿지 않도록 막으려고 쉼 없이 온갖 노력을 기울여야 하는 것만 같다."

이것이 인간이다. 이것이야말로 인간이다. 그래서 인간은 늘 자신의 삶과 죽음에 대해 캐물어야 하고 크게 의심해야 한다. 질문과 의심과 그에 대한 해답이 철학이다.

철학자는 지혜를 사랑하는 사람을 뜻한다. 지혜롭다는 것은 이미 지혜를 얻었다는 말이다. 하지만 지혜를 사랑한다고 해서 무조건 지혜를 얻는 것은 아니다.

"누구든 어릴 때부터 철학 공부를 게을리해서는 안 된다. 그래야 나이가 들었을 때 공부하느라 지치지 않는다. 건강한 영혼을 위한 노력에 적당한 시기는 없다. 너무 이르거나 너무 늦은 때는 없다. 철학 공부를 하기에 너무 이르거나 늦었다는 말

은 행복해지기에 너무 이르거나 늦었다는 말과 같다."◆

이 책에 따르면 이런 제목의 철학 논문이 있다.「대상-밀도 매트릭스에서 언어 공간의 준선형성과 초월적 인식의 반영」.

몽테뉴라면 분명 이렇게 말했을 것이다.

"복잡한 단어를 사용하는 것은 타인에게 잘나 보이려는 유치하고 필사적인 욕구를 드러낸다."

고대 철학은 삶의 기술을 가르쳤지만 현대 철학은 오직 전문가들만 접근할 수 있는 정교한 언어를 설명했다. 미셸 푸코에게 큰 영향을 주었고 프랑스에서 비트겐슈타인의 사상을 파헤친 초기의 철학자이기도 한 피에르 아도의 생각이다. 아도는 현대 철학이 '너무 전문적이고 편협하고 삶에서 완전히 분리'되었으며 영광스러운 아테네 시절의 철학은 그림자만 남아 있을 뿐이라고 했다.

이스라엘의 철학자이자 게임 이론가이기도 한 저자 하임 샤피라는 이런 주장에 동의한다. 나 또한 저자의 주장을 따른다. 우리 시대의 철학은 "우리가 누구이고 삶의 목적이 무엇인지 이해하도록 도와주어야 한다." 동서고금을 망라하며 온갖 저작을 갈아 마시고 토해 낸, 지극히 아름답고 떨림이 있는 철학책이다. 널리 알려졌으면.

◆ 이 책에 인용된 에피쿠로스의 글「메노이케우스에게 보내는 편지」에서.

'유튜브'에서 '텍스트'로 돌아가기

『도올 주역 계사전』
김용옥, 통나무, 2024
『도올주역강해』
김용옥, 통나무, 2022
『동양학 어떻게 할 것인가』
김용옥, 통나무, 2009

　　1985년 1월, 그러니까 대학 2학년 겨울방학 때다. 바리바리 이불 보따리와 책짐을 꾸려 신림동 고시원에 들어갔다. 남녘에서 살다 온 내게 관악 계곡의 바람은 어찌 그리도 살을 에던지. 시절이 그만큼 엄혹했기 때문이었을까. 공부에 지치면 서점에 가 비법률 서적을 훑어보는 게 유일한 휴식이었다.

　　『동양학 어떻게 할 것인가』를 손에 들었다. 가난한 고시생의 재정을 망각한 채 구입했다. 고시원 책상에 눌러앉아 고시 공부하듯 형형색색의 연필을 동원해 가며 탐독했다. 민음사에서 그해 1월 5일 출간한 초판본이었다. 훗날 속표지에 메모를 남겼다. "내 젊은 날 사고에 결정적 영향을 준 책." 예나 지금이나 나는 도올 김용옥 선생의 '광팬'이다. 선생 덕분에 번역의 중요성을 알았고, 선생 덕분에 동서양 고전에 대한 이해를 도모할 수 있었고, 선생 덕분에 경계를 뛰어넘어야 하는 학문의 숙명에 대한 겸손함을 배웠다.

　　그때 줄 쳐가며 읽었던 185쪽의 두 줄을 인용한다.

　　"서양철학사가 플라톤의 각주인 것처럼 중국철학사는 『주역』周易의 해석의 역사라고 해도 과언이 아니다.”

다시 책을 펼쳐 보다 놀란다. 그때만 해도 주역 부분 활자를 '주역'이라고 쓰지 않고 '周易'이라고 썼다. 정확히 39년 전이다. 세상은 이렇게 변했다. 그런데 스무 살 고시생은 이 문장을 왜 그렇게 중요하다고 생각했을까. 왜 이 부분만을 특별히 연필이 아니라 빨간색 색연필로 강렬하게 줄을 그어 두었을까.

2022년 여름 선생께서 『도올주역강해』를, 올해 2024년 4월에는 『도올 주역 계사전』을 펴냈다.

어느 누구도 자신의 삶을 예측할 수는 없다. 한 개인의 삶이란 대단히 연약하고 불가예측적이며, 게다가 행복과는 거리가 멀고 불안과 고통이 겹쳐지는 시간의 연속들이다. 그래서 사람이라면 자신의 운명을 어떻게든 예측하고 훔쳐보고 싶을 것이다.

“내가 이 책을 쓰게 된 동기는 아주 단순한 것이다. 하도 시대가 어수선하고, 생각의 좌표가 없어지고, 가치 기준이 흐려지고, 유튜브의 환경 속에서 거짓 정보가 난무하게 되다 보니까 사람들이 갈팡질팡 점占에까지 의지하게 되는 현상이 횡행하게 되는 것이다”(『도올주역강해』).

“(『계사』)텍스트가 우리에게 발하는 삶의 메시지를 하나하나 터득해 나갈 때 진정으로 독자들의 삶 한가운데서 이론이 생겨날 것이다. 읽자! 그리고 말하자! 이것이 내가 말할 수 있는 전부다!”

나는 고전으로, 경서로 이 책을 읽었다.